ABC du BAC

Excellence
la mention en plus

SES Term

Karine Charles
Vanessa Garnier
Fabien Gennetier
Michel Stambouli

Nathan

Direction éditoriale : Raphaëlle Mourey
Coordination éditoriale : Julie Langlais, Marion Gautier
Édition : Marianne Toussaint
Conception graphique intérieur : Élise Launay
Couverture : Hugues Vollant, Marc Henry
Schémas : Coredoc
Iconographe : Laurence Vacher
Compositeur : Linéale, Fabienne Grain
Fabrication : Kévin Magar

ISBN : 978-2-09-157499-8

Mode d'emploi

Un ouvrage efficace pour réviser et aller plus loin

COURS

- Un cours très complet, et illustré de tableaux, graphiques…
- Des petits encadrés donnent des informations complémentaires, des explications, pour mieux comprendre.

ZOOM SUR…

- Des pages pour faire le point sur une question précise.

REPÈRES

- Ces pages présentent :
  – les mots-clés, définis avec précision ;
  – les biographies des auteurs importants ;
  – les documents majeurs.

EXERCICES ET SUJETS

- Des questions de vérification des connaissances.
- Un sujet de type bac, pour s'entraîner à l'épreuve, accompagné de conseils de méthodologie.

CORRIGÉS

- Les corrigés sont accompagnés de petits encadrés présentant des conseils, remarques, des astuces pour gagner des points.

→ En fin d'ouvrage, un **Cahier Spécial Bac** présentant l'épreuve finale de l'enseignement de spécialité de SES ainsi que le Grand Oral et proposant un **sujet d'exposé type**, entièrement corrigé, pour bien se préparer aux épreuves du Bac.

→ Des **Fiches-Méthode** pour bien connaître les outils statistiques propres aux SES et acquérir les savoir-faire indispensables à l'interprétation de documents et aux divers calculs économiques.

SOMMAIRE

Le nouveau Bac

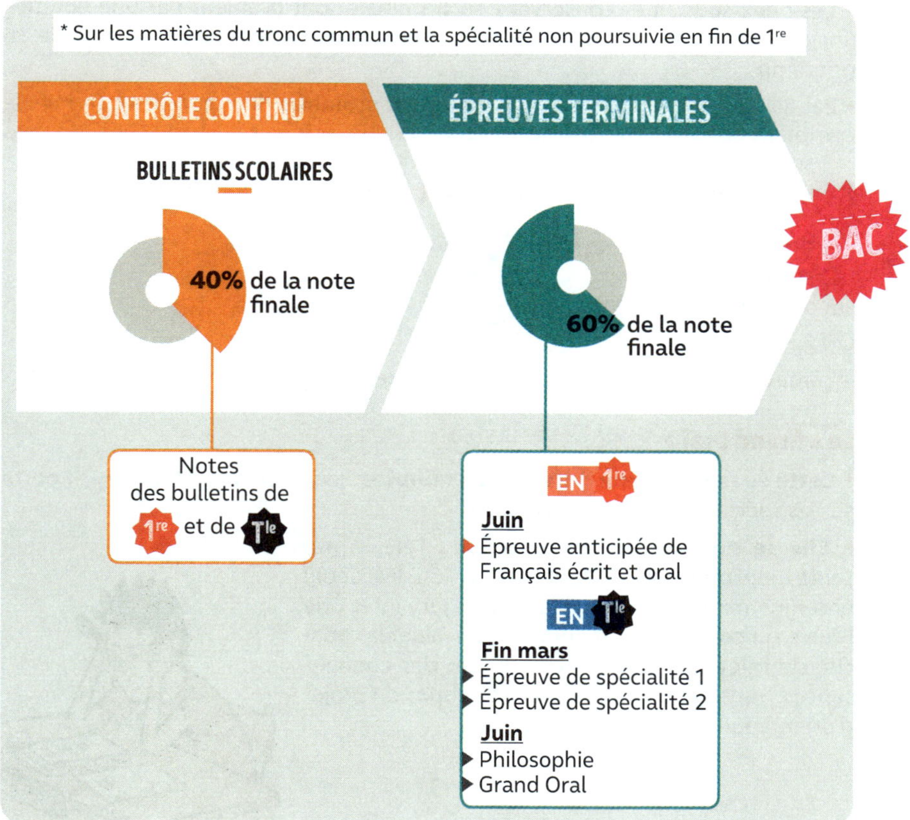

*Toutes ces informations correspondent aux instructions officielles de janvier 2022 et sont susceptibles d'évoluer.

3 spécialités en Première, 2 spécialités en Terminale

• À la fin de l'année, les élèves de Première décident de ne pas poursuivre une des trois spécialités choisies en début d'année.

• Les deux spécialités conservées en Terminale sont évaluées par une épreuve finale en fin de Terminale (60 % de la note finale). Cette épreuve se déroule au printemps.

• Par ailleurs, toutes les notes des **bulletins scolaires** de Première et Terminale comptent pour 40 % de la note finale.

L'épreuve finale pour l'enseignement de spécialité SES en T^le^

• **Deux sujets au choix** 20 pts

– Dissertation s'appuyant sur un dossier documentaire

OU

– Épreuve composée de trois parties distinctes

4 heures

Coeff. 16

2nd trimestre

Le « Grand Oral »

• **Cette épreuve, d'une durée de 20 minutes**, se réalise devant un jury et porte sur les spécialités choisies par l'élève.

• **Elle se déroule en trois parties :** l'élève présente une question portant sur un (ou les deux) enseignement(s) de spécialité, puis le jury interroge l'élève sur ces enseignements, afin d'évaluer la capacité de l'élève à analyser et mobiliser des connaissances. S'ensuit enfin un échange à propos du projet d'orientation de l'élève.

Les grands moments de l'année de Terminale

CALENDRIER DU BAC		CALENDRIER PARCOURSUP
	**Novembre**	Recherche des informations sur Parcoursup
	Janvier	Inscription sur Parcoursup
	Février	Constitution de votre dossier complet, saisie et confirmation de vos vœux
Deux épreuves écrites de spécialité	**Fin mars**	
	Avril	
	3e trimestre dates au choix de votre lycée	
	Mai	Pensez à répondre aux propositions des établissements
Épreuve écrite de Philosophie et « Grand Oral »	**Juin**	
	Juillet	Éventuellement, phase complémentaire
	Septembre	

* Informations mises à jour en janvier 2022

CHAPITRE 1

Les sources et les défis de la croissance économique

DE QUOI S'AGIT-IL ?

La croissance est un phénomène récent. Avant le XIXe siècle, les économies traditionnelles, essentiellement agricoles, se reproduisaient à l'identique, sans véritable progrès technique. Avec la révolution industrielle, la croissance, mesurée par l'augmentation du PIB, s'est accélérée dans les pays occidentaux, reposant sur une augmentation du travail, du capital, et de la productivité globale des facteurs de production.

Le progrès technique est endogène : il dépend lui-même du développement et de l'existence d'institutions adéquates. Cependant, il peut être source d'inégalités de revenus et de destruction créatrice. Il peut néanmoins être la solution aux problèmes de soutenabilité auxquels se heurte la croissance.

COURS

1 Le processus de la croissance économique

A Mesurer la croissance

1. Définition et mesure de la croissance

- La croissance économique peut être définie comme **une augmentation durable et soutenue d'un indicateur de production** (pour une nation, le produit global net en termes réels).
- Pour mesurer la croissance, les comptables nationaux retiennent le **taux de croissance du produit intérieur brut (PIB)** en volume.

Le produit intérieur brut se calcule selon une logique de circuit : la production donne lieu au versement de revenus, qui sont ensuite dépensés (demande) et servent de débouchés à la production. Le montant du PIB est donc identique selon les trois approches.

L'approche par la production mesure la richesse produite.

PIB = somme des valeurs ajoutées + impôts (nets de subventions) sur les produits (TVA, taxes sur les importations). La valeur ajoutée brute (VAB) est égale à la production vendue moins les consommations intermédiaires.

L'approche par la demande mesure l'utilisation des richesses.

PIB = consommation finale + investissement (formation brute de capital fixe) + variation des stocks + exportations – importations.

L'approche par les revenus mesure leur répartition primaire.

PIB = rémunération salariale + excédent brut d'exploitation et revenus mixtes + impôts (nets de subventions) sur la production et les importations.

Sachez que...

Les revenus primaires rémunèrent les acteurs qui ont directement contribué à la création de richesse (les salariés, les entreprises, et les pouvoirs publics).

• **La croissance est mesurée en termes réels, c'est-à-dire en volume.** Pour cela, il faut déflater le PIB nominal (en valeur), ce qui signifie qu'on enlève l'effet de la hausse des prix par rapport à l'année précédente :

PIB en volume = PIB en valeur / indice des prix

Taux de croissance du PIB en volume = taux de croissance du PIB en valeur – taux d'inflation

2. Le PIB, un indicateur de bien-être

• **Le PIB par tête est une estimation du niveau de vie de la population.** Son augmentation signifie que la population est de plus en plus en capacité de satisfaire ses besoins matériels, et donc d'améliorer sa qualité de vie.

• **Il s'agit cependant d'un indicateur imparfait** car il ne prend en compte qu'une partie de l'économie informelle : le travail bénévole n'est pas comptabilisé, ainsi que l'essentiel de l'autoconsommation domestique. Le PIB ne prend pas non plus en compte les dégradations environnementales (par exemple la pollution) et/ou sociales (la précarité) liées à l'activité économique.

Il comptabilise toutes les activités, y compris celles qui reflètent une perte de bien-être. Ainsi, l'augmentation des dépenses médicales liées à une hausse des accidents de la route fait augmenter le PIB.

D'autres indicateurs mesurent les inégalités de richesse (l'indice de Gini), l'espérance de vie ou l'accès à l'éducation (l'IDH – Indice de développement humain), les inégalités de genre (IIG – Indice d'inégalités de genre), les privations (IPM – Indice de pauvreté multidimensionnelle).

B La croissance, un processus cumulatif de long terme

Doc. **Taux de croissance du produit intérieur brut de 1913 à 2018 (TCAM en %)**

	1913-1950	1950-1973	1973-1998	2000-2017	2017	2018
France	1,2	5,1	2,1	1,4	2,3	1,7
Allemagne	0,3	5,7	1,8	1,4	2,5	1,5
Royaume-Uni	1,2	2,9	2	1,8	1,9	1,4
États-Unis	2,8	3,9	3	1,9	2,4	2,9
Japon	2,3	9,3	3	0,9	1,9	0,8
Chine	-0,02	5	6,8	9,4	6,8	nc

Angus Maddison, *L'économie mondiale, une perspective millénaire* (2006), OCDE 2019.

1. La révolution industrielle

• **La croissance est un phénomène récent.** Dans les économies pré-capitalistes (antérieures à la révolution industrielle), la croissance était presque nulle. Les économies traditionnelles, essentiellement rurales, se reproduisaient à l'identique.

Sachez que...
Le TCAM (taux de croissance annuel moyen) est le taux de variation moyen du PIB sur une période donnée.

• C'est à partir de la fin du XVIIIe siècle, d'abord en Angleterre, que la croissance devient durablement positive, avec la révolution industrielle. Elle s'accélère à partir de 1850, lors de la seconde révolution industrielle, et gagne l'ensemble des pays développés. **De 1913 à 1945, la croissance ralentit** sous l'effet des deux guerres mondiales et de la crise de 1929. Aux États-Unis, elle reste cependant plus élevée qu'ailleurs.

2. Les Trente Glorieuses

De 1946 à 1973, les Trente Glorieuses se caractérisent par des taux de croissance particulièrement élevés, inédits dans l'histoire économique. Le PIB a ainsi respectivement augmenté en France et au Japon de 5,1 % et 9,3 % par an, en volume, entre 1950 et 1973.

3. Un ralentissement de la croissance après 1973

• Après la crise des années 1970, on observe une stagnation de la croissance. Pour certains économistes, il s'agit seulement d'un retour « à la normale » après la période exceptionnelle des Trente Glorieuses.

• Depuis les années 1980, la croissance mondiale est affectée par le retour des crises financières, qui avaient plus ou moins disparu pendant les Trente Glorieuses. La crise de 2008 a été particulièrement néfaste.

• **Les pays émergents « rattrapent » le niveau de vie des pays développés.** Par exemple, les taux de croissance en Chine ont été particulièrement élevés au cours des années 2000 (9,4 % en moyenne entre 2000 et 2017), mais semblent ralentir aujourd'hui (moins de 7 % en 2017 et 2018).

L'ESSENTIEL

La croissance est un processus de long terme

- Elle est mesurée par l'augmentation du PIB en volume.
- Il s'agit d'un processus cumulatif, se traduisant par une augmentation du niveau de vie des populations.
- Elle a « décollé » au XIXe siècle dans les pays développés, s'est accélérée pendant les Trente Glorieuses, et connaît un ralentissement depuis.

2 Accumulation des facteurs de production et productivité

A Les contributions à la croissance

1. Les trois sources de la croissance

Robert Solow décompose, dans les années 1950, les contributions des facteurs à la création de richesses : l'accumulation du capital, du travail et de la productivité globale des facteurs (PGF) :

$$\frac{\Delta Y_t}{Y_t} = \alpha \frac{\Delta K_t}{K_t} + (1\text{-}\alpha) \frac{\Delta L_t}{L_t} + \frac{\Delta A_t}{A_t}$$

Le taux de croissance du PIB ($\Delta Y/Y$) dépend à la période *t* :
- du taux de variation du capital ($\Delta K/K$) pondéré par le coefficient α ;
- du taux de variation du travail ($\Delta L/L$) pondéré par le coefficient $(1\text{-}\alpha)$;
- du taux de variation de la PGF ($\Delta A/A$).

2. La croissance extensive

La croissance extensive repose sur l'augmentation des quantités de facteurs (capital et travail) utilisés.

• Le facteur travail dépend de la population active occupée, c'est-à-dire de la population en âge de travailler, disponible, et ayant un emploi rémunéré. Il dépend aussi du nombre d'heures travaillées en une année. Ainsi, le temps de travail a été réduit de 50 % en France et en Allemagne depuis la fin du XIXe siècle, de 40 % aux États-Unis, ce qui limite la portée de l'augmentation de la population en emploi.

• Le capital technique représente les biens utilisés lors du processus de production. Lorsque la durée de ces biens est inférieure à un an, on parle de consommations intermédiaires ou de capital circulant (matières premières, énergie, transport...). Lorsqu'elle est supérieure à un an, il s'agit de capital fixe (installations, outillage…). L'investissement, mesuré par la comptabilité nationale, est une augmentation de capital fixe : la FBCF (formation brute de capital fixe), de laquelle on peut déduire l'amortissement.

Sachez que...

Le capital financier représente l'ensemble des actions (titres de propriété) et obligations (titres de dette) émises par une entreprise pour financer son activité. Il ne doit pas être confondu avec le capital technique.

3. La croissance intensive

La croissance est dite intensive lorsqu'elle repose essentiellement sur **l'augmentation de l'efficacité des facteurs de production**, mesurée par la PGF.
Il s'agit d'une croissance qualitative, qui reflète l'amélioration des connaissances, des institutions, du progrès technique…

B Accumulation des facteurs

1. La variation de la population active

La population des pays développés reste relativement stable jusqu'à la révolution industrielle, avant d'augmenter au XIXe siècle lors de la transition démographique. Elle s'accroît à nouveau lors du baby boom, pendant les Trente Glorieuses. Une population plus nombreuse signifie davantage de main-d'œuvre, mais aussi davantage de débouchés pour la production. Depuis les années 1970, la croissance de la population active ralentit.

2. L'accumulation du capital

L'acquisition d'outils et de machines permet d'augmenter l'efficacité de la force humaine (la productivité du travail). Par exemple, l'introduction de la machine à vapeur en Angleterre à la fin du XVIIIe siècle a permis de compenser une pénurie de main-d'œuvre. Les taux d'investissement ont dépassé le seuil de 10 % lors de la première moitié du XIXe siècle en Angleterre, puis de 20 % à partir des années 1850 dans les pays développés. En France, lors des Trente Glorieuses (période de mécanisation liée au développement du fordisme), ils oscillent autour de 25 %, puis ralentissent jusqu'à 19 % en 1998. Ils oscillent entre 20 % et 24 % depuis.

Sachez que…
La productivité du travail (production/quantité de travail) mesure l'efficacité d'un travailleur. Elle peut se calculer à l'année (productivité par travailleur) ou à l'heure (productivité horaire).

C Gains de productivité globale des facteurs

1. Le poids de la PGF dans la croissance

- **La productivité multifactorielle** (ou PGF) mesure la partie de la croissance inexpliquée par l'augmentation des quantités de capital et de travail. Elle est considérée comme un résidu.
- Elle représente une part importante de la croissance. Ainsi, selon Robert Solow, elle aurait expliqué 7/8e de la croissance états-unienne entre 1909 et

1949. Selon Jean-Jacques Carré, Paul Dubois et Edmond Malinvaud, elle a expliqué la moitié de la croissance française entre 1951 et 1969.

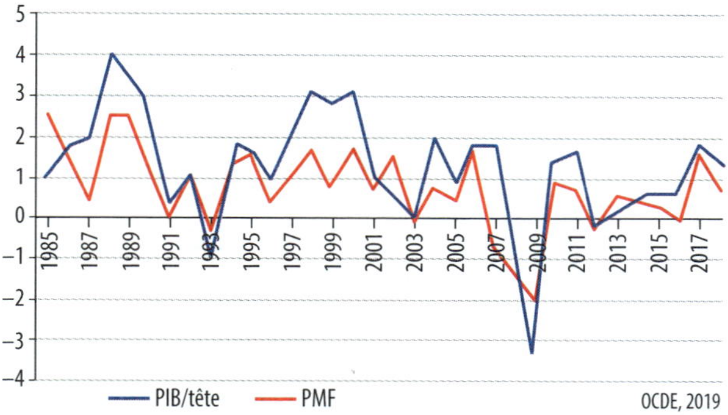

Doc. **Taux de variation (en %) du PIB en volume et de la productivité multifactorielle en France entre 1985 et 2018**

2. Productivité globale des facteurs et progrès technique

- Selon Joseph Schumpeter, le progrès technique est le résultat des innovations. Ces dernières peuvent concerner les produits, les procédés de production, l'organisation du travail, les marchés, ou l'utilisation des matières premières.
- **Pour Robert Solow, le progrès technique est « tombé du ciel ».** Il est exogène, ce qui signifie qu'il est autonome. Le modèle néoclassique de croissance suppose que l'accumulation du capital par tête est soumise aux rendements décroissants : chaque unité de capital supplémentaire à disposition d'un travailleur est de moins en moins efficace. En conséquence, à très long terme, la croissance du PIB par tête stagne : les rythmes de croissance observés sont alors déterminés par ceux du progrès technique.

> **Sachez que...**
> En 1987, Solow soulève un paradoxe : « On voit des ordinateurs partout, sauf dans les statistiques de la productivité. » Les innovations autour des NTIC ne semblent pas se traduire par les gains de PGF attendus.

- **Le niveau de PGF permet de définir la frontière technologique.** Le pays situé à la frontière technologique est celui qui a le niveau d'efficacité de la combinaison productive (de progrès technique) le plus élevé, reflet de l'effort de recherche-développement dans l'économie. De la fin du XVIIIe siècle à 1940 c'était le Royaume-Uni. Depuis 1940, ce sont les États-Unis. L'Allemagne occupe temporairement la première place à la veille de la Première Guerre mondiale et dans les années 1990.

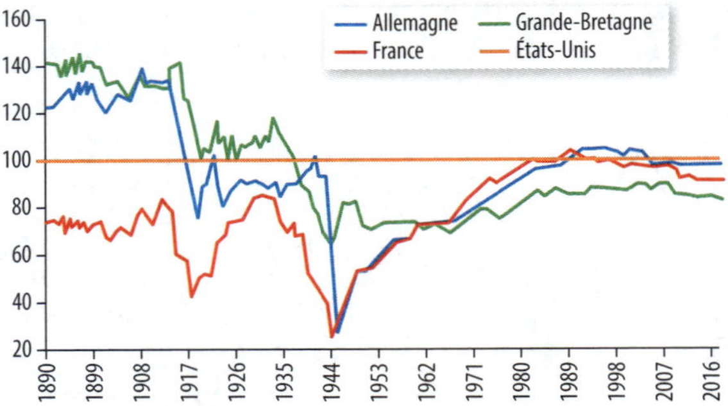

Bergeaud, Cette, Lecat, «*Productivity Trends in Advanced Countries between 1890 and 2012*», *Review of Income and Wealth*, 62(3), pages 420–444.

Doc. Évolution des niveaux de PGF de 1890 à 2018

L'ESSENTIEL

Les sources de la croissance sont :

- L'accumulation des facteurs capital et travail ;
- Les gains de productivité globale des facteurs, qui reflètent l'augmentation de leur efficacité, c'est-à-dire le progrès technique.

3 Progrès technique et croissance endogène

A Grappes d'innovation et destruction créatrice

Pour Joseph Schumpeter, le progrès technique est exogène, puis devient endogène : il s'endogénéise.

1. Le progrès technique, résultat de l'innovation

- **Les entrepreneurs brisent la « routine » de production en innovant.** Les innovations majeures, exogènes, introduisent une rupture dans les procédés de production existants. Elles bouleversent les structures de l'économie et sont à la source de l'évolution économique.

Sachez que...

L'entrepreneur, chez Schumpeter, est celui qui prend des risques en innovant. Il est à distinguer du capitaliste, qui apporte les capitaux nécessaires à la mise en place de l'innovation.

- **L'innovation met l'entrepreneur en situation de monopole temporaire.** Une innovation de procédé lui permet ainsi de réduire ses coûts de production vis-à-vis de ses concurrents. Une innovation de produit en fait un producteur unique.

L'innovation permet à l'entrepreneur de dégager une rente de monopole : il peut ainsi fixer un prix supérieur à celui qui existerait en situation de concurrence pure et parfaite.

- **L'innovation est un processus dynamique** : des innovations mineures résultent de l'amélioration des innovations précédentes. Elles apparaissent en « **grappes** ».

Les innovations créent des goulets d'étranglement qui suscitent d'autres innovations dans les activités proches. Par exemple, les innovations dans la mécanisation du filage à la fin du XVIIIe siècle en Angleterre ont provoqué des déséquilibres entre la quantité de fil produite et la capacité de tissage. Il a donc fallu innover pour mécaniser les métiers à tisser.

L'innovateur est rapidement imité par ses concurrents, engendrant ainsi une course au surprofit. L'entrepreneur doit mettre en place de nouvelles innovations s'il veut conserver sa rente. Il en résulte une course au progrès technique, source de croissance économique.

2. Un processus de destruction créatrice

- Quand les innovations se diffusent au reste de l'économie, il en résulte une baisse des profits. Il devient de plus en plus difficile d'anticiper avec exactitude les coûts et les recettes. Les entrepreneurs innovent moins, ce qui déclenche une récession et une « liquidation anormale » des entreprises les moins dynamiques. L'économie s'installe dans la dépression.

- Pendant ce temps, de nouvelles innovations apparaissent, rendant certains procédés de production ou certains produits obsolètes. Certaines entreprises traditionnelles disparaissent. C'est ce qu'on appelle la **destruction créatrice**.

L'économie finit par trouver une nouvelle position d'équilibre et la croissance entre en phase de reprise.

3. Cycles longs et progrès technique

Schumpeter, ainsi que les néo-schumpétériens après lui, ont identifié des cycles de croissance de long terme accompagnant les innovations majeures.

D'une durée de quarante à soixante ans, ces cycles ont tendance à raccourcir au fil du temps. Aujourd'hui, certains avancent l'hypothèse d'une disparition de ces cycles, le processus d'innovation et de destruction créatrice devenant un phénomène continu.

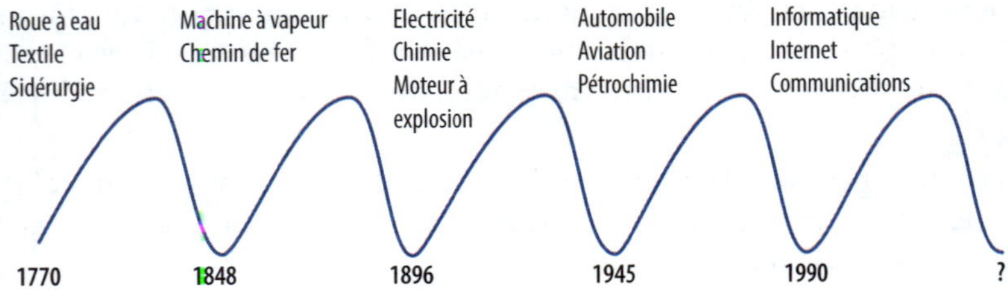

Doc. Les cycles schumpétériens de l'innovation

B La théorie de la croissance endogène

1. Progrès technique, externalités et croissance

> Croissance => accumulation du progrès technique => externalités => croissance

● Le modèle de Solow (théorie néoclassique traditionnelle) suppose des rendements décroissants, la croissance devenant nulle à long terme en l'absence de progrès technique.

Dans les années 1980, les théoriciens de la croissance endogène réfutent cette hypothèse : les rendements des facteurs de production sont constants. C'est une condition nécessaire à une croissance auto-entretenue.

● La fonction de production dépend d'un seul facteur de production, le capital composite, qui intègre tous les facteurs de production :

- le capital technique ou capital physique ;
- le capital technologique (innovations) ;
- le capital humain ;
- le capital public (infrastructures publiques).

● L'accumulation du capital intègre du progrès technique. Chaque progrès technique, en se diffusant dans l'économie, produit des externalités positives qui renforcent la croissance. Ainsi, au niveau macroéconomique, les rendements d'échelle deviennent croissants.

● L'existence d'externalités pose un problème de défaillance de marché : l'entreprise supporte le coût de l'augmentation du capital, mais le bénéfice privé qu'elle va en retirer sera inférieur au bénéfice social (les gains reçus par la collectivité), sans compensation monétaire. Les entreprises risquent donc de limiter leur investissement, afin de laisser les autres en supporter le coût.

L'État doit donc subventionner les activités sources d'externalités positives.

2. Les sources du progrès technique

- **Paul Romer** montre que le **capital technique** est source **d'apprentissage par la pratique** (« ***learning by doing*** »). L'entreprise apprend à utiliser au mieux le capital physique et à produire de façon plus efficace. Ces nouvelles connaissances peuvent être considérées comme des biens publics : une fois expérimentées, elles peuvent être imitées sans coût ni restriction.

L'État doit donc subventionner les achats de biens de capital par un crédit d'impôt sur l'investissement et en le finançant par l'impôt.

Le **capital technologique** a lui aussi les caractéristiques d'un bien public, dont le rendement est avant tout social. L'État peut mettre en place un système de brevets pour protéger les innovations.

- Pour **Robert Lucas, le capital humain,** bien qu'il implique surtout un rendement privé (l'individu peut s'approprier les gains liés à sa formation), est lui aussi source d'externalités. L'individu va diffuser une partie de ses connaissances aux membres de son réseau.

L'État doit donc améliorer l'utilité sociale en réalisant des dépenses publiques d'éducation.

- Pour **Robert Barro,** l'État doit mettre des biens publics gratuits au service des producteurs privés : dépenses d'éducation et de santé (pour accroître le capital humain), de recherche-développement (pour accroître le capital technologique), d'infrastructures (transports, communication)...

L'ESSENTIEL

Le progrès technique est endogène

- Pour Schumpeter, il résulte de l'innovation et s'accompagne d'un processus de destruction créatrice.
- Dans la théorie de la croissance endogène, il résulte de l'accumulation de capitaux et est source de croissance auto-entretenue.

4 Le rôle des institutions

Pour les économistes institutionnalistes, les différences de croissance au niveau mondial doivent être expliquées non seulement par l'accumulation des facteurs de production, mais aussi par les institutions. Les institutions encadrent le marché et permettent la croissance économique.

Sachez que...
John Commons, en 1925, définit les institutions comme des règles, des accords temporaires entre groupes sociaux, qui « subordonnent, en partie ou en totalité, les individus à l'action collective [...] pour créer de l'ordre au-delà de l'instabilité ».

A L'encadrement du marché

1. Un marché « encastré » dans les institutions

Pour Karl Polanyi, en 1944, « l'institutionnalisation du procès économique confère à celui-ci unité et stabilité ; elle crée une structure ayant une fonction déterminée dans la société ».

• Le marché n'est pas un phénomène naturel (il ne s'autorégule pas), mais le résultat d'une institutionnalisation qui en assure le bon fonctionnement.

L'économie humaine est ainsi **encastrée** dans des institutions :
- économiques marchandes (la monnaie, la définition des droits de propriété...),
- économiques non marchandes (le don, la redistribution...),
- non économiques (la religion...).

Le système marchand ne peut exister que s'il est encastré dans un système créateur de prix.

• Au XIXe siècle, l'économie connaît un **désencastrement** lié au développement du **libéralisme**. Le marché autorégulé devient dominant et les comportements sont davantage orientés vers la recherche du gain individuel. C'est le moment où se créé le marché du travail : la main-d'œuvre devient une marchandise que l'on peut librement acheter sur le marché. Les relations sociales sont ainsi « encastrées » dans le marché.

• Pour Polanyi, la croyance en un marché purement autorégulateur est utopique. Elle est source de crises profondes, et de dislocations sociales. La crise de 1929 entraîne ainsi l'émergence de régimes fascistes et communistes dans les années 1930. Seule l'émergence de l'État social peut sauver l'économie de marché : c'est le moment du **réencastrement**.

• Si l'on prolonge l'analyse de Polanyi aux décennies suivantes, on constate que le développement de l'État providence durant les Trente Glorieuses assure une stabilité à l'économie de marché et une forte croissance. En revanche, depuis le début des années 1980, on observe un nouveau désencastrement associé au néolibéralisme et une multiplication des crises financières.

2. Une réduction des coûts de transaction

Douglass North montre que la présence d'**institutions spécifiques** est une condition nécessaire au développement, car elles réduisent les coûts de transaction.

- Le libre jeu du marché entraîne des coûts de transaction élevés qui réduisent les échanges économiques : coûts de recherche d'informations sur le système de prix ou sur la qualité des produits, coûts de négociation des contrats…
- Les institutions sont des « contraintes établies par les hommes qui structurent les interactions humaines ».

Ces contraintes peuvent être :
- formelles (écrites) : lois, règles, constitutions, droits de propriété.
- informelles (non écrites) : normes de comportement, conventions.

- Certaines institutions, dont l'État, les contrats, les droits de propriété, permettent d'instaurer des règles juridiques claires. Elles fonctionnent comme des règles du jeu et évoluent par apprentissage des acteurs. Elles permettent de réduire l'incertitude inhérente aux relations humaines et les coûts de transaction.

B Institutions, investissement et innovation

1. Des formes institutionnelles efficaces

Les institutions affectent l'investissement, l'innovation, et la croissance. North cherche quelles formes institutionnelles sont les plus efficaces.

- Au XIXe siècle, le système bancaire influence fortement la croissance des pays industrialisés. Les pays à système bancaire spécialisé (Grande-Bretagne) connaissent ainsi un décollage précoce, mais la croissance ralentit à la fin du siècle car les banques anglo-saxonnes tendent à accorder des financements à court et moyen terme, défavorables à des investissements importants. En revanche, dans les pays à système de banque universelle (Allemagne), le décollage est tardif mais la croissance est plus importante à la fin

> **Sachez que…**
> Dans un système bancaire spécialisé, les banques séparent leurs activités (banques d'affaires au service des grandes entreprises, banques de dépôt au service des ménages). Dans un système de banque universelle, les activités ne sont pas cloisonnées, ce qui facilite la transformation des dépôts des ménages (à court terme) en financements de long terme.

COURS

du siècle, ces banques finançant essentiellement des projets plus importants à long terme.

- Par ailleurs, la prospérité de l'Occident, entre le XVIe et le XVIIIe siècle, est due à la définition de droits de propriété sûrs et clairs, favorables aux échanges, notamment en Angleterre et aux Pays-Bas, ainsi que dans leurs colonies.

2. Le rôle des brevets dans l'innovation

- **Les brevets sont des droits de propriété** qui confèrent un monopole temporaire à une innovation. Le délai maximal de la protection est de vingt ans.
- Selon Schumpeter, ils devraient inciter à innover en protégeant les entrepreneurs des imitateurs. Le surprofit dégagé pendant la période de monopole temporaire est une rémunération du risque pris par l'innovateur. Cependant, ils constituent aussi un frein à la diffusion des innovations et des connaissances. Les effets des brevets sur la croissance sont donc ambivalents.
- Dans la pratique, le lien entre brevets et innovation n'est pas systématique :

- Toutes les inventions ne sont pas brevetées et ne sont pas toutes brevetables. Certaines entreprises, comme Coca-Cola ou Nutella, ont choisi de ne pas déposer de brevet. Elles ont privilégié le secret industriel (ce qui évite de rendre leur recette publique à expiration du brevet).
- Tous les brevets ne concernent pas de véritables inventions. Ils n'ont pour fonction que de bloquer la concurrence.
- Moins de 2/3 des inventions brevetées deviennent des innovations, appliquées industriellement ou commercialement.

L'ESSENTIEL

Les institutions favorisent la croissance économique

- En garantissant des règles de stabilité nécessaires au bon fonctionnement du marché ;
- En favorisant l'investissement et l'innovation, notamment en garantissant un système de droits de propriété efficace.

5 Un progrès technique source d'inégalités de revenus

A Les effets du progrès technique sur le travail

1. La courbe de Kuznets des inégalités

- Dans les années 1950, Simon Kuznets montre qu'au cours du développement économique d'un pays les inégalités de revenu ont tendance à croître, puis à se réduire. Cette évolution est représentée par une courbe « en U inversé ».

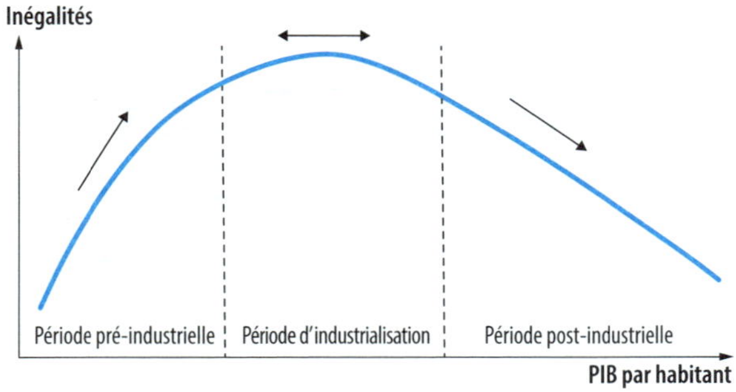

- Dans un premier temps, sous l'effet du progrès technique, certains secteurs deviennent plus rentables (par exemple l'industrie) et vont rémunérer davantage leurs travailleurs. D'autres secteurs en revanche deviennent de moins en moins rentables (par exemple l'agriculture). Les inégalités s'accroissent.
- Dans un second temps, la population travaillant dans le secteur le moins rentable se dirige progressivement vers le secteur le plus rentable. Les inégalités se réduisent après que la moitié de la main-d'œuvre a été employée dans un secteur à plus hauts revenus.

2. Un biais du travail qualifié

- Le progrès technique augmente la productivité des travailleurs qualifiés. La révolution des technologies de l'information et des communication (TIC) a eu un effet particulièrement marqué sur celle des travailleurs hautement qualifiés.
- Les nouvelles technologies de l'information et des communications (NTIC) sont aussi à l'origine d'une dégradation des conditions de rémunération de certains travailleurs. L'« uberisation de l'économie », qui reflète le développement récent d'une économie de plateforme, peut être ainsi vue comme un

retour à un mode de rémunération « à la pièce », dominant jusqu'au début du XXe siècle. Les travailleurs peu qualifiés, indépendants, ne disposent pas d'une protection que garantirait le statut de salarié.

- Ce biais provoque l'aggravation des inégalités de salaire entre travailleurs qualifiés et non qualifiés.

B Les causes des inégalités de revenu sources de débat

- Pour de nombreux économistes, **le progrès technique est la principale cause de l'augmentation des inégalités de revenu** internes à de nombreux pays depuis les années 1980.

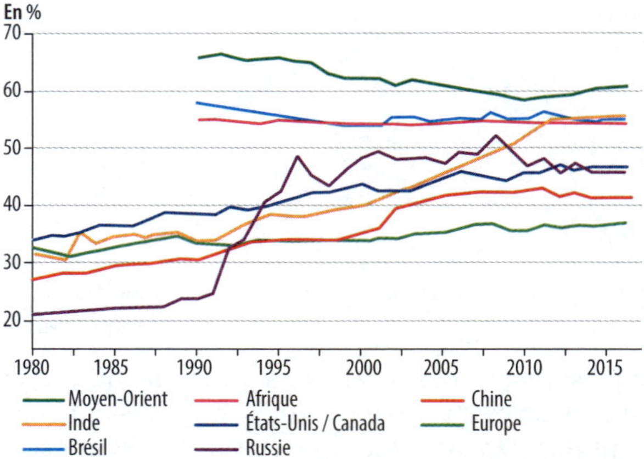

WID.world, Rapport sur les inégalités mondiales, 2018

Doc. Part de revenu des 10 % les plus aisés entre 1980 et 2016

- **La mondialisation** est la deuxième cause évoquée par les économistes de l'augmentation des inégalités de salaires. Les salariés non qualifiés sont concurrencés, dans le cadre d'un marché du travail mondialisé, par ceux des économies à bas salaires, mais aussi des pays riches. Le pouvoir de négociation des salariés se trouve ainsi réduit.

- D'autres économistes mettent en avant la montée des comportements de prédateurs des élites, menant à une « économie de superstars », notamment dans le secteur financier.

- Les inégalités peuvent malgré tout se réduire. La part de revenu des 10 % les plus aisés a ainsi baissé depuis 1990 au Moyen-Orient, en Afrique et au Brésil.

L'ESSENTIEL

Le progrès technique est source d'inégalités de revenus

- Les revenus des travailleurs des secteurs incorporant ce progrès technique sont plus élevés.
- Les inégalités s'accroissent au détriment de la main-d'œuvre moins qualifiée, ou travaillant dans les secteurs traditionnels.
- Ces inégalités peuvent néanmoins s'expliquer par d'autres causes et ne sont pas forcément inéluctables.

6 Les limites écologiques de la croissance

A Une prise de conscience progressive

1. Le rapport Meadows de 1972 : une première alerte

- Les auteurs de ce rapport expliquent que la croissance entraîne une utilisation des ressources et une émission de polluants de plus en plus importantes, affectant le développement mondial. L'humanité va devoir consacrer de plus en plus de capital et de main-d'œuvre pour lutter contre ces limites, au point de faire baisser la qualité de vie moyenne au cours du XXIe siècle.
- Le rapport plaide pour des changements technologiques, culturels et institutionnels profonds, pour éviter que l'empreinte écologique de l'humanité ne dépasse la capacité de charge de la planète Terre.

Sachez que...
L'empreinte écologique est la « surface de terre nécessaire pour fournir les ressources (céréales, fourrage, bois, poisson et surfaces urbaines) et absorber les émissions (dioxyde de carbone) de la société mondiale » (Rapport Meadows, *The limits to Growth*, 2004).

2. Une prise de conscience des institutions internationales

- L**e rapport Brundtland,** de la Commission mondiale pour l'environnement et le développement des Nations unies, définit en 1987 le **développement durable ou soutenable** : « Le développement durable est celui qui répond aux besoins du présent sans compromettre la capacité des générations futures à répondre à leurs propres besoins. »
- En 1990, le premier rapport du GIEC (Groupe d'experts intergouvernemental sur l'évolution du climat, créé en 1988) confirme l'existence du réchauffement climatique et la responsabilité humaine dans ce phénomène.
- Le sommet sur la Terre de Rio (en 1992) établit une convention-cadre visant à stabiliser les concentrations atmosphériques de gaz à effet de serre.

3. Des dégradations environnementales toujours en augmentation

- **Malgré ces prises de conscience, les ressources naturelles continuent de s'épuiser.** Selon Global Footprint Network, leur limite a été atteinte dès 1970. Aujourd'hui, l'utilisation des ressources dépasse la capacité de charge de la terre de 70 %. Ce niveau semble stabilisé depuis 2011.

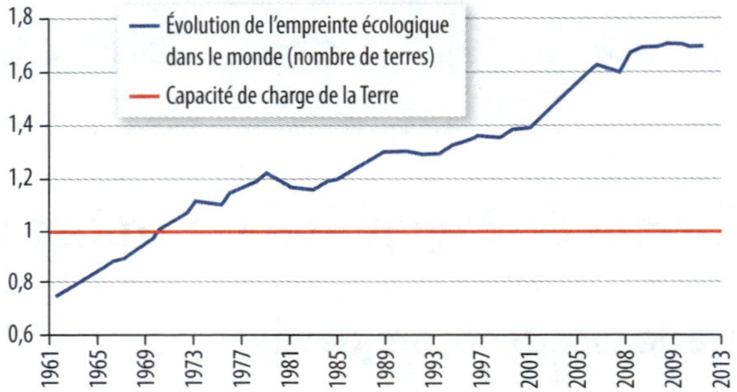

Global Footprint Network Accounts, novembre 2019

Doc. **Évolution de l'empreinte écologique dans le monde (en nombre de terres)**

- **L'augmentation des gaz à effet de serre modifie le climat** : hausse des sécheresses, des inondations, des catastrophes naturelles, du niveau des mers.

Le réchauffement climatique a notamment des effets sur la baisse des rendements agricoles, et les phénomènes climatiques extrêmes détruisent récoltes et troupeaux.

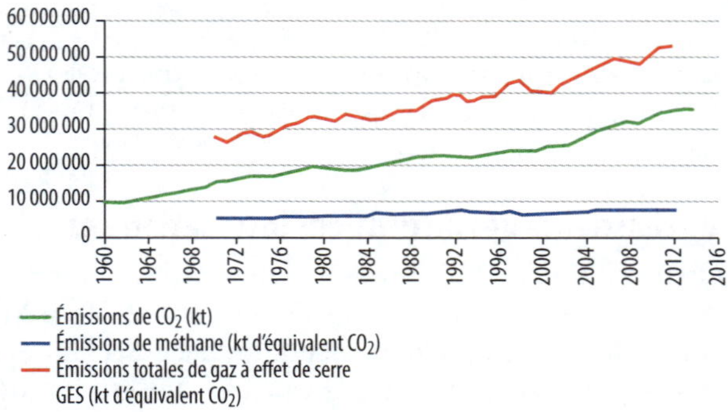

Doc. **Émissions de gaz à effet de serre dans le monde (kilotonnes de CO_2 ou équivalent)**

- La pollution, qui résulte de l'activité humaine, continue d'augmenter et affecte le bien-être des populations.

Ainsi, la **Banque mondiale** alerte en août 2019 : l'augmentation des bactéries, des eaux usées, des produits chimiques et plastiques, réduit l'oxygène et empoisonne l'eau pour les êtres humains et les écosystèmes. La croissance économique de certains pays en est réduite d'un tiers.

La pollution atmosphérique provoque plus de sept millions de décès prématurés par an dans le monde. Les dépenses de santé devraient augmenter de quatre milliards de dollars par an d'ici 2030 selon le rapport Stiglitz et Stern de 2018.

B Innover pour faire reculer ces limites

La croissance économique est-elle toujours non soutenable ? Il existe un débat économique important autour de cette question.

1. La soutenabilité forte

- Pour les partisans de la soutenabilité forte, la croissance économique épuise les ressources naturelles et limite la possibilité de transmettre un capital à l'identique aux générations futures, donc d'assurer un développement durable.
- Ces partisans sont parfois qualifiés de « néo-malthusiens », en référence à Thomas Malthus. Ce dernier développe, à la fin du XVIIIe siècle, la « loi de population » selon laquelle la population croît beaucoup plus vite que les subsistances, soumises à la loi des rendements décroissants. Il faut donc restreindre les naissances pour éviter l'extension de la pauvreté.
- Ce courant adopte l'hypothèse radicale d'irréversibilité des phénomènes naturels et économiques. Le progrès technique ne peut donc pas être substitué au capital naturel. Pour les partisans de la décroissance, il faut donc stabiliser la croissance mondiale, voire la réduire.
- Cette solution soulève de nombreuses questions, notamment vis-à-vis des pays émergents (voir Zoom sur… p. 31).

2. La soutenabilité faible

Pour les partisans de la soutenabilité faible, le progrès technique permet de dépasser les limites écologiques.

- Tous les facteurs de croissance sont considérés comme du capital et sont substituables dans les fonctions de production. Le progrès technique peut donc compenser les dégradations environnementales.
- Ainsi, les innovations peuvent permettre de mieux respecter certaines ressources. Par exemple, les OGM permettent de réduire l'utilisation d'eau et de pesticides, tout en maintenant les rendements agricoles. Les batteries au lithium permettent de se substituer aux énergies fossiles, émettrices de CO_2.

Mais ces innovations présentent elles-mêmes de fortes limites écologiques.

- Dans cette logique, Gene Grossman et Anne Krueger développent en 1994 la « courbe environnementale de Kuznets » : l'augmentation du PIB/habitant induit d'abord une période d'augmentation de la pollution. Peu à peu, le capital humain se substitue au capital physique comme source de la croissance, ce qui entraîne une multiplication des innovations. La pollution finit par décroître.

Sachez que...

Des analyses récentes espèrent des gains de productivité importants dans les prochaines années, autour d'une révolution technologique associée aux technologies de l'information et de la communication (puces 3D, biologie moléculaire, électronique quantique).

L'ESSENTIEL

La croissance économique se heurte à des limites écologiques

- La croissance soutenable se heurte à des problèmes d'épuisement des ressources, de pollution, et de réchauffement climatique.
- Le capital technologique, résultat de l'innovation, peut se substituer à la dégradation du capital naturel, pour les tenants de la soutenabilité faible.

ZOOM SUR...

Les fonctions de production

1 La fonction de base

→ **La production d'un bien peut être représentée par une certaine combinaison de** « facteurs de production », combinaison résumée sous la forme d'une fonction. Dans sa version la plus simple, elle associe une production (*output*) aux facteurs qui l'expliquent (*inputs*) : capital et travail. On écrit alors de façon très générale cette combinaison sous la forme :

$$Q = f(K, L)$$

Q est la quantité produite, K le facteur capital, L le facteur travail.

→ Dans les hypothèses micro-économiques habituelles, **les facteurs de production sont substituables**. Pour fabriquer le même produit, l'entrepreneur pourrait donc théoriquement utiliser indifféremment beaucoup de travail et peu de capital, ou l'inverse.

→ En réalité, **toutes les combinaisons ne sont pas possibles** et, au vu de l'état des techniques, du niveau de développement général du pays et de la concurrence, la gamme des techniques utilisables et le nombre de combinaisons sont limités.

→ Le prix relatif des facteurs peut néanmoins influencer cette combinaison, et lorsque le prix de l'un augmente, l'entrepreneur peut être tenté de substituer l'un à l'autre.

→ Pour un niveau de production donné, **la fonction est donc de la forme K x L** et les fonctions sont alors des hyperboles, comme sur le schéma ci-dessous.

Doc. Fonction de production

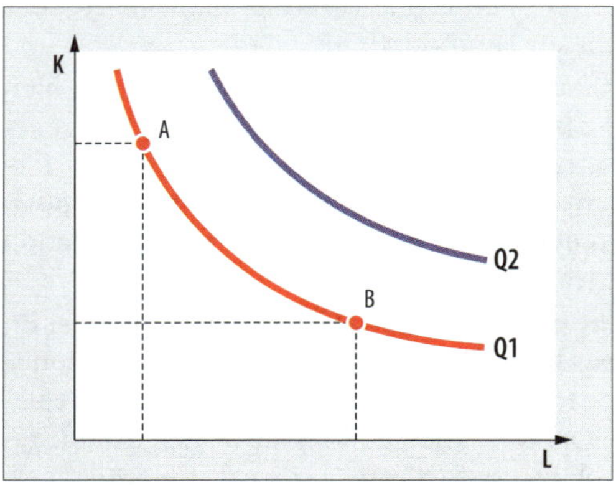

→ Pour obtenir un niveau de production Q_1 l'entreprise peut utiliser peu de travail et beaucoup de capital (point A), ou l'inverse (point B). Pour obtenir un niveau de production Q_2, elle doit utiliser plus de capital pour une même masse de travail, ou l'inverse (autant de capital et plus de travail), voire les deux à la fois.

2 Le modèle standard et ses conséquences

→ Le modèle suppose **des facteurs de production rémunérés à leur productivité marginale** (salaire pour le travail, profit pour le capital).

→ La décomposition de ces facteurs permet d'épuiser le produit : **la valeur ajoutée créée lors de la production se partage entièrement entre rémunération du travail et celle du capital.**

→ La fonction s'écrit alors dans une de ses versions les plus diffusées (dite Cobb-Douglas) :

$$Q = f(K, L) = L^{\alpha} \times K^{(1-\alpha)} \times A$$

→ Les exposants α et (1 – α) montrent que le produit devrait être épuisé par cette décomposition : leur somme est égale à 1.

→ Mais d'après les études empiriques (Carré, Dubois et Malinvaud en France), il faut ajouter au travail et au capital **un facteur supplémentaire (« résidu »), assimilé au progrès technique** (plus un facteur temps). C'est le facteur marqué A ici.

3 De la remise en cause à la croissance endogène

→ La notion de « **croissance potentielle** » montre ce que peut être le taux de croissance à long terme, en tenant compte de la productivité des facteurs de production, et en supposant qu'ils soient utilisés à leur pleine capacité. Cette notion montre les limites sur lesquelles buterait la croissance si on tentait de relancer la demande.

→ Dans la théorie de la « **croissance endogène** » de Paul Romer, la croissance ne se réduit pas à l'augmentation quantitative et qualitative des facteurs de production. Le progrès naît au sein de la fonction de production (« endogène »).

→ **Les investissements en formation et recherche sont donc réhabilités.** Le travail cesse d'être un facteur indifférencié dont le producteur (l'industriel ou le propriétaire de l'entreprise) consommerait une certaine quantité. Il a des qualités différentes, qui rejaillissent sur la productivité.

→ Le savoir est un « bien public » au sens de la théorie, c'est-à-dire un bien dont l'impact sur la société dépasse le coût de production privé. C'est en général un coût privé supporté par l'entreprise ou le salarié quand il s'agit de formation durant la vie active. **Le savoir a donc de fortes « externalités positives » : ces dépenses privées génèrent un bénéfice social,** en termes d'élévation de la productivité et de qualité du travail.

→ **Ces fortes externalités peuvent justifier des investissements publics**. En effet, le privé ou l'individu n'ont pas toujours intérêt à investir en formation si les bénéfices sont sociaux, alors que les coûts sont privés. Il faut donc des réglementations (droit au congé formation, formation au long de la vie), des incitations (fiscales par exemple) ou des obligations (comme la taxe d'apprentissage).

Mots clés

■ **Amortissement** : usure ou obsolescence du capital. La comptabilité nationale emploie le terme de « consommation de capital fixe ».

■ **Biens publics ou biens collectifs purs** : biens non rivaux (leur consommation ne réduit pas l'utilité des autres consommateurs) et non exclusifs (tous les consommateurs y ont accès librement).

■ **Capital humain** : ensemble des connaissances et capacités physiques des travailleurs.

■ **Consommationsintermédiaires:**actifs de production dont la durée de vie est inférieure à un an. Ils disparaissent durant le processus (l'électricité) ou sont incorporés dans le produit (la farine dans le pain).

■ **Croissance** : augmentation durable et soutenue d'un indicateur de production (le PIB en volume).

■ **Défaillance de marché** : situations qui empêchent un fonctionnement optimal d'un marché de concurrence pure et parfaite. Les externalités ou les biens publics sont des défaillances de marché.

■ **Droits de propriété** : droit d'user d'un bien, d'en tirer un revenu, et de le vendre, dans un cadre fixé par la loi.

■ **Économie informelle** : activités économiques non enregistrées officiellement.

■ **Externalités** : utilité (avantage), ou désutilité (dommage), créée par une action économique sans compensation monétaire. La pollution est une externalité négative de la croissance. La diffusion de connaissances est une externalité positive de l'acquisition de capital humain.

■ **Facteurs de production** : facteurs dont la combinaison permet la production, le capital et le travail.

■ **Innovation** : application à l'échelle industrielle ou commerciale d'une invention (découverte d'un nouveau produit – prototype – ou d'un nouveau procédé).

■ **Investissement** : acquisition de biens de production dont la durée de vie est supérieure à un an. La comptabilité nationale le mesure à l'aide de la FBCF (formation brute de capital fixe).

■ **Progrès technique** : ensemble des innovations qui modifient les conditions de la production et en améliorent l'efficacité.

REPÈRES

Les auteurs importants

David RICARDO (1772-1823)

Anglais, issu d'une famille juive d'origine portugaise, il travaille tôt à la Bourse où il s'initie aux mécanismes économiques. Dans la lignée d'Adam Smith, il défend le libéralisme dans tous les domaines, la libre entreprise et le libre échange. Pessimiste sur la croissance à long terme à cause de la baisse des rendements de la terre qu'il prévoit, il est optimiste à court et moyen terme et accepte la « loi de Say ».

Douglass NORTH (1920-2015)

Économiste et historien états-unien, co-fondateur de la Nouvelle économie institutionnelle. Il s'est intéressé au rôle des institutions, notamment les droits de propriété, dans la croissance économique. Il a obtenu le prix Nobel d'économie en 1993.

Joseph SCHUMPETER (1883-1950)

Économiste autrichien, émigré, professeur d'université, il s'éloigne au cours de sa vie du courant social-démocrate auquel il adhère à ses débuts, pour centrer son analyse sur le rôle de l'entrepreneur et de l'innovation dans le processus de croissance et le cycle des affaires. Érudit et auteur d'une monumentale histoire de la pensée économique.

Paul ROMER (né en 1955)

Économiste américain qui a renouvelé la théorie de la croissance en montrant que celle-ci résulte de la qualité des facteurs de production et de leur combinaison. Si avec des mêmes ingrédients, les grands chefs peuvent faire une cuisine différente du grand public, la « recette » de la croissance niche dans la production elle-même. D'où le nom de croissance « endogène », venant de l'intérieur et non de l'extérieur.

Documents majeurs

Doc. 1 Le démarrage

Le démarrage est la période pendant laquelle la société finit par renverser les obstacles et les barrages qui s'opposaient à sa croissance régulière. Les facteurs de progrès technique, qui jusqu'ici n'ont agi que sporadiquement et avec une efficacité restreinte, élargissent leur action et en viennent à dominer la société. La croissance devient la fonction normale de l'économie. Les intérêts composés s'intègrent dans les coutumes et dans la structure même des institutions.

En Grande-Bretagne et dans les régions du monde bien dotées par la nature et peuplées surtout de Britanniques (les États-Unis, le Canada, etc.), la cause prochaine du démarrage a été essentiellement (mais non exclusivement) d'ordre technologique. Dans le cas plus général, l'économie n'a démarré que lorsqu'un capital social s'est constitué et que le progrès technique s'est introduit dans l'industrie et dans l'agriculture. Encore fallait-il qu'arrive au pouvoir politique un groupe d'hommes disposés à considérer la modernisation de l'économie comme une affaire politique sérieuse de la plus haute importance.

Pendant la période de démarrage, le taux de l'investissement et de l'épargne réels peut passer de 5 % du revenu national à 10 % ou plus, par exemple.

Walt Whitman Rostow, *Les étapes de la croissance économique*, 1960.

Doc. 2 Innovation et croissance

Des révolutions remodèlent périodiquement la structure existante de l'industrie en introduisant de nouvelles méthodes de production – l'usine mécanisée, l'usine électrifiée, la synthèse chimique et ainsi de suite ; de nouveaux besoins – tels les services ferroviaires ; de nouvelles formes d'organisation – telles que les fusions de sociétés ; de nouvelles sources d'approvisionnement, de nouvelles routes commerciales et de nouveaux marchés pour les achats et pour les ventes [...]. Or ces révolutions se traduisent à chaque fois par une avalanche de biens de consommation qui approfondit et élargit définitivement le contenu du revenu réel, même si initialement elle provoque des troubles, des pertes et du chômage. Et si nous observons ces avalanches de biens, nous constatons à nouveau que chacune d'entre elles consiste en articles servant à la consommation des masses et accroît le pouvoir d'achat [...].

En d'autres termes, nous constatons que l'évolution capitaliste améliore progressivement le niveau d'existence des masses, non pas en vertu d'une coïncidence, mais par le fonctionnement même de son mécanisme [...]. Ce processus de destruction créatrice constitue la donnée fondamentale du capitalisme.

Joseph Schumpeter, *Capitalisme, socialisme et démocratie*, Payot, 1990 (1942).

Exercice

Vérifiez vos connaissances

Répondre Vrai ou Faux aux assertions suivantes :

1. En 2018, le PIB de la France est de 2 350 milliards d'euros.
2. Le PIB peut se calculer de trois manières différentes : par les dépenses, par les revenus, et par la production.
3. Le PIB par tête est le meilleur indicateur de bien-être.
4. L'investissement est la principale source de croissance intensive.
5. Pour les théoriciens de la croissance endogène, le capital humain est un bien public.
6. L'innovation crée du chômage et des inégalités.
7. Pour les néo-malthusiens, la croissance peut être infinie.
8. Le nombre de brevets déposés est corrélé aux innovations.
9. La croissance est plus élevée dans les pays émergents que dans les pays développés.
10. Pour les partisans de la soutenabilité faible, le progrès technique peut compenser les dégradations environnementales liées à la croissance.

Sujet de bac

Dissertation s'appuyant sur un dossier documentaire

En quoi le progrès technique est-il source de croissance économique ?

Doc.1 Contributions à la croissance en 2018

		France		États-Unis	
Taux de variation du PIB (%)		1,7		2,8	
		en points	**en %**	**en points**	**en %**
Contributions	Heures travaillées totales	0,2	13,3	1,4	50,7
	Capital TIC	0,5	26,8	0,4	13,9
	Capital non-TIC	0,2	14,4	0,4	13,0
	Productivité multifactorielle	0,8	45,5	0,6	22,4

OCDE, novembre 2019.

Doc. 2 Dépenses de Recherche et Développement

	France		États-Unis	
	2012	2017	2012	2017
Part de la Recherche et Développement dans le PIB (%)	2,2	2,2	2,7	2,8
Financement des dépenses de R et D (en %) :				
Entreprises	55,3	55,6	59,5	63,6
Gouvernement	35,4	32,8	29,6	22,8
Reste du monde	7,6	7,7	4,1	6,2
Éducation supérieure	0,9	2,9	3,3	3,6
Privé non marchand	0,8	1,0	3,5	3,9

OCDE, novembre 2019.

Doc. 3 Articles de loi pour protéger les innovations

Article L611-1
Toute invention peut faire l'objet d'un titre de propriété industrielle délivré par le directeur de l'Institut national de la propriété industrielle qui confère à son titulaire ou à ses ayants cause un droit exclusif d'exploitation [...].

Article L611-2
Les titres de propriété industrielle protégeant les inventions sont : les brevets d'invention, délivrés pour une durée de vingt ans à compter du jour du dépôt de la demande ; les certificats d'utilité, délivrés pour une durée de six ans à compter du jour du dépôt de la demande ; les certificats complémentaires de protection rattachés à un brevet [...] prenant effet au terme légal du brevet auquel ils se rattachent pour une durée ne pouvant excéder sept ans à compter de ce terme et dix-sept ans à compter de la délivrance de l'autorisation de mise sur le marché mentionnée à ce même article [...].

Article L615-14
Sont punies de trois ans d'emprisonnement et de 300 000 euros d'amende les atteintes portées sciemment aux droits du propriétaire d'un brevet [...]. Lorsque le délit a été commis en bande organisée ou sur un réseau de communication au public en ligne ou lorsque les faits portent sur des marchandises dangereuses pour la santé, la sécurité de l'homme ou l'animal, les peines sont portées à cinq ans d'emprisonnement et à 500 000 euros d'amende.

Code de la Propriété industrielle, *Legifrance*, 2013.

POINT MÉTHODE

1 Analyse du sujet

- Il s'agit de montrer l'impact du progrès technique sur la croissance économique. Il ne faut pas traiter de la relation inverse, ni des limites du progrès technique en termes d'inégalités ou d'environnement. Le plan doit donc être thématique.
- Pour bien définir les termes clés, il faut connaître leur mesure (les gains de PGF pour le progrès technique, la variation du PIB en volume pour la croissance).

2 Étude d'un document

Doc. 1 Contributions à la croissance en 2018

- La difficulté réside dans la lecture des chiffres : le taux de croissance du PIB est la somme des contributions. Par exemple, les heures travaillées aux États-Unis expliquent 1,4 point des 2,8 % de croissance, soit la moitié (50,7 %).
- Il permet de montrer qu'en France la contribution de la PGF est plus forte (croissance intensive), alors qu'aux États-Unis, c'est la contribution des facteurs qui est plus importante (croissance extensive).

Doc. 2 Dépenses de Recherche et Développement

- On observe que l'effort de R et D est plus important aux États-Unis qu'en France, ce qui explique que le niveau de PGF y soit plus élevé (les États-Unis sont à la frontière technologique).
- Le poids des institutions est important : l'innovation est particulièrement dynamique dans le secteur privé aux États-Unis (importance du marché, des brevets, du financement des universités), alors que le secteur public joue un rôle plus important en France.

Doc. 3 Articles de loi pour protéger les innovations

- Il permet de montrer que le brevet est un droit de propriété qui protège un inventeur de toute imitation durant une durée limitée. Tout imitateur encourt une peine d'emprisonnement ou une amende significative.
- Il doit être utilisé pour montrer le rôle des institutions dans l'innovation et donc dans la croissance.

Exercice

1 **Vrai.**

2 **Vrai.**

3 **Faux.** C'est un bon indicateur de niveau de vie, mais il ne prend pas en compte les inégalités, l'économie informelle, les dégradations de l'environnement.

4 **Faux.** C'est la PGF.

5 **Faux.** C'est un bien privé, mais il est source d'externalités positives.

6 **Vrai.** Elle est source de destruction créatrice et d'un biais entre travailleurs qualifiés et non qualifiés.

7 **Faux.** Elle se heurte à des limites écologiques.

8 **Vrai**, mais cette affirmation est à nuancer : toutes les innovations ne sont pas brevetées, toutes les inventions brevetées ne débouchent pas sur des innovations.

9 **Vrai.** Les pays émergents « rattrapent » le niveau de vie et le niveau de PGF des pays développés.

10 **Vrai.** Le capital technologique peut se substituer au capital naturel.

Sujet de bac

En quoi le progrès technique est-il source de croissance économique ?

Introduction

La croissance économique date d'il y a un peu plus de deux siècles, sous l'effet notamment du progrès technique. Cependant, le ralentissement de la croissance dans les pays développés depuis les années 1970 suscite des interrogations sur le rôle de ce dernier.

La croissance économique peut être définie comme l'augmentation durable du PIB en volume. Elle dépend donc des facteurs qui contribuent à la production de richesses.

Le progrès technique est l'amélioration de l'efficacité de la combinaison des facteurs de production. Il résulte des innovations et est mesuré par la PGF (productivité globale des facteurs) ou productivité multifactorielle.

Par quels moyens le progrès technique contribue-t-il à la croissance ? Nous verrons que la productivité multifactorielle est un facteur important de la croissance, puis que le progrès technique et la croissance s'auto-entretiennent, et enfin que les progrès institutionnels sont indispensables.

I. La productivité globale des facteurs est une source de croissance économique

1. La création de richesse dépend de l'accumulation des facteurs capital et travail, et le la PGF

La fonction de production macroéconomique s'écrit sous la forme : $Q = A.\ K^a.L^{1-a}$. Elle montre que le produit global (Q) dépend du progrès technique (A), du capital (K) et du travail (L).

La PGF est un résidu qui permet d'estimer le progrès technique : elle explique 45,5 % de la croissance en France en 2017 (croissance plus intensive) et 22,4 % aux États-Unis (croissance plus extensive) (**doc. 1**).

Astuce

Ne pas confondre le taux de variation du PIB qui représente l'augmentation du PIB, et le niveau du PIB. Ici, le PIB états-unien augmente de 2,8 % en 2018.

2. Les rythmes de la PGF sont liés historiquement à ceux de la création de richesse

Ils augmentent à partir du XIXe siècle en Occident, en même temps que la phase de « décollage » de la révolution industrielle. Ils accélèrent pendant les Trente Glorieuses (sauf aux États-Unis) et entraînent des taux de croissance exceptionnels dans les pays développés. Ils ralentissent depuis les années 1970, malgré une multiplication des innovations dans les technologies de l'information et de la communication. C'est le paradoxe de Solow.

II. Le progrès technique est endogène et source de croissance auto-entretenue

1. Les innovations apparaissent en grappes et génèrent des phases ascendantes de cycles longs

Pour Schumpeter, une innovation majeure bouleverse la routine de production et confère à l'innovateur un monopole temporaire. Des imitateurs développent rapidement des innovations mineures. Les grappes d'innovation entraînent l'accélération de la croissance, sur une période de vingt à trente ans. En phase descendante de cycle, les innovations majeures provoquent une destruction créatrice.

2. Les innovations et la croissance s'auto-entretiennent

Pour la théorie de la croissance endogène, l'accumulation de capital (physique, humain, technologique ou public) génère des externalités positives, ce qui permet d'annuler les effets des rendements factoriels décroissants, et d'obtenir des rendements d'échelle constants.

III. Il faut mettre en place des institutions efficaces pour favoriser le progrès technique et la croissance

1. L'innovation et l'investissement dépendent d'institutions spécifiques

Les institutions permettent le bon fonctionnement du marché, et affectent l'incitation à investir (rôle du système bancaire, de l'État…).

Ainsi, aux États-Unis, les dépenses de R et D sont plus élevées qu'en France (2,8 % contre 2,2 % du PIB). Le poids des entreprises dans le financement de la R et D y est plus élevé de 8 points, de même que celui de l'éducation supérieure et du secteur privé non marchand. En revanche, la part de l'État est plus faible (**doc. 2**).

Astuce
Lorsque l'on compare des données exprimées en pourcentage, la différence s'exprime en points et non en %.

2. Les droits de propriété permettent à l'innovateur de s'approprier le gain lié à l'innovation

Les brevets confèrent un droit de propriété à l'inventeur. Ils le protègent des imitateurs et lui permettent de s'approprier une rente de monopole temporaire (sur la durée du brevet, soit vingt ans en France). Il incitent donc à innover (**doc. 3**).

Conclusion

Face aux interrogations actuelles sur une éventuelle stagnation séculaire (ralentissement définitif de la croissance), il faut interroger le rôle du progrès technique concernant d'éventuels gains de productivité dans les années à venir.

Le progrès technique est par ailleurs envisagé comme une solution aux limites écologiques auxquelles se heurte la croissance.

CHAPITRE 2

Commerce international et internationalisation de la production

DE QUOI S'AGIT-IL ?

Amorcé au XIXe siècle, le processus de mondialisation s'est confirmé après la Seconde Guerre mondiale pour s'imposer à l'ensemble de la planète durant les années 1980. S'appuyant sur une révolution des transports et des communications mais aussi sur la libéralisation de la finance et un cadre institutionnel stimulant l'ouverture des frontières, la mondialisation oblige les économies à s'intégrer à l'échange international dans une logique de concurrence intense où les entreprises sont en quête permanente de compétitivité.

Il s'agit dès lors de comprendre sur quels principes s'organise le commerce international et quelles stratégies adoptent les firmes dans cet environnement. La mondialisation nourrit par ailleurs un débat entre libre-échange et protectionnisme autour des effets qu'elle induit à différents niveaux.

1 L'évolution du commerce international

Depuis les années 1950, le volume mondial des exportations a été multiplié par près de trente. Dans le même temps, le PIB mondial a été multiplié par six. Le commerce international a donc progressé cinq fois plus vite que la croissance économique. Parallèlement, les flux mondiaux d'investissement direct à l'étranger (IDE) ont été multipliés par dix ces trente dernières années.

A Des facteurs politiques et techniques propices au développement des échanges

1. Des évolutions politiques qui favorisent le développement des échanges

- C'est à partir de 1947 que les nations développées, tirant les leçons des conséquences catastrophiques des politiques protectionnistes menées pour lutter contre la crise de 1929, décident de s'engager dans un processus de libéralisation des échanges commerciaux au travers notamment des accords du GATT (accord général sur les taxes et le commerce) qui deviendra en 1995 l'OMC (Organisation mondiale du commerce).
Les accords de Bretton Woods (1944) avaient créé un cadre monétaire et financier stable autour du Fonds monétaire international (FMI) et de la Banque mondiale dominé par le dollars et la puissance économique américaine.

Ne confondez pas
Le FMI prête aux États en cas de crise financière, la Banque mondiale est une banque internationale, spécialisée dans le développement, et l'OMC (ex-GATT) veille à la liberté des échanges.

- Parallèlement, les différentes régions de la planète vont s'engager dans un processus d'intégration économique en créant des zones de libre-échange dont la Communauté économique européenne (CEE), qui deviendra l'Union européenne (UE), sera l'exemple le plus abouti.

- À partir des années 1980, l'ouverture de la Chine, l'effondrement du bloc soviétique et l'émergence de grandes nations comme l'Inde ou le Brésil dans le commerce international vont contribuer à accélérer le processus de mondialisation. Se crée ainsi un vaste marché mondial où s'échangent biens et services mais également des devises et des capitaux dans une liberté croissante, renforçant de ce fait l'interdépendance des nations.

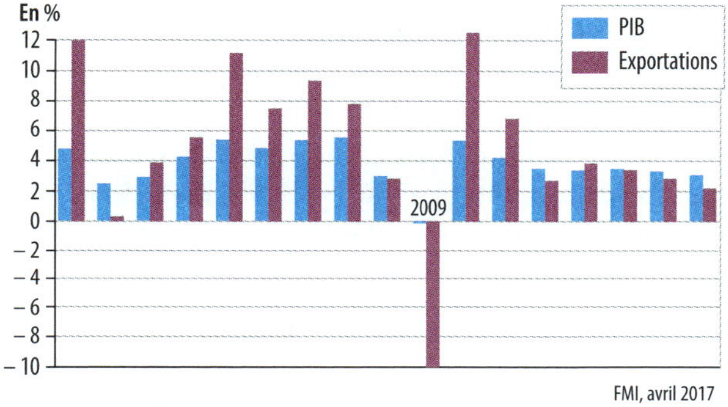

Doc. **Taux de croissance en volume du PIB mondial et des exportations de biens et de services sur la période 2000-2016, en %**

2. Des révolutions techniques qui accompagnent et stimulent le commerce international

- Durant les années 1970, le développement du conteneur permet de transporter davantage de produits pour un coût très faible. En effet, la standardisation et la mécanisation des grands ports ainsi que la création de plateformes logistiques favorisant le transport multi-modal (train, camion, bateau, avion) permettent de réaliser des économies d'échelle faisant du coût du transport une variable désormais marginale dans la stratégie des entreprises.

Notez que...

Les frais du transport par conteneur d'un t-shirt ou d'un smartphone depuis la Chine vers l'Europe ne coûte que quelques centimes, un téléviseur moins d'un euro.

- Dans le même temps, les progrès réalisés dans les communications (téléphonie puis fax puis Internet) réduisent les distances et permettent aux entreprises d'implanter des filiales pour fabriquer ou vendre leur production sur l'ensemble de la planète. On assiste alors à l'essor d'un acteur désormais incontournable de l'économie mondialisée : la FMN (firme multinationale), également appelée FTN (firme transnationale).

- Le développement de l'informatique va également permettre l'interconnexion des différentes places financières de la planète contribuant ainsi à l'explosion des IDE (investissements directs à l'étranger) qui accompagne le développement des FTN.

B Des échanges internationaux qui se transforment

1. L'accroissement du commerce intrabranche et intrafirme

• Avec l'accroissement des échanges et du niveau de vie, les consommateurs réclament une offre de produits et de services plus diversifiée. On assiste alors à une différenciation des productions. La taille des marchés étant désormais mondiale, il devient économiquement intéressant pour les entreprises de démultiplier les modèles selon les pouvoirs d'achat (du *low cost* au luxe) ou les habitudes des consommateurs (yaourts vendus à l'unité en Asie ou en pack familial en Europe) pour s'adresser à un éventail de clients plus large (économie d'échelle).

Rappel
Faire des économies d'échelle (ou rendement d'échelle) consiste à produire en plus grand nombre afin de diviser les coûts fixes pour abaisser le coût unitaire.

• Il ne s'agit plus seulement de se spécialiser dans tel ou tel produit, mais d'en diversifier les gammes en misant sur les différences de technologies, l'image ou le design. Les nations s'échangent ainsi des produits similaires comme des automobiles ou des smartphones et participent ainsi à l'essor du commerce intrabranche. Paul Krugman (prix Nobel d'économie en 2008) justifie ainsi le développement du commerce international par la stratégie des firmes qui cherchent, à travers l'élargissement de la demande mondiale, à réaliser des économies d'échelle, c'est-à-dire des rendements croissants.

• De plus, la majorité des échanges se font à l'intérieur de grandes zones régionales (commerce intrazone) dans le cadre d'espaces de libre-échange ou d'accords commerciaux. L'Union européenne, par exemple, réalise près des deux tiers de ses échanges entre ses membres. La proximité des niveaux et des modes de vie renforce la similitude des besoins et oblige les entreprises à diversifier leurs produits pour mieux satisfaire (ou créer) la demande.

Sachez que...
L'ALENA (Accord de libre-échange nord-américain) est devenu en 2018 l'ACEUM (Accord Canada, États-Unis, Mexique).

• La DIPP (décomposition internationale du processus productif) alimente le commerce intrafirme. Par exemple, la firme Apple utilise des composants de Corée du Sud, du Japon, des États-Unis ou d'Allemagne, fait appel à des sous-traitants qui assemblent ses smartphones en Chine puis les vend partout sur la planète. À chaque fois, ces produits traversent des frontières et viennent gonfler les chiffres des exportations (et importations) nationales. Le commerce intrafirme est donc l'une des sources du développement des échanges internationaux.

- L'internationalisation de la production repose ici sur l'optimisation de la chaîne de valeurs. Les FMN fragmentent la production afin de bénéficier des coûts de production les moins élevés à chaque étape de la filière. Elles découpent ainsi le processus de production à l'échelle internationale.

2. L'émergence de nouveaux acteurs

- Longtemps limité aux pays développés, le commerce international a permis l'émergence de nouveaux acteurs. C'est notamment le cas des pays du sud-est asiatique dont les quatre dragons mais surtout de la Chine qui, en vingt ans, est passée de la dixième à la première place des pays exportateurs.
- D'autres nations comme le Brésil, la Russie ou l'Inde sont désormais des actrices incontournables sur les marchés internationaux, que ce soit dans les matières premières ou les services (l'Inde occupe la 9e place mondiale pour ces derniers).
- À l'échelle européenne, les anciens pays du bloc soviétique ont pu profiter de leur main-d'œuvre qualifiée et peu coûteuse pour attirer les entreprises occidentales et obtenir une place importante dans l'industrie automobile ou de l'électroménager.

Remarque
De nombreux surnoms et acronymes sont utilisés pour qualifier des pays aux caractéristiques économiques similaires comme les « tigres asiatiques » (Thaïlande, Viêt Nam, Philippines, Indonésie, Malaisie) ou les BRICS (Brésil, Russie, Inde, Chine et Afrique du Sud).

- L'augmentation du niveau de vie de ces pays émergents a aussi contribué à les rendre attractifs pour les firmes en quête de débouchés. Elles s'y installent massivement participant ainsi à une certaine harmonisation des modes de vie et de consommation à l'échelle de la planète.

3. Une structure des flux commerciaux profondément modifiée

- Alors que les matières premières dominaient largement les échanges internationaux de marchandises, leur part a fortement diminué à partir des années 1960. L'industrialisation de certains pays en développement, le progrès technique et l'augmentation des niveaux de vie ont fait progresser la part des produits manufacturés à près de 70 % des échanges de biens.

Remarque
L'ancienne DIT reposait sur l'organisation coloniale des échanges dans laquelle la métropole importait des ressources naturelles de ses colonies. Les échanges Nord-Sud sont restés longtemps dans ce rapport (des régions comme l'Afrique y sont encore installées).

- En outre, le développement des transports, des services d'assurance et financiers, comme la généralisation du tourisme de masse à l'échelle du globe, ont conduit les services, autrefois quasi-inexistants, à occuper désormais une place importante dans les échanges internationaux (24 % des échanges). Leur rythme de progression continue à être plus élevé que celui des biens manufacturés.

C Une spécialisation basée sur l'avantage comparatif et la dotation factorielle

1. Dans la théorie libérale, les nations ont intérêt à l'échange

- Dès la fin du XVIIIe siècle, Adam Smith voyait dans l'existence d'avantages absolus la justification du libre-échange, chaque économie ayant intérêt à se spécialiser dans les productions pour lesquelles les coûts sont inférieurs aux autres pays. Ainsi, en commerçant entre elles, les nations bénéficient de prix plus bas, favorables aux producteurs et aux consommateurs.
- Cependant, certains pays ne disposent pas d'avantages absolus (leurs coûts de production sont partout supérieurs aux autres). David Ricardo propose alors, en 1817, que la spécialisation repose, non pas sur des avantages absolus mais relatifs. Il fonde sa théorie sur l'idée que si chacun des pays se spécialise dans la seule production où il dispose du plus grand avantage (secteur le plus productif), ou le moins mauvais, l'ensemble des partenaires commerciaux y gagne.
- Mais toutes les spécialisations ne se valent pas en termes de produits. Les pays qui se spécialisent dans des productions où la demande est élevée verront leur prix augmenter tandis que les spécialisations sur des produits moins attractifs risquent de subir une baisse du prix relatif.

2. Une spécialisation en fonction de l'abondance relative des facteurs de production

- Dans les années 1960 et 1970, le théorème « HOS », du nom de ses auteurs (Eli Heckscher, Bertil Ohlin et Paul Samuelson) prolongera la théorie ricardienne en faisant reposer la spécialisation sur la quantité de facteurs de production dont dispose chaque pays (la dotation factorielle). Les économies pour lesquelles le capital (machines, technologie) est abondant doivent se spécialiser dans les productions nécessitant ce facteur de production tandis que les économies riches en main-d'œuvre ou en ressources naturelles doivent s'orienter vers ces secteurs.
- Ils montrent ainsi que les pays exportant des biens riches en facteur abondant (le travail pour les pays peu avancés et le capital pour les pays développés) voient le prix de ce dernier s'élever. Les entreprises opéreront alors des substitutions capital-travail et, à terme, toutes les nations atteindront le même stade concernant leur appareil productif.

- C'est sur la base de ces théories que vont se développer les échanges internationaux et la division internationale du travail (DIT). L'exemple des « 4 dragons » (Taïwan, Hong-Kong, Singapour et la Corée du Sud) ou de la Chine, qui commencent par se spécialiser dans des productions riches en main-d'œuvre (textile, électronique grand-public) et remontent progressivement les filières pour maîtriser les technologies les plus avancées, illustre parfaitement le modèle HOS. Ces pays vont profiter de la fragmentation de la chaîne de valeur en attirant les IDE des firmes à la recherche d'avantages comparatifs propres à chaque pays. Ce sont les IDE qui, en intégrant de la technologie et de nouvelles méthodes de production, permettront à ces derniers de remonter les filières.
- Il faut cependant souligner que d'autres régions, notamment l'Afrique subsaharienne, se sont spécialisées dans des productions reposant sur une main-d'œuvre peu qualifiée (agriculture, matières premières) sans pour autant parvenir à réaliser des gains de productivité ni à remonter les filières, s'enfermant de ce fait dans le mal-développement.

L'ESSENTIEL

L'évolution du commerce international

- Depuis la fin de la Seconde Guerre mondiale, les échanges internationaux n'ont cessé de se développer avec une accélération au tournant des années 1980.
- Cette évolution est liée à une révolution des transports (conteneurs), des communications et des changements institutionnels et géopolitiques favorables à l'ouverture internationale.
- Le commerce international s'est transformé. Les biens manufacturés puis les services ont progressé face aux matières premières. Les échanges intrabranche et intrafirme ont alimenté l'expansion du commerce et de nouveaux acteurs se sont imposés (BRICS).
- Cette mondialisation s'est construite en partie sur la logique de spécialisation en fonction des avantages comparatifs de chaque pays que ce soit en termes de produits ou de dotation en facteurs de production mais également sur les rendements d'échelle permis par l'augmentation de la taille des marchés.

ZOOM SUR...

Les termes et la mesure du commerce international

1 Les termes du libre-échange

→ Le développement du libre-échange s'accompagne d'accords et de traités commerciaux entre les nations. Ainsi se sont formées des zones de libre-échange comme le MERCOSUR pour l'Amérique du Sud, l'ASEAN pour l'Asie ou l'ACEUM pour l'Amérique du Nord. L'Union européenne est quant à elle devenue un marché unique en 1987. Au sein de ces espaces, les biens et services circulent librement. En Europe, cette libre circulation s'applique, en plus, aux capitaux et aux travailleurs.

→ L'UE est également une union douanière, c'est-à-dire qu'elle mène une politique unique vis-à-vis du reste du monde en matière commerciale. Les droits de douanes, taxes et normes sont appliqués aux frontières de l'UE et pour tous ses membres.

→ Les accords du GATT (Accord général sur les tarifs douaniers et le commerce) devenu l'OMC (Organisation mondiale du commerce) reposent sur le multilatéralisme, c'est-à-dire que les accords commerciaux et les règles sur les échanges sont le produit d'un consensus général entre les membres. De plus, la clause de la nation la plus favorisée suppose que si un avantage est accordé à un partenaire par un pays, tous les autres doivent en bénéficier.

2 Les termes du protectionnisme

→ Le protectionnisme repose sur des barrières tarifaires parmi lesquelles on trouve les droits de douane ou les taxes. On peut considérer également que les subventions aux exportations sont des mesures tarifaires dans le sens où elles rendent artificiellement moins chers les produits nationaux.

→ Les barrières non tarifaires reposent sur le contingentement des importations c'est-à-dire des quotas de marchandises entrant dans le pays. Ainsi, en Europe, jusqu'aux années 1990, les véhicules japonais ou le textile étranger étaient soumis à des quotas. Les normes sont également une manière de défendre l'économie d'un pays, tout en offrant des protections d'autres natures. Les normes sur la sécurité ou la santé en sont les principales. Elles permettent par exemple d'interdire l'entrée de véhicules qui ne répondraient pas de manière satisfaisante aux « crash test » ou d'interdire au-delà d'un certain seuil les OGM ou les hormones dans la nourriture importée.

→ Autre manière de privilégier les productions nationales : apposer des labels ou des appellations. En certifiant l'origine ou la qualité d'un produit, on le distingue nettement des autres. La France, avec ses terroirs ou sa réputation dans l'industrie du luxe, est très en pointe dans cette stratégie.

3 Mesurer les échanges internationaux

→ La balance commerciale, calculée sur la différence entre les exportations (X) et les importations (M) de marchandises, détermine le solde excédentaire ou déficitaire d'un pays. Dans la même logique, le taux de couverture (X/M x100), permet de savoir si un pays couvre ses importations par ses exportations. Un pays dont le solde commercial est excédentaire aura donc un taux de couverture supérieur à 100 %.

→ La balance des paiements retrace toutes les opérations qui donnent lieu à des échanges de monnaie. On y retrouve la balance commerciale mais aussi celle des services. S'y trouvent également le compte de capital (achat/vente de brevets, droits d'auteur) et surtout le compte financier qui enregistre les flux d'IDE entrants et sortants ou les investissements de portefeuille (actions/obligations). La balance des paiements influence grandement la variation des taux de change entre les devises.

→ Le taux d'ouverture ($\frac{X + M/2}{PIB}$), mesure le degré d'ouverture d'une économie en calculant le rapport de ce que représentent le commerce international et le PIB. La France est à 30 %, l'Allemagne et la Chine autour de 45 % et les États-Unis à 15 %. Le commerce international représente donc près du tiers de la richesse créée en une année en France.

2 Stratégie des firmes et compétitivité

De façon générale, la compétitivité est définie comme la capacité d'une entreprise (ou d'un État) à affronter la concurrence. Elle se mesure en parts de marché. Les firmes développent alors des stratégies afin de proposer de meilleurs produits, ou des produits moins chers que ceux de leurs concurrentes.

A Comment gagner en compétitivité-prix ?

1. Améliorer sa compétitivité-prix en augmentant sa productivité

- Historiquement, c'est d'abord grâce aux gains de productivité que les entreprises ont pu baisser les prix de leurs produits. L'apport de nouvelles technologies dans le capital fixe, de nouveaux composants ou matériaux plus faciles à transformer, des moyens de transports moins chers et plus rapides ainsi qu'une main-d'œuvre mieux formée sont des éléments qui permettent de produire autant, voire plus, en utilisant moins de moyens (heures de travail, énergies, nombre de machines, etc.).

- C'est ainsi que les FMN vont s'implanter dans des pays où la main-d'œuvre est plus qualifiée (et donc plus productive), qui maîtrisent les méthodes de production les plus avancées et ont mis en œuvre les organisations du travail les plus performantes. Pour ce faire, elles créent des unités de production sur ces territoires (filiales), rachètent des entreprises locales (fusion-acquisition) ou nouent des alliances.

2. Améliorer sa compétitivité-prix en délocalisant sa production et son siège social

- Depuis plus de trente ans, la vie économique est rythmée par les annonces de délocalisations d'une partie voire de la totalité de la production de certaines entreprises. À chaque fois, la raison invoquée par la direction de l'entreprise est la nécessité de conserver sa compétitivité-prix dans un contexte de concurrence internationale exacerbée.

- Pour réduire leurs coûts de production, les entreprises peuvent tout d'abord s'implanter dans les pays à bas salaires. À productivité équivalente, une entreprise produira là où les coûts salariaux sont les moins chers. Cette stratégie est très présente dans les branches d'activité nécessitant une main-d'œuvre peu qualifiée (textile, jouets, électroménager).

À noter
Le coût salarial correspond au salaire versé aux salariés plus les cotisations et charges patronales.

• Les FMN peuvent également s'implanter dans des pays où la fiscalité est moindre. En installant leur siège social dans des pays où l'impôt sur les bénéfices est plus faible, elles augmentent leur bénéfice net ou choisissent de répercuter cette économie sur le prix de vente. C'est ainsi que certaines grandes firmes américaines (Google, Amazon, Apple) ont décidé d'installer leur siège européen en Irlande ou au Luxembourg.

Remarque

Les pays européens, la France en tête, tentent désormais de faire payer l'impôt à ces entreprises en fonction du territoire où s'exerce leur activité et non de leur siège (taxe GAFA).

3. Se rapprocher des matières premières et des clients

• Afin de réduire les coûts d'acheminement parfois onéreux, notamment dans les industries qui utilisent de gros volumes de matières premières (bois, ciment), les firmes s'implantent directement sur les lieux d'extraction des ressources et y construisent des unités de production pour les transformer sur place.

• Toujours dans une logique de réduction des coûts de transport, les firmes qui visent une demande extérieure s'implantent auprès de celle-ci. Cela leur permet par ailleurs de contourner les barrières tarifaires (droits de douane) que pourraient leur imposer certains pays si les produits arrivaient sous forme d'importations.

• Enfin, en localisant leur production à l'étranger, les entreprises peuvent parfois profiter des écarts de taux de change entre les devises. En produisant sur le sol étranger, elles payent une partie des coûts de production en monnaie locale qui, lorsqu'elle se déprécie par rapport à la devise du pays d'origine de la firme, allège le coût de la production. Toyota ou Airbus sont allés produire sur le sol américain notamment en raison de la dépréciation du dollar par rapport au yen ou à l'euro.

B La recherche de compétitivité hors prix

1. Des entreprises en quête de compétences

• Certaines étapes de la production comme la conception ou l'ingénierie mobilisent une main-d'œuvre très qualifiée et possédant des compétences rares. Tous les pays ne disposent pas de telles compétences. Pour les productions à forte intensité capitalistique, dans lesquelles des technologies

Exemple

Le constructeur automobile chinois Dongfeng s'est rapproché du français Peugeot afin de bénéficier des brevets et du savoir-faire de ce dernier. En retour, Peugeot-Citroën améliore son implantation en Chine.

de pointes sont utilisées, il est nécessaire de recourir à des salariés aux qualifications particulières. Ces compétences se trouvent principalement dans les pays développés.

- Si les salaires des pays émergents sont moins élevés, la qualité du travail y est souvent plus faible. Les savoir-faire accumulés par la présence historique de certaines activités sur un territoire et les niveaux de formation initiale sont des éléments qui contribuent à l'augmentation du capital humain. Ce capital humain est déterminant pour la qualité du travail et les entreprises de certains secteurs, comme le luxe et les produits haut de gamme, préfèrent s'implanter dans des pays où cette qualité est présente.

- L'existence et la concentration de centres de recherche, d'universités ou de grandes écoles sont aussi des critères qui orientent les stratégies de location des firmes. Tous les grands noms du numérique sont ainsi présents dans la Silicon Valley, en Californie. Les entreprises pensent pouvoir ainsi bénéficier des synergies et des dynamiques qu'apportent ce type de lieux.

Remarque
Produire un Boeing 787 mobilise quinze pays sur trois continents, une automobile Volvo fait intervenir vingt-huit entreprises sur une quinzaine de pays également.

2. Le rôle des infrastructures

- La compétitivité des entreprises se mesure également à la qualité des services qu'elles apportent à leurs clients. Les délais de livraison, la réactivité d'un service après-vente (réparation, hotline) sont des arguments majeurs vis-à-vis des consommateurs.

- Pour satisfaire ce type d'exigences, l'entreprise doit pouvoir disposer d'infrastructures publiques efficaces comme un bon réseau routier, des ports et aéroports modernes et accessibles et de réseaux de communication denses et rapides.

- La communication est également fondamentale pour l'organisation interne de l'entreprise et sa relation avec ses fournisseurs ou sa maison-mère. Les entreprises doivent ainsi disposer de moyens de communication fiables et efficaces pour que l'information circule le mieux possible.

Notez que…
Le Maroc pour les entreprises françaises, ou l'Inde pour les entreprises anglophones sont devenus des plateformes téléphoniques mondiales pour assurer le service après-vente ou le télémarketing des grands groupes.

- Enfin, lorsqu'une entreprise s'implante à l'étranger, elle y envoie des salariés précieux qu'elle souhaite protéger (cadres, ingénieurs, etc.). Le fait pour le pays d'accueil de proposer un système de santé performant, des établissements scolaires reconnus ou des infrastructure culturelles et de loisirs peut constituer un argument important dans le choix de localisation des firmes.

3. Une recherche de proximité avec les clients

- Pour gagner des parts de marché, l'image de l'entreprise compte beaucoup. Certaines marques sont totalement absentes du paysage commercial de certains pays. Pour gagner en visibilité et séduire les clients, les entreprises doivent se rapprocher géographiquement de ces derniers. Ainsi, la marque est mieux identifiée et davantage valorisée par la population.
- Le fait d'être proche de la demande constitue aussi un moyen de mieux en saisir les besoins et les habitudes et de s'adapter à la culture locale. En s'installant à proximité des consommateurs et en utilisant des salariés du pays d'accueil, l'entreprise améliore sa stratégie marketing.

> **Remarque**
> Danone, en s'implantant en Chine, a dû revoir totalement ses produits et sa manière de les vendre dans un pays où les produits laitiers ne font pas partie de la culture alimentaire.

- L'ensemble de ces raisons poussent les États à rivaliser entre eux afin de se rendre les plus attractifs possible. La politique fiscale, la formation, les infrastructures publiques ou le droit du travail sont autant d'éléments qui participent à la concurrence entre les États pour accueillir les IDE synonymes d'emplois et de compétitivité internationale.
- C'est cette logique de fragmentation de la chaîne de valeurs (ou segmentation des filières) opérée par les FMN qui domine le processus de mondialisation. Elle modifie profondément les équilibres économiques mais aussi politiques à l'échelle de la planète.

L'ESSENTIEL

Stratégie des firmes et compétitivité

- Dans un contexte de concurrence internationale accrue, les firmes doivent gagner en compétitivité.
- Pour réduire leurs prix, les entreprises réalisent des gains de productivité en se dotant de meilleures technologies ou de salariés plus productifs qu'elles vont parfois chercher sur d'autres territoires.
- Elles peuvent également se délocaliser vers des pays où les coûts salariaux ou fiscaux sont plus faibles. Les entreprises s'implantent à l'étranger pour se rapprocher des consommateurs ou des matières premières afin d'abaisser le coût de transport et échapper aux droits de douanes.
- Le choix de la localisation de la production obéit aussi à des logiques de compétitivité hors-prix. Les firmes sont en quête de compétences, de brevets, d'infrastructures. Elles cherchent également à améliorer leur image auprès des clients en créant une proximité commerciale avec ces derniers.
- Toute la chaîne de valeurs est soumise à ces logiques de compétitivité. Les firmes décomposent donc le processus productif à l'échelle du globe (DIPP) en fonction des avantages comparatifs de chaque pays. Ces stratégies contribuent à une fragmentation de la chaîne de valeurs.

3 Le débat entre libre-échange et protectionnisme

Malgré les effets bénéfiques du commerce international et de la mondialisation de l'économie, de nombreuses voix s'élèvent pour en dénoncer les excès. Les effets induits par le commerce international nourrissent toujours de vifs débats entre partisans du libre-échange et protectionnistes.

A Baisse des prix et diversification de l'offre de produits

1. La mondialisation conduit à une baisse globale des prix

- La mondialisation contribue à la baisse globale des prix par la survenue de rendements d'échelle. En effet, le fait de s'adresser à des marchés de plus en plus importants permet de diviser les coûts fixes (infrastructures, communication, direction) et de réduire ainsi le coût unitaire des produits.
- D'autre part, la spécialisation des pays permet d'optimiser la chaîne de valeurs et de décomposer le processus de production en fonction des producteurs les moins chers.
- La concurrence internationale, accentuée par la baisse généralisée des droits de douanes et l'ouverture croissante des économies, oblige les entreprises à gagner en compétitivité-prix en se lançant dans une course aux gains de productivité contribuant ainsi à une baisse globale des prix.

Remarque
En trente ans, le prix d'un d'ordinateur a été divisé par dix, celui d'un t-shirt par deux. Le prix des jouets a baissé en moyenne de 30 %.

2. La mondialisation diversifie l'offre des biens et des services

- La mondialisation, en ouvrant les frontières aux produits étrangers, a permis d'offrir aux consommateurs des produits variés. L'augmentation de la taille des marchés a rendu rentable la diversification des marques et des gammes. Les entreprises peuvent désormais s'adresser à des clientèles aux niveaux et modes de vie différents.
- Face à des prix partout en baisse, les entreprises, pour préserver leurs marges, ont misé sur la différenciation de leurs produits. Elles ont innové, travaillé leur image de marque et personnalisé leur offre afin de gagner de nouveaux consommateurs.

Remarque
Renault, avec sa marque *low cost* (Dacia) visait la clientèle des pays émergents mais les Occidentaux ont aussi été séduits par ces voitures à petits prix.

• En échangeant des marchandises, on échange également de la culture. Les consommateurs de la planète sont ainsi devenus plus ouverts aux produits étrangers. Nos habitudes culinaires et culturelles, nos traditions vestimentaires ont changé (« *worldfood* », mangas, « *sports wear* »), et les consommateurs réclament de la nouveauté d'où qu'elle vienne.

B La mondialisation permet un phénomène de rattrapage économique pour de nombreux pays

1. IDE et transferts de technologie

• En investissant dans les pays émergents, les firmes y apportent de nouvelles technologies et les compétences qui y sont liées. Le pays d'accueil aura les capacités de remonter les filières et d'enrichir ses exportations.

• L'implantation des firmes s'accompagne souvent de la construction ou de la modernisation d'infrastructures pour améliorer la logistique et les communications. Cela permet à d'autres acteurs d'en bénéficier et d'améliorer leur propre productivité (externalités positives).

• Pour que ces IDE profitent à l'économie locale, il faut cependant que les pouvoirs publics incitent les firmes à transférer leurs compétences et leurs brevets. Un État comme la Chine a souvent exigé des investisseurs étrangers qu'ils transfèrent leur technologie et leurs savoirs pour pouvoir s'implanter sur son territoire. Des nations moins puissantes, et surtout avec à leur tête des élites corrompues, se soucient moins de ce type de stratégie.

2. Enrichissement des États et des populations

• Grâce à leur intégration dans le commerce international, les pays émergents profitent d'une croissance soutenue (plus de 10 % de croissance annuelle moyenne pour la Chine ou l'Inde des années 1990 à la crise de 2008). Cette croissance se traduit par des recettes publiques en hausse. L'État a, dès lors, les moyens d'investir dans l'éducation, la santé et les infrastructures publiques, autant de dépenses qui contribuent au développement économique et humain.

Notez que...

En à peine 30 ans, la Chine a vu son IDH passer de 0,5 à 0,72, l'Inde de 0,42 à 0,61.

• Les populations bénéficient également de cette croissance. Le nombre et la qualité des emplois augmentent, les salaires progressent, permettant aux individus de satisfaire des besoins nouveaux. Cette dynamique économique offre en outre des perspectives plus larges aux populations pour lesquelles il devient intéressant de se former et d'investir dans le capital humain. Ces changements de niveaux et de modes de vie stimulent à leur tour le développement économique et humain.

- La croissance permet le développement d'une classe moyenne dans les pays émergents. Ces classes moyennes sont, pour beaucoup d'économistes, au cœur des dynamiques économiques et sociales. Avec des revenus plus élevés, elles consomment et épargnent, constituant ainsi une demande intérieure pour les entreprises locales et un financement pour l'économie. Elles voyagent, consomment du loisir et de la culture et se tournent vers les produits occidentaux qui étaient jusqu'ici absents des pays émergents. Ces changements de niveaux et de modes de vie offrent des débouchés nouveaux et potentiellement très vastes aux entreprises des pays développés. Ces classes moyennes font aussi moins d'enfants et investissent dans leur avenir. Mieux éduquées, elles participent davantage au processus de libéralisation et de démocratisation politique.

- Si le niveau de vie moyen augmente, les pays émergents connaissent une explosion des inégalités. En effet, tout le monde ne bénéficie pas des bienfaits de l'intégration à la mondialisation et de la croissance. Ce constat fut également observé en Europe lors de la révolution industrielle où les inégalités ont cru de façon significative avant de se réduire sous les effets des conquêtes sociales et du développement de l'État-Providence. Simon Kuznets met ce phénomène en évidence en 1955 (voir chapitre 1).

C Des inégalités qui demeurent et une dégradation de l'environnement

1. Des échanges internationaux encore dominés par les pays développés

- Bien qu'en recul, la part des pays développés dans le commerce international représente encore 45 % (tandis qu'ils comptent 12 % seulement de la population mondiale). 65 % des IDE sont des flux Nord-Nord même si, là encore, la Chine voit sa part augmenter.

- Une large part des exportations des pays émergents ou en développement est liée à l'activité des firmes occidentales. Bien que comptabilisées comme des exportations pour ces pays, ces échanges sont le produit de la DIPP principalement organisée par les FMN du Nord. De plus, les pays en développement restent tributaires des donneurs d'ordres des pays industrialisés. Cette dépendance vis-à-vis des pays déve-

Remarque

L'Irlande, grâce à la présence des sièges sociaux de nombreuses firmes du fait de la faible fiscalité imposée aux entreprises, fait partie des pays où le PIB/habitant est le plus élevé. Une fois les profits rapatriés, le revenu national décroît de près de 20 %.

loppés les pousse à accepter des conditions de production et des niveaux de prix qui ne leur sont pas favorables.

- Par ailleurs, ces firmes, bien qu'opérant à l'étranger, rapatrient une bonne partie des profits réalisés au sein des frontières de leur pays d'origine. Une large partie de la valeur ajoutée échappe donc aux pays en développement.

2. Des régions exclues du commerce international

- Le commerce international ne profite pas de façon équivalente à toutes les nations. Si l'Asie du Sud en tire un bénéfice non contestable, des régions comme l'Afrique subsaharienne ou l'Amérique centrale restent à l'écart du développement économique.

- En souscrivant à la logique de spécialisation prescrite par la pensée libérale, beaucoup de pays se sont enfermés dans la production de matières premières ou de biens agricoles. Ces spécialisations, qui n'incorporent que très peu de capital et ne nécessitent pas de main-d'œuvre qualifiée, empêchent de remonter les filières. Des économistes tiers-mondistes comme Arghiri Emmanuel parlent d'« échange inégal » entre les pays développés et les pays moins avancés victimes d'une dégradation des termes de l'échange (rapport entre le prix des exportations et celui des importations).

> **Remarque**
> En 1954, on achetait une jeep avec quatorze sacs de café alors qu'en 1962, il en fallait trente-deux (tandis que la productivité de l'industrie automobile avait augmenté, et les coûts dans les pays occidentaux diminué en conséquence). Il en fallait quatre-vingt en 2015 !

- De plus, le cours de ces produits varie continuellement ne permettant pas de stabiliser les revenus des exportations et donc de construire des stratégies de développement. Ces secteurs sont en plus dominés par les grandes FMN occidentales de l'agro-alimentaire ou du pétrole qui imposent leurs prix aux pays producteurs du fait de leur domination (puissance financière, capacité d'achat) et de la dépendance de ces pays pour écouler leur production.

D Un coût social et environnemental important pour les économies développées

1. Les délocalisations et la perte de compétitivité de certaines branches détruisent des emplois

- Le transfert massif d'unités de production vers les pays émergents (délocalisations) conduit à la disparition dans les pays développés de nombreuses industries traditionnelles telles que le textile, l'électroménager ou l'automobile.

Des régions entières, autrefois prospères, comme le Nord de la France ou de l'Angleterre, connaissent une hausse importante du chômage.

> **Remarque**
> Un salarié danois coûte 42 € de l'heure en moyenne, un bulgare 4 €, une ouvrière du Bengladesh 0,2 €.

- La concurrence des pays à bas salaires dégrade la compétitivité de certaines entreprises des pays développés qui voient leur activité se réduire ou même disparaître. D'autres, pour résister à ces nouveaux rivaux, substituent du capital au travail (robotisation) ou réduisent la protection et les acquis sociaux de leurs salariés. Dans tous les cas, les conséquences sont le chômage, la précarité et la faible progression des salaires. On parle alors de « dumping social » pour qualifier la concurrence des pays en développement.

- Ce sont les salariés les moins qualifiés et vivant dans des régions sinistrées qui sont les plus touchés par ces évolutions. Il est difficile pour eux de se reconvertir ou de retrouver un emploi dans des territoires qui peinent à se relever. Joseph Stiglitz (prix Nobel d'économie en 2001) voit dans les excès de la mondialisation (la déréglementation financière qui libère les capitaux et le libre-échange) une source d'inégalités sociales qui génèrent beaucoup de « perdants » notamment chez les moins qualifiés.

- Du côté des pays en développement, la concurrence internationale et l'exigence des FMN en termes de coûts de production pousse certains secteurs à faire travailler les salariés dans des conditions extrêmement dures au mépris des droits humains, de la santé et de la sécurité.

2. Une mondialisation qui pèse sur les ressources et génère des externalités négatives

- La croissance que connaissent les économies émergentes crée d'énormes besoins en matières premières et en énergie. Pour répondre à cette demande, on exploite toujours plus de ressources en utilisant des moyens qui dégradent l'environnement comme la déforestation, l'usage massif de pesticides ou la fracturation de la roche pour les gaz et pétrole de schiste.

- La baisse des prix de nombreux produits (textile, électronique) engendrée par la mondialisation crée un effet rebond (augmentation de la consommation) et institue une société du « jetable ».

- L'accroissement des échanges de marchandises s'est traduit par une explosion des transports qui fonctionnent pour l'essentiel aux énergies fossiles fortement émettrices de gaz à effet de serre, responsable du dérèglement climatique. Cependant, le développement économique devrait pouvoir permettre aux nations d'acquérir les moyens financiers, technologiques et humain de réduire leur impact sur l'environnement.

L'ESSENTIEL

Le débat entre libre-échange et protectionnisme

- Grâce aux économies d'échelle, aux gains de productivité et à la DIPP, la mondialisation fait globalement baisser les prix. L'ouverture des frontières conduit également à une diversification des produits et stimule l'innovation.
- Les IDE et l'intégration au commerce international permettent à certains pays de profiter d'un phénomène de rattrapage par rapport aux pays développés. Leur niveau de vie s'accroît, les modes de vies changent, améliorant l'indice de développement humain.
- Cependant, des régions comme l'Afrique subsaharienne sont exclues de cette mondialisation. Elles reçoivent peu d'IDE et sont spécialisées dans des productions pauvres en qualifications et en valeur ajoutée.
- Pour les pays du Nord, la concurrence des pays à bas salaires et aux droits sociaux limités engendre un coût social important. Des secteurs entiers sont touchés par une forme de « dumping social » qui provoque chômage et précarité pour les salariés les moins qualifiés des pays développés.
- Par l'augmentation des transports et de la demande mondiale, le commerce international pèse sur les ressources naturelles et la qualité de l'environnement.

ZOOM SUR...

Le débat entre libre-échange et protectionnisme

1 Le protectionnisme peut se justifier dans certains cas...

→ Le protectionnisme correspond à l'ensemble des politiques visant à protéger l'économie nationale de la concurrence étrangère. Il passe par des barrières tarifaires (taxes, droits de douanes sur les importations), des subventions aux exportations (pour faire baisser artificiellement le prix des produits exportés) et des barrières non tarifaires (quotas d'importations, normes, labels).

→ Friedrich List, économiste allemand du XIXe siècle, justifie le recours, temporaire, au protectionnisme par la nécessité de protéger un secteur d'activité tant qu'il n'a pas atteint la capacité d'affronter la concurrence étrangère (protectionnisme éducateur). Nicholas Kaldor, économiste britannique du XXe siècle, préconise la protection des secteurs en déclin pour aider à leur reconversion ou amortir le coût social de leur disparition trop brutale.

→ La plupart des puissances économiques sont passées par des phases de protectionnisme éducateur afin d'assurer leur décollage. La Chine continue, par exemple, de justifier sa politique du yuan (monnaie chinoise) faible pour poursuivre son développement

→ Le protectionnisme est aussi justifié par des raisons stratégiques. Pour assurer leur sécurité ou leur indépendance, les États peuvent protéger ou subventionner des secteurs-clé. Ce fut le cas de l'Union européenne qui, pour assurer sa sécurité alimentaire, a subventionné son agriculture. De même pour Airbus qui a profité de la protection de l'Europe pour s'affranchir de la dépendance de l'Américain Boeing.

2 … mais peut se révéler être un piège pour ceux qui le pratiquent

→ Les droits de douanes et taxes imposés aux importations renchérissent le prix des produits étrangers. Cela se traduit par une baisse du pouvoir d'achat pour les consommateurs et une hausse des coûts de production pour les producteurs. La demande globale risque de se réduire provoquant ainsi le ralentissement de l'économie.

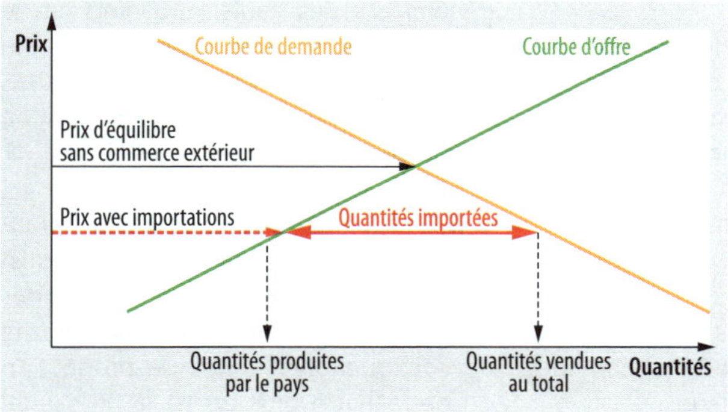

Grâce au commerce extérieur, les consommateurs peuvent acheter davantage de produits à un prix inférieur.

→ Les entreprises nationales, à l'abri des barrières protectionnistes, se comportent comme des monopoles. Protégées, elles maintiennent des prix élevés et ne sont pas incitées à innover. Les consommateurs courent le risque d'obtenir des produits de moins bonne qualité et peu diversifiés. Dans les années 1980, le Brésil a voulu protéger son industrie informatique de la concurrence étrangère. Résultat : le prix des ordinateurs était très élevé et le Brésil a accusé un retard considérable dans la performance de son industrie et de ses salariés dans ce secteur.

→ Un pays qui met en place des barrières protectionnistes s'expose aux représailles de ses partenaires commerciaux. En protégeant certains secteurs, il risque d'en fragiliser d'autres, plus dépendants des débouchés extérieurs. La politique protectionniste de Donald Trump a conduit les autres nations à relever les tarifs douaniers sur certains produits américains ce qui a contribué a contracté les échanges internationaux et donc la croissance mondiale.

Mots clés

Avantages comparatifs : théorie de David Ricardo qui stipule que, grâce au libre-échange, les pays se spécialisant dans la production pour laquelle leur productivité est la plus forte (ou la moins faible) par comparaison avec leurs partenaires, gagneront à l'échange.

Chaîne de valeur : ensemble des étapes déterminant la capacité d'une entreprise ou d'une organisation à obtenir un avantage concurrentiel. Les FTN la fragmentent en fonction des avantages comparatifs de chaque pays.

Commerce intrafirmes : importations et exportations internes à une firme, comme le transfert de produits semi-finis vers des usines d'assemblage.

Délocalisation : fermeture d'une unité de production dans un pays pour ouvrir simultanément la même unité dans un pays différent, en principe pour des raisons de coûts salariaux.

DIPP : la décomposition internationale du processus productif revient à segmenter entre différents pays les étapes d'une filière de production.

Dotation factorielle : c'est l'importance relative des différents facteurs de production dans des pays participant au commerce international. Ces facteurs de production sont le travail et le capital.

Dumping social : action qui vise à tirer avantage d'un écart de salaires ou de législation du travail.

FMN : une firme multinationale est une entreprise qui possède ou contrôle des entreprises implantées dans plusieurs pays.

GATT : acronyme anglais pour « *general agreement on tariff and trade* » : accord général sur les tarifs douaniers et le commerce, signé au sortir de la guerre afin de prévenir le retour du protectionnisme. Il a cédé la place à l'**OMC** (Organisation mondiale du commerce) en 1995.

IDE : investissements directs à l'étranger, réalisés par des entreprises investissant à l'étranger plutôt que de trouver des fournisseurs ou sous-traitants, sous forme de construction d'unités de production ou de rachat à plus de 10 % du capital d'une entreprise étrangère.

Libre-échange : les échanges s'effectuent sans droits de douanes ni entraves à leur circulation. Les économistes libéraux en sont les partisans.

Mondialisation : nom donné à l'état actuel des échanges internationaux, caractérisé par l'intensification de ceux-ci, la facilité des transferts et des flux financiers, l'interpénétration des économies.

Protectionnisme : mesures tendant à protéger l'activité économique d'une nation en limitant les importations par des taxes, des quotas ou des réglementations.

Les auteurs importants

Paul KRUGMAN (né en 1953)

Économiste américain, prix Nobel 2008, il a renouvelé les théories du commerce international. La prise en compte de rendements croissants et d'économies d'échelle, à l'inverse de la théorie traditionnelle, lui permet de montrer l'importance et la logique des échanges de produits similaires (intra-branches). Économiste keynésien, ses chroniques d'actualité sont très lues.

Paul SAMUELSON (1915-2009)

Économiste et premier prix Nobel américain, artisan de la synthèse de la pensée néoclassique et de la pensée keynésienne. Son manuel, *L'Économique*, a formé des générations d'étudiants. Dans la lignée de David Ricardo, il montre que les pays ont avantage à l'échange international.

Joseph STIGLITZ (né en 1943)

Économiste américain, prix Nobel 2001. Ancien économiste en chef de la Banque mondiale, ses essais comme *La Grande Désillusion* ou *Le prix de l'inégalité* dénoncent les ratés de la mondialisation dont il fut l'observateur privilégié.

Friedrich LIST (1789-1846)

Économiste allemand. À contre-courant des économistes libre-échangistes en vogue à son époque, il était partisan et théoricien du « protectionnisme éducateur » ainsi que du Zollverein, l'union douanière allemande.

Document majeur

Doc. David Ricardo plaide pour le libre-échange

Le commerce étranger [est] très avantageux pour un pays, puisqu'il augmente le nombre et la variété des objets auxquels on peut employer son revenu, et qu'en répandant avec abondance les denrées à bon marché, il encourage les économies et favorise l'accumulation des capitaux.

Dans un système d'entière liberté de commerce [...], l'accroissement de la masse générale des produits répand partout le bien-être ; l'échange lie entre elles toutes les nations du monde civilisé par les nœuds communs de l'intérêt, par des relations amicales, et en fait une seule et grande société. C'est ce principe qui veut qu'on fasse du vin en France et au Portugal, qu'on cultive du blé en Pologne et aux États-Unis, et qu'on fasse de la quincaillerie[1] et d'autres articles en Angleterre.

Si le Portugal n'avait aucune relation commerciale avec d'autres pays, au lieu d'employer son capital et son industrie à faire du vin, avec lequel il achète aux autres nations le drap et la quincaillerie nécessaires pour son propre usage, ce pays se trouverait forcé de consacrer une partie de ce capital à la fabrication de ces articles, qu'il n'obtiendrait qu'en qualité inférieure et en quantité moindre.

David Ricardo, *Des principes de l'économie politique et de l'impôt*, ch. VII, 1817.

1. le terme « quincaillerie » n'a rien de péjoratif et désigne ici les produits de la métallurgie (clous, vis, boulons, poutrelles ou pièces métalliques).

Exercice

Vérifiez vos connaissances

Répondre Vrai ou Faux aux assertions suivantes :

1 La « loi des avantages comparatifs » dit que tous les pays ont intérêt à l'échange.

2 Les « termes de l'échange » mesurent le pouvoir d'achat des exportations. Lorsqu'ils se dégradent, les pays doivent exporter davantage afin de maintenir leur consommation.

3 Les entreprises se localisent à l'étranger seulement pour bénéficier d'une main-d'œuvre bon marché.

4 Selon Friedrich List, les industries naissantes doivent être protégées.

5 Le commerce intrafirme n'est pas compté dans les échanges internationaux.

6 Les aides publiques aux agriculteurs ou aux entreprises en reconversion peuvent être condamnées par l'OMC comme une « distorsion de concurrence ».

7 Imposer des normes éthiques ou environnementales sur les productions peut constituer une barrière tarifaire.

8 La conteneurisation a permis de réduire les coûts de transport.

9 Pour Paul Krugman, c'est la taille des marchés qui pousse à la différenciation des produits.

10 DIPP et fragmentation de la chaîne de valeur sont synonymes.

Sujet de bac

Dissertation s'appuyant sur un dossier documentaire

Quels sont les déterminants des stratégies d'internationalisation de la production des firmes multinationales ?

Doc. 1 Coût horaire de la main-d'œuvre en euros en 2016

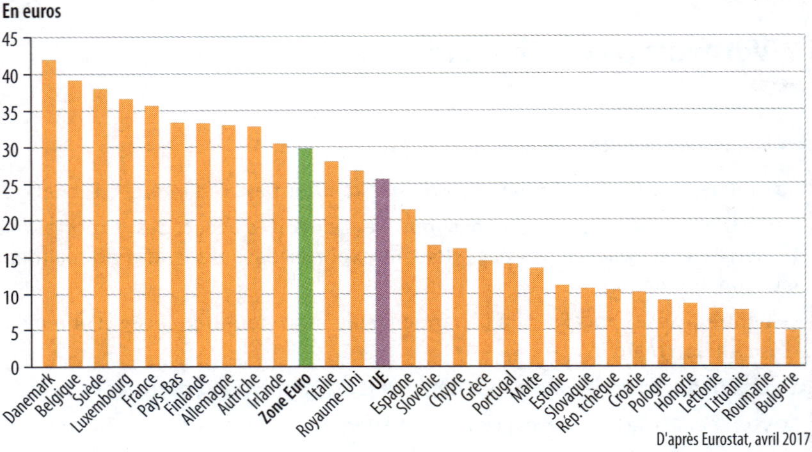

D'après Eurostat, avril 2017

(Entreprises de 10 salariés et plus, hors agriculture et administration publique)

Doc. 2 Importance des facteurs déterminant la compétitivité sur les marchés étrangers (proportion d'entreprises considérant le facteur comme « très important »)

Champ : enquête d'opinion réalisée en France auprès de chefs d'entreprises industrielles exportatrices de 20 salariés ou plus.

Source : Insee, 2008.

Doc. 3 Flux d'investissements directs à l'étranger entrants, de 2000 à 2017, en % du total mondial

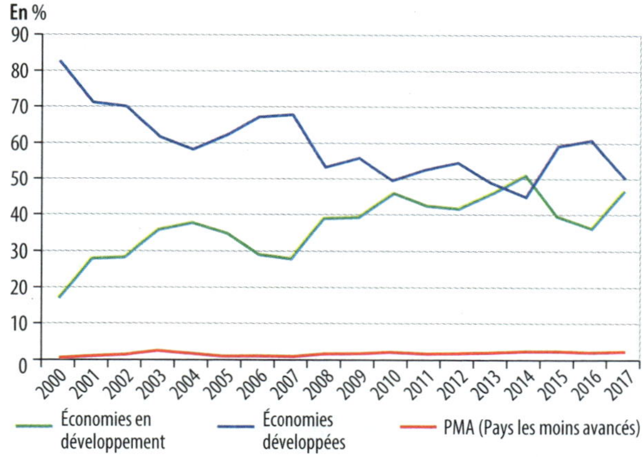

CNUCED, 2018

POINT MÉTHODE

1 Analyse du sujet

- Bien définir la stratégie de localisation des firmes, c'est évoquer les investissements directs étrangers (IDE), c'est-à-dire le déplacement de capitaux et d'unités de production d'un pays à l'autre.
- Montrer que ces stratégies s'intègrent dans une division internationale du travail (DIT) où une décomposition du processus productif (DIPP) s'opère en fonction des avantages comparatifs de chaque pays.
- Distinguez nettement les logiques de coût (compétitivité-prix) de logiques plus structurelles ou commerciales (compétitivité hors-prix).

2 Étude des documents

Doc. 1 Coût horaire de la main-d'œuvre

- Ce document tiré d'Eurostat montre les écarts de coût horaire (salaire + charges) entre différents pays de l'Union européenne. On observe qu'au sein d'un même espace économique, les coûts du travail peuvent varier du simple (Portugal avec 9,89 €) à plus du triple (Danemark avec 36 €).
- Ce document vient nourrir l'argument en faveur d'une recherche de baisse des coûts de production dans la stratégie de localisation des firmes. Vous pourrez l'élargir aux faibles coûts de main-d'œuvre des pays en développement.

Doc. 2 Importance des facteurs déterminant la compétitivité sur les marchés étrangers

- Ce document publié par l'Insee en 2008 met en évidence les déterminants de la compétitivité d'un produit pour un panel de chefs d'entreprises.
- Il ressort de ce sondage que, bien que le prix arrive en deuxième position avec plus de 60 % de réponses, d'autres facteurs comme la qualité, l'image, l'innovation sont eux aussi déterminants. La qualité du produit est citée par plus de 80 % des chefs d'entreprises.
- On utilisera ce document pour illustrer les différentes formes de compétitivité hors-prix dans la deuxième partie du développement.

Doc. 3 Flux d'investissements directs à l'étranger entrants, de 2000 à 2017

- Ce graphique publié par la CNUCED en 2018 montre que les flux d'IDE se dirigent de plus en plus vers les pays en développement, ce qui souligne leur émergence (presque un triplement de leur part sur le total d'IDE) tandis que, même s'ils restent importants, les IDE entrants dans les pays développés voient leur part baisser sur la période (-30 points de pourcentage).
- Ce graphique montre également la marginalisation des PMA dans la stratégie de localisation des firmes.

Exercice

1 **Vrai.** La « loi des avantages comparatifs » dit qu'un pays, même avec des coûts plus élevés, peut participer à l'échange international s'il se spécialise dans la production où son désavantage est le plus faible.

2 **Vrai.** Les « termes de l'échange » sont le rapport Indice de prix des exportations/Indice de prix des importations. Lorsque ce rapport devient inférieur à 100, cela signifie qu'il faut exporter davantage pour importer la même quantité de biens.

3 **Faux.** Les firmes se localisent dans d'autres territoires pour trouver des compétences, des technologies ou se rapprocher du consommateur.

4 **Vrai.** Les entreprises naissantes ne sont pas encore assez compétitives à leur naissance. Il faut attendre que leur productivité augmente et qu'elles soient capables d'affronter la concurrence extérieure.

5 **Faux.** Ces échanges sont internes à la firme mais extérieurs au pays et sont comptés en importations et exportations.

6 **Vrai.** Car cela revient au même que de taxer les produits importés et donc de modifier les règles de la concurrence.

7 **Faux.** Les normes constituent une barrière non tarifaire, elles ne concernent pas les taxes ni les droits de douane.

8 **Vrai.** Les conteneurs permettent, par la grande quantité de biens qu'ils contiennent et la facilité avec laquelle on les transporte, de réduire le coût unitaire du transport.

9 **Vrai.** Le grand nombre de consommateurs potentiels offert par l'ouverture des frontières permet de rentabiliser la différenciation des produits.

10 **Vrai.** Fragmenter la chaîne de valeur revient à découper une filière de production en fonction des avantages (prix, compétence, marché) qu'offre chaque territoire.

Sujet de bac

Quels sont les déterminants des stratégies d'internationalisation de la production des firmes multinationales ?

Introduction

Alors que la croissance mondiale ralentit et que, dans ce contexte de crise, certains réaffirment des positions protectionnistes, le processus d'internationalisation de la production semble se poursuivre. C'est à partir des années 1980 que ce processus s'accélère et se généralise sous la forme d'un remarquable essor des flux IDE permis par le développement fulgurant du transport maritime par porte-containers, la dérèglementation financière et l'émergence de nouvelles zones attractives comme la Chine ou l'Inde.

On assiste à la mise en place d'une nouvelle division internationale du travail (DIT) reposant sur la décomposition du processus productif (DIPP), opérée à l'échelle internationale par les grandes firmes dont le capital est désormais international, et déterminée par les avantages comparatifs des différents territoires.

Sur quels critères repose ce processus ? Quelle logique prévaut à la localisation des firmes ?

Nous verrons que, si ces stratégies obéissent pour partie à des objectifs de réduction des coûts, elles visent également à améliorer des aspects plus qualitatifs de leur compétitivité.

I. Une stratégie qui s'inscrit dans une logique de compétitivité-prix

1. Recherche d'une main d'œuvre bon marché et aux droits sociaux réduits

Notamment dans les industries traditionnelles riches en main-d'œuvre peu qualifiée (textile, électronique grand-public…). On retrouve ici les délocalisations vers des pays comme la Chine ou maintenant le Bangladesh et le Vietnam (**doc. 1**).

2. Réduire les coûts de transport et de logistique

En se rapprochant des sources d'approvisionnement ou des clients. En regroupant de vastes segments de production pour rechercher des rendements d'échelle (P. Krugman).

3. Dans une logique fiscale

Recherche de pays proposant une fiscalité réduite sur les entreprises, notamment pour implanter son siège social (cas de Google en Irlande, ou d'Amazon au Luxembourg).

L'ensemble de ces logiques permet aux entreprises de réduire leurs coûts de production et ainsi de proposer aux clients, dans un contexte de concurrence accrue à l'échelle internationale, des prix toujours plus bas tout en conservant des marges significatives. Mais d'autres logiques accompagnent ou dépassent celles précédemment décrites et portent davantage sur la capacité de se différencier des concurrents.

II. Une stratégie de compétitivité hors-prix

1. Contourner des barrières protectionnistes et pénétrer de nouveaux marchés

Par la prise de participation dans des entreprises étrangères ou par des partenariats, les FMN s'ouvrent de nouveaux débouchés sur des marchés émergents (Europe de l'Est, Asie…) et, en s'y implantant, gagnent la reconnaissance des consommateurs et des autorités des pays d'accueil de ces IDE (**doc. 2**).

2. Utiliser des positions géographiques et des infrastructures performantes

Certains pays (comme la France) offrent des positions centrales sur une aire économique pour diffuser ensuite leur production et des infrastructures qui s'y prêtent (réseaux de transport, de communication). Cela permet d'être plus réactif, plus flexible en cas d'évolution des marchés. Les entreprises ont aussi besoin d'institutions publiques qui fonctionnent et de stabilité politique et sociale (**doc. 3**).

3. Utiliser une main-d'œuvre qualifiée et des technologies de pointe

Dans la course à l'innovation et à la différenciation, les entreprises ont besoin, pour leurs départements de Recherche et Développement et de créations, de salariés dotés en capital humain et maîtrisant les technologies les plus avancées, spécialisés dans des secteurs de pointe que tous les pays ne possèdent pas (**docs. 2 et 3**).

Conclusion

Ce processus génère une forte dynamique économique qui accroît les échanges mondiaux, diffuse des technologies, modifie en profondeur des régions entières, tant sur le niveau que sur le mode de vie. Mais ces évolutions nous imposent de nouveaux défis, comme celui de l'intégration de régions comme l'Afrique, encore largement exclue de ce processus, ou du caractère soutenable pour l'environnement de tels changements.

CHAPITRE 3

Lutter contre le chômage

DE QUOI S'AGIT-IL ?

La lutte contre le chômage est une priorité affichée pour tous les gouvernements depuis les années 1970 et la survenue du chômage de masse. La France, avec un taux de chômage autour de 9 % fait partie, au sein des pays développés, des nations les plus touchées par ce problème.

Le chômage a des formes et des causes multiples et sa définition est déjà un enjeu de débats. Selon les critères retenus, le nombre de chômeurs varie de façon significative.

Ses causes et donc son traitement sont également au cœur d'oppositions anciennes chez les économistes. Certains soulignent le rôle de la conjoncture économique et du soutien que l'État doit apporter à la demande globale, d'autres y voient des causes plus structurelles empêchant le marché du travail de fonctionner de façon optimale.

1 Chômage et sous-emploi

Depuis les années 1970, le chômage est l'une des préoccupations sociales majeures dont la hausse ou la baisse est suivie et commentée. Pour analyser ce phénomène, il convient de le définir, d'en délimiter les frontières notamment avec le sous-emploi, et de pouvoir le mesurer en distinguant les différentes réalités qu'il recouvre.

A Définitions et mesure du chômage

1. Deux définitions concurrentes

- La définition du chômage établie par le BIT (Bureau international du travail) est celle retenue par la plupart des pays, qui permet les comparaisons internationales. Trois conditions sont retenues pour définir les personnes au chômage : elles doivent être sans travail, disponibles pour travailler et rechercher effectivement un emploi. En France, l'Insee réalise l'enquête « Emploi » à partir d'un large échantillon représentatif des ménages, et ajuste les données obtenues avec celles de Pôle emploi.

Notez que...

Le BIT, aujourd'hui rattaché à l'ONU, a été créé en 1919, à la sortie de la guerre. Une période troublée (révolutions en Russie, Hongrie, Allemagne, grèves en Italie) durant laquelle la question sociale se posait avec acuité.

- Les critères du BIT ont été précisés en octobre 1982. Être « sans travail » suppose ne pas avoir travaillé, même une heure dans la semaine qui précède l'enquête. Cette condition très restrictive est adaptée aux pays développés dans lesquels les chômeurs sont généralement totalement dépourvus d'emploi. Être « disponible » signifie pouvoir travailler dans un délai de deux semaines, ce qui exclut les malades ou les chômeurs en formation. Enfin, effectuer « une démarche spécifique » de recherche d'emploi se résumait jusqu'en 2007 à s'inscrire auprès d'un service public de l'emploi (Pôle emploi). Ce critère a depuis été durci par la France qui a établi une liste précise de démarches à réaliser, comme rédiger et envoyer des CV, se rendre à des rendez-vous avec un conseiller de Pôle emploi, etc.

- La définition des DEFM (demandeurs d'emploi en fin de mois) est davantage employée par la presse, et commentée chaque mois. Le ministère du Travail recense les demandeurs d'emploi inscrits auprès de Pôle emploi (né de la fusion de l'ANPE et des ASSEDIC d'avant 2009). Ils sont classés en cinq catégories (A, B, C, D et E) selon qu'ils ont ou non travaillé plus de 78 heures dans le mois et leur disponibilité. La catégorie A correspond aux chômeurs tels que définis par le BIT, les catégories B et C aux chômeurs ayant travaillé de façon incomplète. Certains inscrits à Pôle emploi, non disponibles (stage, formation) ou dispensés de recherche du fait de leur âge, pourraient faire partie de la catégorie « sous-employés », cette part de la main-d'œuvre qui travaillerait si l'économie fonctionnait à plein régime.

● Le nombre de chômeurs varie selon les définitions entre trois et quatre millions, près de cinq avec ceux qui ne sont plus comptabilisés, davantage encore avec le temps partiel subi. La définition du BIT est plus restrictive que celle des DEFM, qui comptabilise davantage de chômeurs. Des écarts se retrouvent aussi au niveau international comme aux États-Unis ou au Royaume-Uni où seuls les chômeurs indemnisés sont comptabilisés. Appliquer ce critère à la France exclurait 40 % des chômeurs DEFM (non indemnisés) du calcul.

2. Une dynamique de l'emploi et du chômage

● Selon la définition officielle du chômage (BIT), la population en âge de travailler se répartit en trois catégories : les actifs occupés ou « en emploi », ce qui recouvre l'ensemble des personnes qui travaillent (même quelques heures par semaine) ; les inactifs, qui ne travaillent pas et ne recherchent pas d'emploi ; enfin les chômeurs.

Remarque
Évitez de considérer les chômeurs comme des inactifs. Ils font partie des actifs. C'est une erreur fréquente de la part des (mauvais) élèves.

● Il est possible d'en déduire plusieurs ratios : le taux de chômage correspond au nombre de chômeurs divisé par le nombre d'actifs ; le taux d'activité se mesure par le ratio entre le nombre d'actifs et la population en âge de travailler. Pour des raisons liées aux comparaisons internationales, la tranche d'âge 15-64 ans est celle retenue pour mesurer la population « en âge de travailler » ; le taux d'emploi est défini pour sa part comme le rapport entre le nombre d'actifs occupés et la population en âge de travailler. C'est un indicateur intéressant car la durée de la vie active est devenue plus floue, les jeunes entrent plus tard sur le marché du travail, les âges de la retraite sont modifiés, les femmes peuvent temporairement cesser leur activité.

Remarque
Des études ont montré qu'une baisse de cent chômeurs entraîne une augmentation de trente actifs. Les créations d'emplois n'entraînent pas une baisse proportionnelle du chômage

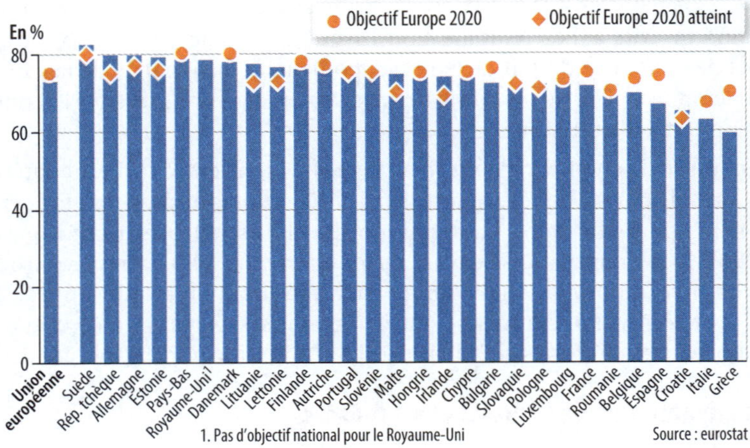

Doc. Taux d'emploi des 20-64 ans dans l'UE en 2018

● Il existe une porosité entre les catégories « chômeurs » et « inactifs » dont les comportements changent selon la conjoncture. Si celle-ci est favorable, une partie de ceux qui n'étaient pas en recherche d'emploi peuvent décider de retourner sur le marché du travail. Cet « effet d'appel » se traduira par l'arrivée d'actifs supplémentaires sur le marché du travail. À l'inverse, quand la conjoncture se détériore, d'autres sortent du marché du travail et deviennent « inactifs » (femmes au foyer, jeunes peu qualifiés vivant chez leurs parents).

3. Le « halo » du chômage

● Les frontières entre travail et chômage devenant floues, la notion de « halo » est apparue dans les années 1980 sous la plume de Jacques Freyssinet. Des emplois sont apparus, « atypiques » en comparaison des emplois-type de la période fordiste des Trente Glorieuses : contrat unique, en CDI, chez un employeur unique, sur le lieu de travail de son employeur principal.

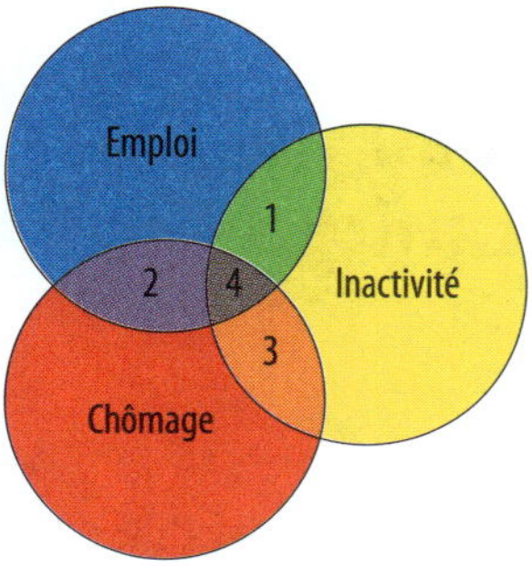

Les situations intermédiaires sont les suivantes :
– Entre emploi et inactivités (zone 1) : temps partiel choisi, activité réduite, cessation progressive d'activité.
– Entre emploi et chômage (zone 2) : temps partiel subi, préretraite subie.
– Entre inactivité et chômage (zone 3) : formation, remise à niveau, cellules de reclassement, chômage d'exclusion, chômeurs découragés.
– Au carrefour des trois (zone 4) : travail au noir ou dissimulé, économie souterraine ou informelle.

Doc. Le « halo » du chômage

• Le halo correspond à des populations vivant des situations s'apparentant à du chômage, bien que non comptabilisées comme « chômeurs » au sens du BIT ou même au sens de la DEFM.

• Entre le chômage et l'inactivité se trouvent des personnes désireuses de travailler mais qui ne sont pas disponibles dans les deux semaines : stage, formation, problème de garde d'enfant ou de transport, momentané ou pas. Ces personnes n'entrent pas dans la définition BIT : beaucoup de femmes avec enfant en bas âge, des jeunes peu qualifiés vivant chez leurs parents, mais aussi des chômeurs découragés, fortement représentés dans la catégorie « plus de 50 ans ». Ces situations à la frontière du chômage et de l'inactivité, concernaient en 2010 près de 800 000 personnes, soit un tiers des chômeurs officiels.

Sachez que...

Lorsqu'une personne se retrouve au chômage à plus de 50 ans, elle n'a en moyenne qu'une chance sur dix de retrouver un emploi.

• Le sous-emploi représente les personnes à la frontière de l'emploi et du chômage. On trouve ici tous ceux qui travaillent moins que la durée normale du travail, cherchent à travailler davantage, et subissent le temps partiel.

Sachez que...

En 2018, plus des trois quarts des personnes en sous-emploi étaient des femmes.

• Le taux de sous-utilisation de la main-d'œuvre peut se déduire de ces situations. Il correspond au total des chômeurs découragés et des travailleurs en sous-emploi ajoutés aux chômeurs officiels au sens du BIT. En France, en Allemagne ou au Royaume-Uni, ce taux est supérieur de 25 % à celui du taux de chômage, 35 % aux États-Unis ou au Danemark, 70 % en Italie et 100 % au Japon. Les conventions retenues pour définir et mesurer le chômage donnent lieu à débat et les polémiques autour des « vrais chiffres » du chômage sont récurrentes, mais il reste nécessaire d'établir un standard permettant des comparaisons dans le temps et entre pays.

ZOOM SUR...

Le marché du travail dans la théorie économique

1 Les déterminants de la demande

➜ La demande de travail est le fait des employeurs, acheteurs sur ce marché. Comme n'importe quel acheteur, ils sont censés être sensibles aux prix, et la demande est une courbe décroissante en fonction des prix.

➜ La décroissance de l'utilité marginale des facteurs de production est un élément essentiel de la théorie. Le premier travailleur rapporte plus que le second, etc. La productivité du dernier embauché, supplément de production généré par son embauche, est donc décroissante.

➜ L'employeur compare ce qu'il paye pour son achat et l'utilité qu'il en retire, comme tout acheteur. Sur le marché du travail, il compare le salaire payé au travailleur, y compris les charges (« coût total employeur ») à l'utilité marginale de celui-ci, sa « productivité marginale ». Celle-ci décroît au fur et à mesure que le nombre de salariés augmente. Si le dernier salarié embauché a été recruté à un salaire juste, égal à sa productivité marginale, une embauche supplémentaire (à productivité plus basse) ne pourra se réaliser que si les salaires baissent.

➜ La demande de travail est donc une fonction décroissante du prix : plus le travail est cher, moins il s'en vendra. Inversement, si le prix du travail et donc le coût de production baissent, des entrepreneurs seront incités à produire davantage et donc à embaucher.

2 Les déterminants de l'offre

➜ L'offre de travail est une fonction croissante de son prix. Comme sur tous les marchés, lorsque le prix augmente, l'offre augmente. En théorie, si les salaires proposés sur le marché du travail progressent, les individus sont davantage tentés de proposer leur force de travail.

➜ Les salariés arbitrent entre leur « préférence pour le loisir » et le prix offert. Décider un salarié à venir travailler c'est compenser de façon monétaire sa « désutilité marginale » (le renoncement au loisir).

➜ Le salaire pris en compte est le salaire réel. Ni le salarié ni son employeur n'ont d'illusion monétaire. Ils sont censés calculer le montant de biens et services que le salaire permet de se procurer. Les salariés ne sont donc pas sensibles au salaire nominal, le chiffre marqué sur la feuille de paye, mais au salaire réel, salaire nominal déflaté de la hausse des prix. Cette thèse a été combattue par Keynes dans les années 1930, qui pensait que les salariés n'allaient pas réduire leur offre en cas de hausse des prix (et de baisse du salaire réel).

→ Le « salaire de réservation » est le prix minimum en dessous duquel le salarié se refuserait absolument à travailler d'après certaines théories. Il varie en fonction des revenus de substitution que peut toucher l'individu.

3 L'équilibre du marché du travail

→ Dans l'analyse traditionnelle, le marché fixe le niveau des échanges et le prix auquel ceux-ci s'effectuent. L'intersection des courbes d'offre et de demande détermine un prix d'équilibre pour le travail, le niveau de salaire de plein-emploi.

→ Le chômage est analysé comme un excès d'offre sur la demande. Il y a davantage de salariés voulant travailler que d'employeurs disposés à les embaucher au prix courant. Sur n'importe quel marché, cela se traduirait par une baisse des prix, qui ferait remonter la demande et réduirait l'offre. Il devrait en être de même sur le marché du travail.

→ Dans une période crise, il est alors attendu que les salaires (réels) baissent afin que l'équilibre se rétablisse. Retarder cette baisse serait retarder la sortie de crise, ce à quoi participe le maintien des allocations chômage. Aussi choquant que cela paraisse, l'économiste français Jacques Rueff intitule ainsi logiquement son article de 1929 « L'assurance chômage, cause du chômage permanent ».

→ L'existence d'un salaire minimum est un obstacle au libre jeu du marché, selon ces analyses. S'il se fixe en dessous du salaire d'équilibre, il ne sert à rien et s'il est supérieur au salaire d'équilibre, il est créateur de chômage car il empêche les salaires réels de baisser jusqu'à leur niveau d'équilibre.

→ La suppression des allocations chômage est inenvisageable dans les pays développés. Si nul économiste ne propose de supprimer SMIC et allocations chômage, les allégements de charge sur les bas salaires au niveau ou autour du SMIC, ou pour certaines catégories, aboutiraient à un résultat similaire. Le coût salarial diminue pour l'employeur sans que le salaire net versé diminue.

B L'analyse du chômage

1. Les fondements macroéconomiques du chômage

- Le chômage conjoncturel est la conséquence d'un ralentissement de l'activité économique et de la demande effective (consommation des ménages, investissement des entreprises, dépenses publiques et demande extérieure). Les entreprises confrontées à un manque de débouchés réduisent le volume des emplois ce qui, en retour, accentue la baisse de la demande.

- Alors que les néoclassiques, et notamment Léon Walras dans sa théorie de « l'équilibre général », voient dans la concurrence pure et parfaite l'impossibilité de la survenue du chômage (le marché revient forcément à l'équilibre grâce à la flexibilité du prix), Keynes parle « d'équilibre de sous-emploi ». Pour Keynes, le niveau d'emploi dépend du niveau de production qui lui-même se détermine par rapport à la « demande effective ». Il peut donc y avoir un équilibre entre offre et demande sur le marché des biens et services mais à une demande trop faible correspondra un niveau de production insuffisant pour assurer le plein-emploi. On a donc un équilibre (sur le marché des biens et services) de sous-emploi (offre d'emplois inférieure à la population active).

- La demande globale de travail est donnée par le niveau d'activité économique et n'est pas aussi directement liée au prix du travail que le prévoyait la théorie libérale. D'ailleurs, Keynes ne considère pas les salaires seulement comme des coûts mais aussi comme des revenus devant être maintenus en période de crise pour soutenir la demande.

- Le chômage structurel correspond à l'inadaptation des travailleurs aux emplois offerts. Cette situation peut résulter de salaires réels trop élevés et des rigidités à la baisse défendues par certaines institutions encadrant le marché du travail (SMIC, conventions collectives, syndicats). Les entreprises faisant face à de faibles perspectives de rentabilité liées aux coûts salariaux élevés produisent moins et réduisent donc leur offre d'emplois. Un marché du travail trop réglementé, un système de formation inadapté (inadéquation entre les besoins des entreprises et les qualifications des salariés) ou une faible mobilité de la main-d'œuvre peuvent être autant d'entraves structurelles au retour à l'équilibre.

- Dire que le chômage s'explique par le mauvais fonctionnement du marché du travail constitue l'approche classique. Milton Friedman parle de taux de chômage « naturel », incompressible tant que l'on n'adopte pas des mesures visant à flexibiliser davantage le marché du travail. Le chômage frictionnel (délai entre deux emplois) peut être assimilé au chômage structurel, lorsque la mobilité ou l'information des agents en matière d'emploi sont insuffisantes, freinant le retour rapide à l'équilibre.

- Actuellement, il y aurait près de 300 000 offres d'emplois non pourvues, alors même que l'on compte près de 3,5 millions de chômeurs. Ce décalage entre l'offre et la demande de travail peut avoir de multiples causes : les chômeurs ne possèdent pas les compétences demandées par les entreprises, ils n'habitent pas les régions où les emplois se créent, les recruteurs ou les demandeurs d'emplois n'ont pas accès à l'information pertinente, les salaires ne jouent pas leur rôle d'équilibrage du marché, etc. Pour qualifier ces situations, les économistes parlent de problèmes d'appariements sur le marché du travail.

2. Les approches microéconomiques du chômage

- Certains économistes expliquent que le fonctionnement du marché du travail, comme tout autre marché, génère des coûts : Ronald Coase évoque les coûts de transaction et d'organisation de l'échange. Ces coûts peuvent justifier le maintien de la main-d'œuvre en place, et par là augmenter le coût du travail, justifiant une segmentation du marché du travail.

Remarque
Les chômeurs durant la crise des années 1930 aux États-Unis, prêts à travailler pour 1 dollar par jour (cinq à six fois moins que le salaire de base) sans pour autant se faire embaucher illustrent le fait que la baisse des salaires ne crée pas automatiquement d'emploi.

- La théorie du *job search* d'Edmund Phelps démontre l'existence de coûts de prospection. La « transparence des marchés » et la concurrence pure et parfaite étant loin d'être atteintes, le salarié doit s'informer pour trouver le meilleur emploi possible. Il arbitre alors entre le fait de rester temporairement au chômage pour devenir plus « performant » dans sa recherche ou de garder un emploi moins bon réduisant sa capacité de prospection. Au chômage, il prolonge sa recherche jusqu'à obtenir un salaire compensant le coût de celle-ci.
- L'existence de revenus de substitution (allocations chômage, RSA) permet de prolonger la prospection, donc le chômage (revenu de réservation).
- Face à l'asymétrie de l'information régnant sur le marché du travail où les offreurs (les salariés) connaissent leur niveau de compétence réel à la différence des demandeurs (les employeurs), les entreprises adoptent un comportement stratégique rationnel. En offrant un salaire supérieur (salaire d'efficience), les entreprises attirent davantage de salariés et de meilleurs éléments. Ces salaires plus élevés ont également pour objectif de fidéliser les salariés et de les motiver à augmenter leur productivité. Mais si toutes les entreprises optent pour ce comportement (rationnel au point de vue microéconomique), le niveau de salaire moyen (macroéconomique) sera plus élevé que le salaire d'équilibre, générant du chômage notamment chez les moins qualifiés qui ne peuvent apporter une productivité équivalente à ce salaire d'efficience.
- La partition entre un marché primaire (parfois interne) composé des salariés

les plus qualifiés, intégrés à l'entreprise, avec de meilleurs salaires et perspectives de carrière et d'un marché secondaire (toujours externe) composé des salariés plus précaires occupant des formes particulières d'emplois, a permis de fournir une autre explication du chômage.

- Le modèle *insiders-outsiders* théorisé par Assar Lindbeck et Dennis Snower montre que l'employeur va conserver ses salariés, plus expérimentés et plus qualifiés (*insiders*), pour éviter les coûts du turn-over (coûts de licenciements, de prospection et de formation des salariés embauchés). Ces derniers bénéficient ainsi d'une « rente » qui maintient leur salaire au-dessus du salaire d'équilibre. Les salariés du marché secondaire, plus exposés à la concurrence (*outsiders*) représentent un faible coût de turn-over, les exposant à un chômage récurrent.
- L'ensemble de ces comportements microéconomiques génère donc un chômage involontaire. Sans que les chômeurs refusent de travailler, la rigidité des salaires à la baisse les exclut du marché du travail. C'est une synthèse de l'approche keynésienne du chômage (« involontaire ») et de l'approche néoclassique (chômage produit par les rigidités du marché du travail).

L'ESSENTIEL

Chômage et sous-emploi

- Il existe deux définitions du chômage, l'une relevant du BIT et l'autre (les DEFM) du ministère du Travail, mais elles tendent à se rapprocher.
- Ces définitions permettent d'établir des taux (taux d'activité, taux d'emploi) utiles à l'analyse économique.
- Les évolutions du marché du travail de ces trente dernières années ont rendu les frontières plus floues. Il existe un « halo » du chômage, c'est-à-dire des situations intermédiaires entre le travail et l'inactivité, l'emploi et le chômage.
- Définir le chômage c'est établir des catégories de populations distinctes qui feront l'objet de mesures particulières.
- Le chômage revêt des caractéristiques différentes selon les circonstances dans lesquelles il survient.
- L'analyse économique fournit des approches multiples du chômage. Il n'y a pas « un » mais « des » chômages.
- Les approches microéconomiques se sont largement développées ces deux dernières décennies en réponse aux évolutions du marché du travail et des politiques de l'emploi.

2 Les politiques de lutte contre le chômage

Depuis les années 1970, les différents gouvernements mènent des politiques de lutte contre le chômage. D'inspiration plutôt keynésienne au départ, elles se sont davantage tournées vers les remèdes libéraux à partir des années 1990 avec, dans les deux cas, des résultats contrastés.

A Agir sur la demande de travail

1. Soutenir la demande globale

• C'est l'apparition du chômage de masse dans les années 1970 qui initie la mise en œuvre de politiques de soutien à la croissance. L'influence des idées keynésiennes rend prioritaire le maintien de la demande effective par l'indemnisation des chômeurs et l'augmentation soutenue du SMIC. La baisse des revenus liée au chômage ne ferait qu'alimenter la spirale récessive, d'autant que les revenus les plus modestes ont la propension marginale à consommer la plus forte.

• L'utilisation du budget de l'État, par le biais des commandes publiques, la création d'emplois de fonctionnaires, s'inscrit dans la même logique de soutien à la demande globale. Mais cette politique se réduit suite à la dégradation de la situation économique : le déficit public se creuse, l'inflation se maintient à un niveau élevé et le chômage ne cesse d'augmenter. Le nombre croissant de personnes durablement exclues du marché du travail nécessite le recours à de nouvelles formes d'emploi comme les emplois aidés dont la mission est de lutter contre l'exclusion en redonnant de l'employabilité aux plus fragiles (chômeurs de longue durée, jeunes sans qualification).

2. Modifier les règles et réduire le coût du travail

• Les années 1990 marquent un tournant avec la réduction du temps de travail. Par des exonérations de charges d'abord, les entreprises sont incitées à réduire la durée hebdomadaire du travail (lois Robien en 1995). En 1998, les lois Aubry réduisent la durée légale du travail à 35 heures. L'objectif affiché de ces réformes est de partager les emplois existants. En réduisant de 10 % le temps de travail des salariés, des emplois supplémentaires se créeraient pour combler le volume de travail libéré. On estime alors à 400 000 le nombre d'emplois créés par cette réforme.

Sachez que...

La Norvège expérimente depuis 2017 la semaine de 30 heures (ou la journée de 6 heures) avec un taux de chômage à moins de 4 %.

- La seconde rupture amorcée dans les années 1990 est celle de la réduction du coût du travail par l'allègement des charges sociales pour les employeurs. Cette politique reprend les principes libéraux de l'analyse du marché du travail. Elle vise essentiellement les bas salaires pour favoriser l'embauche des moins qualifiés et restaurer la compétitivité des entreprises. Elle repose sur des exonérations ou subventions aux entreprises qui embauchent des chômeurs ou des salariés davantage exposés aux risques du chômage (chômeurs de plus de 50 ans, de longue durée, jeunes sans qualification). Les charges patronales sont ainsi quasiment supprimées au niveau du SMIC avec une dégressivité jusqu'à 1,6 fois le SMIC.

- La troisième rupture a lieu en 2016 puis 2017 avec la « loi travail » initiée par François Hollande et approfondie avec l'arrivée d'Emmanuel Macron au pouvoir. Ces nouvelles lois cherchent à renforcer la flexibilité du marché du travail en réduisant les contraintes sur les licenciements et les conditions de travail.

- Cette réduction du coût du travail semble avoir eu un effet positif sur la préservation ou la création de certains emplois, notamment dans les entreprises de moins de dix salariés, les services à la personne, des secteurs où les moins qualifiés sont très présents et où les capacités financières des entreprises sont faibles.

3. Des effets limités voire pervers

- Mais ces mesures sont coûteuses et créent des « effets d'aubaine ». Depuis 2012 et la création du CICE (crédit d'impôt pour la compétitivité et l'emploi), transformé en 2019 en baisse de charge systématique, le total de ces allègements de charges a coûté près de 40 milliards au budget de l'État et près de 8 milliards aux organismes sociaux (sécurité sociale, retraite). Certaines entreprises ont substitué des emplois exonérés aux emplois « classiques » qu'elles auraient de toute façon créés ou maintenus. De plus, les salaires tendent à glisser vers le SMIC qui représente pour beaucoup davantage un salaire de référence qu'un salaire minimum.

- La création de « trappes » à bas salaires a été soulignée : les employeurs limitent en effet les hausses salariales pour éviter de payer davantage de charges. Le développement de l'emploi non qualifié provoque un déclassement chez les travailleurs diplômés qui, faute d'un nombre d'emplois qualifiés suffisant, se tournent vers des postes moins exigeants, privant les non diplômés d'emplois.

Sachez que...
La France compte en 2019 environ 11 % de salariés payés au SMIC (1 200 € net par mois pour un temps plein). La moitié des salariés gagnent moins de 1 790 € (salaire médian).

- La forte proportion de salariés avec des revenus modestes pèse sur la consommation des ménages qui reste en France l'un d'un principaux levier de la croissance et donc de la création d'emplois. De plus, ces bas salaires qui stagnent sont perçus comme une injustice sociale. Ce fut d'ailleurs l'une des principales revendications du conflit des « gilets jaunes » en 2018.

B Agir sur l'offre de travail

1. Politiques passives et actives de l'emploi

• À partir des années 1990, on assiste à un virage vers des politiques actives. Des leviers incitatifs au retour à l'emploi sont utilisés. Cette logique est davantage marquée par le libéralisme, les conditions d'indemnisation sont durcies et la dégressivité des allocations chômage accentuée.

• La prime pour l'emploi est une prime versée aux ménages non imposables sur le revenu mais qui travaillent. Le revenu de solidarité active (RSA), créé par Martin Hirsch en 2009, permet de cumuler un revenu minimum avec les revenus d'un emploi, notamment à temps partiel. Cela doit permettre de réduire les « trappes » à chômage et de lutter contre la croissance des travailleurs pauvres (*working poors*), notion venue des États-Unis et s'étendant à l'Europe, avec les emplois peu qualifiés, du temps partiel subi. Dans certaines branches comme l'hôtellerie-restauration, plus de 50 % des salariés sont au SMIC. Désormais, « le travail doit payer », slogan américain auquel fait écho celui de Nicolas Sarkozy pendant sa campagne présidentielle de 2007 : « travailler plus pour gagner plus ».

• Ces politiques sont parfois perçues comme un moyen d'exempter les employeurs de leur responsabilité d'assurer des salaires décents. Des économistes (comme Thomas Piketty) pensent que cela favorise le recours massif aux emplois précaires et à temps partiel, une partie du revenu étant assumée par l'État et la collectivité.

2. Former et accompagner les chômeurs

• Le chômage d'insertion touche pour l'essentiel les plus jeunes, nouveaux entrants sur le marché du travail. Il est plus ou moins long, parfois récurrent (allers-retours entre chômage et emploi) selon le niveau de formation initiale. On constate des alternances entre CDD, intérim, stages et chômage qui s'apparentent parfois à la constitution d'une expérience rendant le jeune, même diplômé, plus employable.

Ne confondez pas...

Dans le cas d'innovations rendant obsolète un emploi, on parle de chômage technologique. Ne pas confondre avec le chômage technique, un chômage temporaire mis en place par une entreprise confrontée à une difficulté passagère.

• Le chômage de conversion touche les travailleurs à des âges intermédiaires, perdant un emploi dans une branche d'activité, ou disposant d'une qualification en déclin. Le progrès technique (« destruction créatrice ») et les restructurations industrielles (délocalisation, concentration) font naître un chômage de transition qui nécessite formation et mise à niveau pour assurer l'employabilité des travailleurs concernés.

- Le chômage d'exclusion atteint les personnes dont la probabilité de retrouver un emploi est faible voire nulle. On retrouve ici les chômeurs de plus de 50 ans, les jeunes sans qualification vivant dans des régions sinistrées économiquement ou dans les quartiers de « relégation ». Il conduit souvent à l'inactivité (chômeurs « découragés » ou dispensés de recherche après 57 ans).

- L'accent est alors mis sur l'accompagnement personnalisé du chômeur grâce à des formations de qualité ou des aides à la mobilité (transport, déménagement). Les populations économiquement et socialement fragiles perdent en effet vite leur employabilité. Issues de milieux modestes, elles ne bénéficient pas du soutien matériel ou moral de leurs proches, ne disposent pas d'un réseau social capable de faciliter le retour à l'emploi et peuvent être victimes de discrimination à l'embauche du fait de leur origine ethnique, du quartier où elles vivent.

- Mais cet accompagnement et ces formations, pour être efficaces, nécessitent des ressources humaines et un effort budgétaire de la part des pouvoirs publics.

Remarque
Un conseiller Pôle emploi en France peut accompagner jusqu'à 200 chômeurs. Au Danemark, le nombre de chômeurs par conseiller ne dépasse pas 40.

C Agir sur le marché du travail : la flexibilité

1. Différentes formes de flexibilité…

- La flexibilisation du travail et du marché du travail est un moyen de lutte contre le chômage et de création d'emplois. Elle renvoie à la capacité pour les entreprises d'adapter leur organisation productive aux évolutions économiques.

- La flexibilité interne a une dimension qualitative : en faisant acquérir aux salariés de nouvelles compétences, elle les rend plus polyvalents. Cette flexibilité fonctionnelle s'adresse principalement aux salariés intégrés, aux emplois qualifiés et stables. La flexibilité quantitative interne, quant à elle, fait varier les horaires (quantités d'heures travaillées) sur la semaine, le mois ou l'année en fonction de l'activité de l'entreprise. L'utilisation importante des temps partiels s'inscrit dans la réduction des coûts salariaux avec des emplois du temps calculés au plus près des besoins de l'entreprise.

● La flexibilité externe permet d'ajuster ses besoins en main-d'œuvre en recourant au marché du travail externe : emplois temporaires, CDD (contrats à durée déterminée), intérim ou même stages et alternance, parfois détournés de leur fonction. Le recentrage des entreprises sur leur « cœur de métier », l'externalisation et le recours à la sous-traitance leur permettent de faire peser les fluctuations de l'activité économique sur leurs prestataires ou sous-traitants. Ces formes de flexibilité cherchent à réduire les coûts de production pour gagner en rentabilité ou en compétitivité.

2. ...aux effets contrastés

● Ces évolutions ont considérablement assoupli le marché du travail. L'emploi traditionnel type (CDI à plein-temps, huit heures par jour et en semaine), s'il reste dominant, s'efface au profit d'emplois définis au cas par cas. La déréglementation du marché du travail répond à de nouvelles exigences en matière de compétitivité dans un contexte de concurrence accrue. L'assouplissement des conditions d'embauche et de licenciement, le recours croissant à de multiples formes de flexibilités ont pu permettre aux entreprises de créer ou de sauvegarder des emplois conformément aux attentes des libéraux. L'alternance, les stages ou emplois aidés ou temporaires ont aidé à l'intégration, la réinsertion ou la conversion de nombreux salariés et d'anciens chômeurs.

● La flexibilité et les formes particulières d'emplois ont néanmoins contracté la demande globale. La faiblesse des salaires versés limite l'accès à la consommation et au crédit. Le partage de la valeur ajoutée s'est orienté vers les entreprises au détriment des salaires, entretenant un chômage keynésien. Le développement d'emplois peu qualifiés, notamment dans les services, a enrichi la croissance en emplois, mais s'est accompagné d'une réduction des gains de productivité peu favorable à la croissance.

● Le bilan social de ces évolutions est le plus critiqué. Les pays développés pâtissent souvent de taux de chômage proches ou supérieurs à 10 %. Par ailleurs, le chômage peut s'installer dans certaines population et durer plusieurs années (la durée moyenne du chômage est de 13 mois en France). Le contexte social est plus dur pour les jeunes, les femmes, les non qualifiés et les immigrés ; la cohésion sociale est fragilisée. Le travail ne permet plus forcément d'acquérir un statut, de participer à la vie collective (horaires dispersés, travail le dimanche, tôt ou tard le soir). Il ne protège plus toujours de la pauvreté et de l'exclusion. Le modèle de la « flexisécurité » serait pour certains une alternative à cette évolution.

● La critique sociale est intégrée à la critique économique. Le raisonnement libéral s'est longtemps appuyé sur le « théorème allemand » selon lequel les profits d'aujourd'hui seraient les investissements de demain et les emplois d'après-demain. Mais les licenciements boursiers, les délocalisations, la montée de la précarité, les allègements de charges, s'ils ont favorisé le rétablissement des marges (« les profits d'aujourd'hui ») ont-ils réellement favorisé les investissements et l'emploi ? Et au-delà, quel type d'emploi s'est développé ? Et quelle croissance cela favorise-t-il ?

L'ESSENTIEL

Les politiques de lutte contre le chômage

- Des années 1970 aux années 1980, l'indemnisation et les politiques dites « passives » ont été les solutions privilégiées.
- Les années 1990 marquent un tournant vers une logique plus libérale qui durcit et réduit l'indemnisation. Elles marquent également la volonté de réduire le coût du travail notamment sur les bas salaires afin de restaurer les profits des entreprises et leur compétitivité, source d'embauches pour les moins qualifiés.
- Les politiques d'incitation au retour à l'emploi sont mises en avant mais la précarité des emplois proposés crée une catégorie de travailleurs pauvres et stigmatise l'assistance accusée de générer des « trappes à chômage ou à pauvreté ».
- La typologie du chômage (insertion, exclusion) conduit à des politiques de l'emploi différenciées.
- La flexibilité croissante du marché du travail améliore la rentabilité des entreprises mais place davantage de salariés dans ce que le sociologue Robert Castel appelle « l'insécurité sociale ».

ZOOM SUR...

La « flexisécurité »

1 Associer flexibilité du travail et protection du salarié

→ Évoquée en 1995 par le ministre du Travail des Pays-Bas, cette politique de l'emploi combine forte flexibilité du marché du travail, procédures de licenciement allégées et protection sociale renforcée tout au long de la vie active. C'est également cette logique (dans le discours en tout cas) qui a dominé, en 2018, les premières mesures de la loi travail voulue par Emmanuel Macron.

→ Elle veut répondre à l'impératif de compétitivité lié à l'ouverture des marchés à la concurrence internationale tout en réduisant le dualisme du marché du travail entre marché primaire (*insiders*) et secondaire (*outsiders*).

→ Elle est aussi présentée comme une réponse au processus de « destruction créatrice » induit par le progrès technique et permettrait de stimuler l'innovation, favorisant la formation continue des salariés et leur reconversion.

→ C'est en Europe du Nord que le système est le plus abouti. Les taux de chômage y sont parmi les plus bas des pays industrialisés (autour de 5 %) et les taux d'emploi les plus élevés (près de 80 % au Danemark, tandis que la moyenne européenne est de 70 %, 65 % en France).

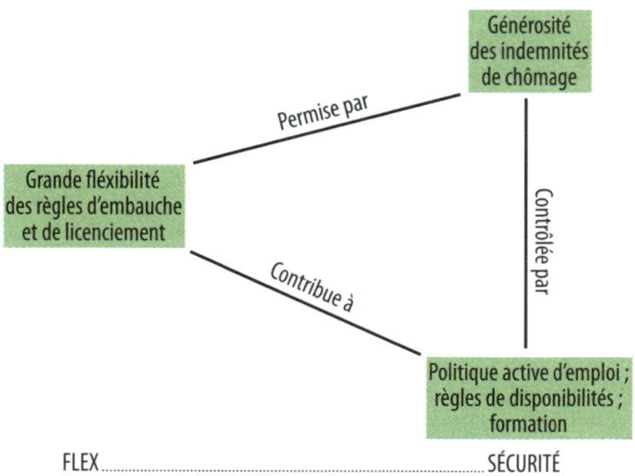

2 Le modèle danois en référence

→ Il repose sur des indemnités chômage élevées et longues (jusqu'à quatre ans) et un accompagnement personnalisé, avec des propositions d'emplois « acceptables » que le chômeur ne peut refuser sous peine de voir son indemnité réduite ou supprimée. Près d'un tiers des salariés danois change d'emploi chaque année en passant souvent par des périodes courtes de chômage.

→ Il s'étend à une politique de formation continue proposée par l'État et les entreprises à tous les salariés : possibilité de congés formation avec maintien du salaire plusieurs fois dans sa vie active.

→ L'égalité homme-femme (taux d'emploi et d'activité équivalents entre les deux sexes) est favorisée par la possibilité pour les pères de prendre des congés parentaux avec maintien du poste et des avantages sociaux, ainsi que du salaire à hauteur de 70 à 80 %.

3 Un modèle pas toujours transposable

→ La tradition danoise du compromis social permet de dégager un consensus entre patrons et syndicats de salariés. La France ou l'Italie ont une tradition plus conflictuelle des rapports sociaux avec des organisations patronales plus rétives aux dépenses et des syndicats marqués par la lutte des classes.

→ La flexisécurité suppose des dépenses publiques importantes pour financer un service public de l'emploi et une formation continue régulière et généralisée à tous les salariés. Les prélèvements obligatoires sont élevés et font eux aussi l'objet d'un consensus général (tradition sociale-démocrate).

→ Enfin, la population est faible, concentrée géographiquement et l'appareil productif très spécialisé sur des secteurs à haute valeur ajoutée (même si certains leaders industriels sont en déclin voire ont disparu, comme Saab et Nokia).

→ Plus globalement, si tous les modèles présentés comme des exemples doivent être étudiés, il faut garder un certain recul. De nombreux « miracles » économiques sont aujourd'hui à la peine : miracle japonais des années 1970-1980 en récession récurrente depuis quinze ans, « dragons » asiatiques fragilisés par la crise monétaire de 1998, flexibilité du Royaume-Uni impuissante face à la crise, modèle fiscal irlandais ébranlé par la crise financière, etc.

Mots clés

■ **Chômage au sens du BIT :** définition internationale du Bureau international du travail qui postule que le demandeur d'emploi est totalement dépourvu d'emploi, immédiatement disponible et entreprend des recherches actives.

■ **Chômage conjoncturel/frictionnel :** le chômage conjoncturel est dû à un ralentissement de la demande, tandis que le chômage frictionnel résulte du temps passé à mettre en contact offreurs et demandeurs de travail et correspond au taux de chômage dit « naturel ».

■ **Chômage structurel :** chômage lié aux changements intervenus dans les structures économiques (évolution des qualifications requises), institutionnelles (code du travail, salaire minimum) ou dans le fonctionnement du marché (asymétrie de l'information).

■ **Chômage keynésien/classique :** le chômage keynésien est le résultat d'une insuffisance de la demande effective, tandis que le chômage classique est le produit d'une insuffisance de l'offre à la suite par exemple du prix excessif du travail.

■ **Chômage d'insertion/d'exclusion :** alors que le chômage d'insertion touche les jeunes, le chômage d'exclusion touche des catégories peu ou plus employables, notamment âgées ou peu qualifiées.

■ **Flexibilité :** formes d'adaptation de la quantité de travail utilisée aux besoins de l'entreprise. On distingue flexibilité quantitative externe (par le jeu de l'intérim ou des CDD), et interne par la modulation des horaires.

■ ***Insiders/outsiders*** **:** termes pensés par Lindbeck et Snower, dont l'analyse oppose les salariés en poste dans l'entreprise (*insiders*) aux salariés extérieurs (*outsiders*), qu'ils soient au chômage ou en sous-traitance.

■ ***Job search*** **:** théorie d'Edmund Phelps, qui met en relation le temps passé à la recherche d'emploi par un chômeur, le salaire espéré, le salaire de réservation, l'information et les allocations reçues.

■ **Productivité marginale :** surcroît de production générée par le dernier salarié embauché. Dans la théorie micro-économique, celle-ci est décroissante et trace une limite au taux de salaire.

■ **Salaire d'efficience :** fondé sur l'hypothèse de l'existence d'une asymétrie de l'information sur le marché du travail. L'entreprise est tentée de proposer des salaires supérieurs au salaire d'équilibre afin d'attirer et de fidéliser les meilleurs salariés.

■ **Segmentation du marché du travail :** théorie qui postule un marché du travail coupé en deux, séparant ceux qui ont un bon emploi stable, et ceux qui occupent des emplois précaires et mal protégés. Recoupe en partie les notions d'emplois fordistes et d'emplois atypiques.

Les auteurs importants

Edmund PHELPS (né en 1933)

Économiste américain, prix Nobel 2006. Classé parmi les néokeynésiens pour son analyse donnant une base microéconomique au chômage involontaire. Sa démarche demeure fidèle aux postulats néo-classiques : le *job search* théorise le calcul rationnel fait par un chômeur individuel dans sa recherche d'emploi, mettant en balance le coût d'information et de prospection et le supplément de gain espéré.

John Maynard KEYNES (1883-1946)

Il participe de façon critique au traité de Versailles et combat la politique de déflation menée par Churchill en 1925. Il rompt avec la pensée traditionnelle dans sa *Théorie générale* publiée en 1936, et préconise l'intervention de l'État dans l'économie pour mettre fin au « chômage involontaire », démontrant que l'économie de marché ne parvient pas nécessairement d'elle-même à un équilibre optimal (de plein-emploi).

Milton FRIEDMAN (1912-2006)

Économiste américain, prix Nobel 1976. Libéral, anti-keynésien convaincu, spécialiste des questions monétaires, il est le chef de file de l'école de Chicago et des monétaristes. Il est à l'origine avec Phelps du concept de chômage naturel. Le chômage naturel découle, pour un niveau de compétence donné, du refus des travailleurs d'accepter un salaire jugé trop faible (concept de chômage volontaire et de salaire de réserve) et du faible intérêt pour les firmes de proposer un salaire trop élevé.

Janet YELLEN (née en 1946)

Économiste néokeynésienne et gouverneure actuelle de la FED (Banque centrale des États-Unis), elle est à l'origine, à partir des années 1980, avec Stiglitz et Akerloff, de la diffusion de la théorie du salaire d'efficience inversant le raisonnement néoclassique selon lequel le salaire est déterminé par la productivité marginale du travailleur.

Documents majeurs

Doc. 1 Lutter contre le chômage structurel

À la composante keynésienne due à [une] insuffisance de la demande vient se greffer une [autre] composante [...] : le chômage de masse en France se concentre avant tout sur les non qualifiés. Pour impulser l'emploi des non qualifiés, les gouvernements successifs mènent depuis 1993 une politique d'exonération de charges sociales sur les bas salaires. Le crédit d'impôt pour la compétitivité et l'emploi (CICE) et le pacte de responsabilité s'inscrivent dans cette stratégie, qui, au total, représentera près de 50 milliards d'euros en 2017. Cette politique repose sur la thèse selon laquelle le coût du travail, déterminé par le niveau du SMIC et des cotisations sociales, pèserait sur la demande de travail des non qualifiés. [...] Stimuler l'offre d'emploi par la baisse des charges semble désormais avoir atteint ses limites.

Il convient alors de s'attaquer à l'autre versant du problème, à savoir la faible productivité de ces citoyens. Cela passe par une réforme en profondeur du système éducatif français [...], de la formation professionnelle [...] et de l'apprentissage afin d'améliorer l'appariement* entre les besoins des entreprises et la formation des jeunes.

Jean-Pierre Durand, Jean Gadrey, Éric Heyer et Pascal Salin, « Du chômage au plein-emploi : quelles solutions en France ? », *La nouvelle revue du travail*, août 2016.

* ici, action de rendre compatibles l'offre de travail et la demande de travail.

Doc. 2 Le chômage involontaire

Il nous faut maintenant définir le chômage involontaire [...], dont la théorie classique n'admet pas la possibilité. [...] il existe des chômeurs involontaires si, en cas d'une légère hausse du prix des biens de consommation ouvrière par rapport aux salaires nominaux, l'offre globale de main-d'œuvre disposée à travailler aux conditions courantes de salaire et la demande globale de main-d'œuvre aux mêmes conditions s'établissent toutes deux au-dessus du niveau antérieur de l'emploi. [...]

Alors que la main-d'œuvre résiste ordinairement à la baisse des salaires nominaux, il n'est pas dans ses habitudes de réduire son travail à chaque hausse du prix des biens de consommation ouvrière. Au surplus, que le chômage caractéristique d'une période de dépression soit dû au refus de la main-d'œuvre d'accepter une baisse des salaires nominaux, c'est une thèse qui n'est pas clairement démontrée par les faits. Il n'est pas très plausible d'affirmer que le chômage aux États-Unis en 1932 ait été dû à une résistance opiniâtre de la main-d'œuvre à la baisse des salaires nominaux [...]. L'ouvrier n'est pas plus intransigeant en période de dépression qu'en période d'essor, bien au contraire.

J. M. Keynes, *Théorie générale*, Payot, 1979 (1936).

Doc. 3 Modèle de salaires d'efficience

Par définition, des chômeurs involontaires acceptent de travailler à un salaire inférieur au salaire courant. Pourquoi donc les firmes ne baissent-elles pas les salaires, augmentant par là même leurs profits ? Dans la plupart des emplois, les salariés ont une certaine « discrétion » en ce qui concerne leurs performances [il faut donc éviter d'attirer les tire-au-flanc par des salaires trop bas]. Le modèle ne prédit pas que la masse de ceux qui sont sans emploi est constituée de ceux qui ont été licenciés pour flemme. Mais si la menace d'être licencié est effective, il n'y aura que peu ou pas de flemme et peu de licenciements.

Supposons que la performance au travail dépende de la capacité des travailleurs et que capacité et salaire de réservation soient corrélés positivement. Dans un tel modèle, chaque firme paye un salaire d'efficience et se détourne de ceux qui s'offrent à travailler pour un salaire inférieur. La rigidité des salaires [à la baisse] peut être due [également] de façon plus plausible à des conventions sociales et des principes de comportement qui ne sont pas entièrement individualistes à l'origine.

Janet Yellen, « Modèles de salaires d'efficience », *American Economic review*, 1984.

Exercice

Vérifiez vos connaissances

Répondre Vrai ou Faux aux assertions suivantes :

1. L'offre de travail est une fonction croissante du prix.
2. Augmenter l'âge légal de départ à la retraite réduit le taux d'emploi.
3. Les chômeurs sont tous indemnisés et sont payés par les impôts.
4. Les politiques actives visent à augmenter la demande de travail, les politiques passives à en diminuer l'offre.
5. Les chômeurs ayant travaillé une journée de 8 heures la semaine précédant l'enquête ne font plus partie de la DEFM catégorie A.
6. Sur le marché du travail, l'offre de travail émane des entreprises, et correspond aux « offres d'emploi ».
7. Pour la théorie néo-classique, la flexibilité des salaires est favorable à l'emploi.
8. L'existence d'un chômage important dans le nord de la France et d'emplois non pourvus dans la région de Toulouse résulte d'un problème d'appariements.
9. Le délai pour retrouver un emploi s'apparente à du chômage conjoncturel.
10. Pour les keynésien, c'est la faiblesse de la demande qui est à l'origine du chômage.

Sujet de bac

Étude d'un document

Vous comparerez l'évolution de l'emploi des différents pays depuis 2007.

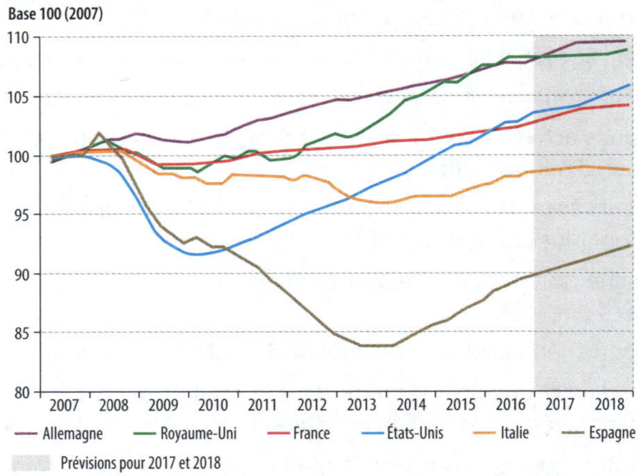

Doc. Évolution de l'emploi total dans différents pays (en indice base 100 en 2007)

POINT MÉTHODE

- Ce document tiré de la revue de l'OFCE en 2017 est un graphique présentant cinq courbes de l'évolution de l'emploi entre 2007 et 2018 dans cinq pays parmi les plus développés.
- Pensez à montrer au correcteur que vous êtes capable de mobiliser différents outils pour mesurer des évolutions. Choisissez celui qui fait parler le mieux les chiffres, qui éclaire le plus sur le sens du document. Attention à ne pas confondre points d'indice et pourcentage. Si vous vous référez à l'année de base (2007) vous pouvez parler en %, quand vous comparez d'autres périodes, parlez en points d'indices.
- Commencez par les tendances globales puis soulignez les périodes particulières (contexte). Classez les informations en regroupant par exemple dans ce document les pays par type d'évolution.
- Pensez à faire une ou deux phrases de conclusion pour donner la ou les informations principales tirées du document.

Exercice

1 **Vrai.** L'offre de travail émane des travailleurs qui, plus ils sont payés, plus ils sont prêts à sacrifier du temps libre.

2 **Faux.** Le taux d'emploi correspond aux personnes en emploi sur l'ensemble des plus de 15 ans. Si l'âge légal de la retraite est augmenté, moins de personnes sortent de l'activité.

3 **Faux.** Seule une moitié des chômeurs est indemnisée, selon une logique d'assurance (leurs cotisations alimentent les indemnités versées) par Pôle emploi, et non par le budget des impôts.

4 **Vrai.** Les politiques actives jouent sur le désir des employeurs d'embaucher des salariés, en augmentant leur employabilité et la compétitivité des entreprises, quand les politiques passives veulent diminuer le nombre de chômeurs en incitant des actifs (âgés par exemple) à se retirer du marché du travail.

5 **Vrai.** La définition des DEFM catégorie A est désormais très proche de celle du BIT.

6 **Faux.** Sur le marché où l'on vend le travail, ceux qui offrent sont les salariés, et ce sont les entreprises qui publient des « offres d'emploi ».

7 **Vrai.** La flexibilité du salaire permet au marché de s'auto-réguler. En cas de chômage (offre de travail supérieure à la demande), le salaire doit baisser.

8 **Vrai.** C'est bien une inadéquation spatiale entre l'offre et la demande de travail, donc un problème d'appariement.

9 **Faux.** C'est du chômage frictionnel.

10 **Vrai.** Pour les keynésiens, les entreprises adaptent leur niveau d'emploi au niveau de production qui lui-même est lié au niveau de la demande effective.

Sujet de bac

Tous les pays présentés dans le document connaissent une évolution similaire marquée par la crise des subprimes en 2008, date à laquelle on observe un recul plus ou moins important du volume des emplois dans les cinq pays, puis une reprise plus ou moins forte pour chacun d'entre eux.

En effet, en 2010, le niveau d'emploi aux États-Unis était inférieur de 8 % à celui de 2007, 4 % de baisse pour l'Italie et de 2 à 3 % pour la France et le

Royaume Uni. Seule l'Allemagne n'a pas été impactée par la crise, connaissant même une progression de 2 % du nombre d'emplois.

À partir de 2010, la France, les États-Unis, l'Allemagne et le Royaume-Uni voient leur nombre d'emplois progresser. Très fortement pour les États-Unis et le Royaume-Uni avec près de 15 points d'indice d'augmentation pour les États-Unis et 10 points pour le Royaume-Uni entre 2010 et 2018, plus modestement pour la France avec une hausse de 5 points d'indice sur la même période.

En revanche, la reprise est plus tardive pour l'Espagne et l'Italie. Ce n'est qu'en 2014 que ces deux pays créent à nouveau des emplois sans pour autant retrouver le niveau d'avant la crise. Ainsi, en 2018, l'OFCE prévoit que l'Italie aura 2 % d'emplois en moins qu'en 2007 et 8 % pour l'Espagne.

Tous ces pays ont été touchés par la crise et l'impact sur le niveau d'emploi a été très contrasté. Les États-Unis, malgré une forte dégradation de l'emploi juste après la crise, retrouvent très vite une dynamique de croissance. L'Allemagne, le Royaume-Uni et la France ont moins souffert de la récession et le niveau d'emploi en 2018 est plus élevé qu'en 2007. L'Espagne et l'Italie ont mis plus de temps à digérer les effets de la crise et la reprise a été moins forte.

CHAPITRE 4

Les crises financières et le système financier

DE QUOI S'AGIT-IL ?

Le système financier s'est développé au XIXe siècle pour faciliter la rencontre des agents à capacité de financement et à besoin de financement. Jusqu'aux années 1930, les crises financières étaient récurrentes. Elles ont quasiment disparu pendant les Trente Glorieuses.

Depuis les années 1980, la déréglementation et la globalisation financière se traduisent par une multiplication des innovations financières et une augmentation de la spéculation. Ce développement des marchés financiers permet de drainer davantage d'épargne, à un coût moindre.

Cependant, il se traduit aussi par un retour des crises financières, qui affectent l'économie réelle mondiale. Les pouvoirs publics cherchent donc à mettre en place une régulation adéquate.

1 Les caractéristiques des crises de 1930 et 2008

A La crise de 1930

1. L'euphorie des années 1920 aux États-Unis

• Les années 1920 sont marquées par la reconstruction d'États fragilisés par la Première Guerre mondiale et par la reprise des flux internationaux de biens et de capitaux, dans un contexte de libre-échange. Les États-Unis deviennent les premiers exportateurs mondiaux, et les premiers créditeurs des pays européens, notamment de l'Allemagne qui doit payer des dommages de guerre considérables.

• **Les taux d'intérêt faibles conduisent à une hausse de l'endettement et à la formation d'une bulle.** Au cours des années 1920, la Fed (Federal Reserve), la banque centrale américaine, mène une politique de taux d'intérêt faibles. Les petits épargnants, comme les institutions financières, à la recherche de placements plus rémunérateurs, spéculent donc fortement sur le marché boursier national. Ils empruntent pour acheter de nouvelles actions (les *call loans*), en bénéficiant d'un **effet de levier** positif. La valeur moyenne des actions augmente ainsi de manière continue entre 1919 et 1929 (elle double entre 1926 et 1929).

> **Sachez que...**
> Les *call loans* permettent, de 1926 à 1929, de ne payer que 10 % de la valeur des actions, en empruntant les 90 % restants au courtier (*broker*). Ce dernier les emprunte aux banques, qui utilisent pour ces prêts les dépôts de leur clientèle.

2. La crise bancaire et financière aux États-Unis

• Le jeudi 24 octobre 1929 (« jeudi noir ») a lieu **l'effondrement boursier** (« krach »). Il fait suite à une remontée des taux d'intérêt anglais, provoquant une sortie de capitaux. Son ampleur et sa rapidité surprennent tout le monde. Les actions perdent la moitié de leur valeur en un mois. L'indice du Dow Jones (valeur des 30 premières entreprises cotées à la bourse de New York) chute de 83 % entre 1929 et 1933.

• Les actionnaires, ruinés, ne peuvent rembourser ni les courtiers, ni, par effet domino, les banques. Les ménages, dans la panique, se précipitent dans une course au guichet (ruée bancaire ou « *bank run* ») pour retirer leur monnaie de leur compte bancaire, ce qui provoque la **faillite en chaîne** de plus de 5 000 banques entre 1929 et 1932.

• Les autorités monétaires, conformément à la logique libérale de l'époque, n'interviennent pas : elles refusent de jouer le rôle de **prêteur en dernier ressort**.

3. L'extension de la crise

● **La crise impacte rapidement l'économie réelle.** Des millions d'Américains sont ruinés. La forte baisse des revenus entraîne une baisse de la production industrielle de moitié entre 1929 et 1932 ; la crise de confiance se traduit par une chute de l'investissement. Une **spirale déflationniste** s'installe. Le taux de chômage atteint près du quart de la population active en 1933.

● **La crise s'internationalise.** Les capitaux états-uniens placés dans le reste du monde sont rapatriés massivement sur le territoire national, provoquant une crise économique et financière en Europe (notamment en Autriche et en Allemagne, en 1931). Les États opèrent alors un **repli protectionniste**, et le volume des échanges mondiaux baisse de 25 % entre 1929 et 1932. Les cours mondiaux de matières premières s'effondrent, entraînant une dépression dans les pays pauvres.

B La crise de 2008

1. L'optimisme des années 2000

● La décennie 2000 est marquée par une reprise de la croissance mondiale, suite à l'éclatement de la **bulle Internet** en 2000, dans un cadre de globalisation économique et financière. Les banques centrales, notamment la Fed, pratiquent des taux d'intérêt faibles pour favoriser l'investissement. Certains États bénéficiant d'excédents commerciaux, tels que la Chine ou les pays arabes, placent leurs capitaux aux États-Unis, en espérant une rentabilité élevée.

● Les taux d'intérêt bas incitent les ménages états-uniens à s'endetter, notamment pour investir dans l'immobilier, ce qui augmente la demande. En conséquence, de 2000 à 2007, le prix moyen de l'immobilier résidentiel a quasiment doublé (x 1,9) aux États-Unis.

● Il se produit un **effet richesse** : de nombreux ménages, se croyant plus riches, renégocient leur prêt sur la valeur de l'hypothèque, afin de consommer davantage.

● Certains ménages se surendettent, notamment les **ménages *subprimes*** : ce sont les ménages les plus modestes, auxquels on applique un **taux d'intérêt plus élevé** en compensation de leur risque de défaut de paiement. Ces prêts sont encouragés par les banques à la recherche de placements plus rémunérateurs.

Sachez que...
Un crédit hypothécaire est un emprunt gagé sur la valeur d'un bien immobilier. En cas de défaut de paiement, la banque peut saisir le bien.

• La **titrisation** accompagne la bulle des années 2000. Elle consiste à sortir des portefeuilles de titres de leur bilan, les restructurer, et à émettre les nouveaux titres ainsi créés sur le marché financier. Les banques l'utilisent pour pouvoir accorder de nouveaux crédits aux ménages *subprimes*. (Voir le Zoom sur… p. 115)

2. La crise financière aux États-Unis

• **La bulle immobilière éclate à l'été 2007**. À partir de 2004, face à une menace de tensions inflationnistes, la Fed augmente ses taux directeurs de 1 % en 2004 à 5,25 % en 2006. Le crédit se raréfie, réduisant la demande de biens immobiliers, et donc leur prix. De nombreux ménages, endettés à **taux variables**, ne peuvent faire face à l'augmentation de leurs échéances. Le **taux de défaut de paiement** des ménages *subprimes* passe d'un peu plus de 10 % en 2005, à 26 % en 2009. Les ménages les plus pauvres sont expulsés. Les banques saisissent des biens immobiliers dont la valeur ne correspond plus à celle de l'hypothèque.

> **Sachez que…**
> Le taux de défaut de paiement est la part des échéances d'un emprunt qui ne sont pas remboursées.

• Les banques doivent augmenter brutalement leurs **fonds propres** pour assurer leur solvabilité. Certaines banques font faillite, mais la Fed joue son rôle de prêteur en dernier ressort et organise leur rachat ou leur mise sous tutelle.

• **La faillite de Lehman Brothers**, le 15 septembre 2008, fait exception. La Fed refuse de se porter garante pour son rachat. Elle espère ainsi montrer l'exemple et lutter contre l'aléa moral lié au comportement opportuniste de certaines institutions financières : sachant qu'elles seront « sauvées » par la banque centrale, celles-ci sont incitées à prendre des risques excessifs.

• Les États-Unis parviennent à enrayer la panique grâce à un plan de sauvetage du secteur bancaire, le « plan Paulson », annoncé le 18 septembre 2008.

3. L'extension de la crise

• La crise financière s'internationalise. Les institutions financières du monde entier sont fragilisées. D'une part, elles détiennent des produits qu'elles croyaient sûrs, issus de la **titrisation**, qui s'avèrent finalement toxiques. D'autre part, elles sont confrontées à un assèchement des **liquidités interbancaires** : les banques, en pleine crise de confiance, ne se prêtent plus entre elles. En Europe, les plans de **recapitalisation** des banques par les pouvoirs publics se multiplient (notamment au Royaume-Uni).

- **L'économie mondiale entre en récession**. Le PIB des pays de l'OCDE chute de 3,5 % en 2009. Tous les pays ne sont pas touchés de manière symétrique : la Grèce s'enfonce dans la dépression, l'Irlande rebondit rapidement et présente finalement des taux de croissance exceptionnels (+ 25 % en 2015). Les États-Unis connaissent depuis 2010 un cycle de croissance d'une longueur remarquable.

Le chômage augmente : il passe de 5,6 % en 2007 à 8,1 % dans les pays de l'OCDE. Les pays du sud de l'Europe, l'Irlande, et certains pays de l'Est sont davantage touchés : il a atteint 27 % en Grèce, 26 % en Espagne (en 2017, il y est toujours à 17 %), et 14 % en Irlande en 2013.

- Les gouvernements augmentent les dépenses publiques dans le cadre de **politiques budgétaires de relance**, ce qui creuse les déficits budgétaires et la dette publique. En Europe, cela conduit à la **crise des dettes souveraines** en 2010-2011, touchant l'Irlande et les pays du sud de l'Europe (notamment la Grèce). **Les banques centrales** baissent alors leurs taux d'intérêt directeurs à des seuils historiquement bas.

L'ESSENTIEL

Les caractéristiques des crises de 1930 et 2008

- Les années qui précèdent les deux crises se caractérisent par une croyance en une croissance infinie, une hausse de l'endettement et de la spéculation, ce qui mène à la formation de bulles.
- L'éclatement des bulles fait suite à une remontée des taux d'intérêt, et se traduit par une crise bancaire et financière.
- Le crise se transmet à l'économie réelle et s'internationalise, entraînant une récession mondiale.

2 Les bulles spéculatives et leur éclatement

Dans la théorie libérale traditionnelle, les **marchés financiers** sont supposés **efficients** : le prix d'un actif financier reflète sa valeur réelle, c'est-à-dire ses **fondamentaux** (la valeur de ses rendements futurs). Les **bulles** sont la conséquence d'épisodes spéculatifs. La valeur du titre devient déconnectée de ses fondamentaux. Elles peuvent affecter différents marchés : les actions, les obligations, l'immobilier, les matières premières, etc.

Le saviez-vous ?

On considère que la première bulle ayant mené à une crise financière est celle des bulbes de tulipes, en Hollande, entre 1634 et 1637. Leur prix a fini par dépasser la valeur des maisons. Suite au krach, beaucoup de possesseurs de bulbes se sont retrouvés ruinés.

A La formation d'une bulle spéculative

1. L'innovation et l'effet de levier

- Pour des économistes comme Hyman Minsky ou John Galbraith, les bulles naissent souvent d'une **innovation financière**. Ainsi, les *call loans* accompagnent la bulle des années 1920 aux États-Unis. La titrisation et les produits dérivés alimentent celle des années 2000.

- **L'effet de levier** mesure la conséquence de la rentabilité financière sur l'endettement.

> **Gagnez des points**
> Galbraith ironise sur l'engouement des marchés pour les innovations financières : « Le monde de la finance acclame encore et toujours l'invention de la roue, souvent dans une version légèrement plus instable. » (*Une brève histoire de l'euphorie financière*, 1992)

Rentabilité financière = rentabilité économique (ou taux de profit) des capitaux propres d'une entreprise - taux d'intérêt des capitaux empruntés.

Plus la rentabilité financière est élevée (plus l'effet de levier est important), plus les agents ont intérêt à s'endetter et à placer la somme empruntée.

Dans les périodes d'euphorie financière, les acteurs du marché sont attirés par des perspectives de fortes rémunérations et ont tendance à emprunter pour profiter de l'effet de levier. En agissant ainsi, ils font augmenter la valeur des titres jusqu'à ce qu'elle soit déconnectée de leur valeur réelle : la **bulle** est formée.

2. La psychologie du marché

Certains auteurs mettent en question la rationalité des acteurs du marché financier.

- John Maynard Keynes met l'accent, en 1936, sur les **comportements mimétiques**. Les marchés financiers étant vus comme une « économie-casino », la spéculation consiste dans ce cadre à prévoir la psychologie du marché.

Les anticipations sont auto-réalisatrices : la valeur d'un titre financier dépend plus de représentations et d'anticipations que de fondements réels (la valeur du titre augmente parce que tous pensent qu'elle va augmenter). Les acteurs du marché financier peuvent en ignorer les **fondamentaux**.

> **Sachez que...**
> Keynes utilise la métaphore d'un concours de beauté, organisé par un journal londonien. Il s'agit de sélectionner les plus belles femmes parmi les six photographies les plus plébiscitées par les autres lecteurs. Le gagnant ne vote donc pas selon ses goûts personnels, mais pour les goûts supposés des autres.

Il est rationnel d'acheter lorsque le prix d'un actif augmente, ce qui fait augmenter son prix en retour.

- En 1977, dans le cadre du **paradoxe de la tranquillité**, Minsky montre que durant la phase ascendante du cycle, l'amélioration de la confiance conduit à augmenter le financement par dette ainsi que les **comportements spéculatifs**, de plus en plus risqués. (Voir le Zoom sur… p. 113)
- Pour Galbraith, les mouvements spéculatifs sont **irrationnels** et s'apparentent à une « **folie collective** ». Dans la phase ascendante, les acteurs ne se souviennent pas des catastrophes spéculatives passées, et fustigent ceux qui prévoient la crise. Ils ont tendance à considérer certains riches financiers comme des génies, or les traders sont souvent dépassés par leur propre système.

B La crise financière et bancaire

Les crises financières affectent le système financier. Elles peuvent prendre l'aspect de **crises boursières** (effondrement du cours des actions), **obligataires** (chute des cours des obligations), de **dettes souveraines** (un État fait défaut sur le paiement de la dette publique), **immobilières** (chute des prix des biens immobiliers)… Les **crises bancaires** sont liées quant à elles à des faillites de banques.

1. Le krach boursier

Les crises boursières débutent souvent par un krach boursier : le cours des actions s'effondre brutalement.

- **L'origine du krach** réside dans une modification des conditions du marché : une remontée des taux d'intérêt, une augmentation du taux de défaut sur certains prêts, la vente de certains titres par un acteur symbolique du marché, etc.
- Les comportements mimétiques et les prophéties auto-réalisatrices jouent encore un rôle important. La baisse des cours alimente l'anticipation de la baisse continue de la valeur des titres, ce qui provoque des ventes massives, et fait baisser à nouveau le cours des titres.

Sachez que…

Toutes les crises boursières ne se transmettent pas à l'économie réelle. Ainsi, l'éclatement de la bulle Internet en 2000, qui s'est traduite par une chute du cours des actions des entreprises de technologies de l'information et des télécommunications, a eu un impact relativement limité.

2. De la panique aux faillites bancaires

L'effondrement du cours des titres peut mener à une **panique bancaire**.

- L'activité d'intermédiation des banques consiste à transformer les dépôts à court terme des épargnants en prêts à long terme aux entreprises. Si les déposants retirent leur monnaie en même temps, la banque doit liquider ces créances (elle doit les transformer rapidement en monnaie). Dans l'urgence, certains de ces actifs sont vendus à un prix très inférieur à leur valeur réelle ; la banque risque ainsi de devenir insolvable.
- Il peut alors se produire une **ruée bancaire** ou une **course aux guichets** (***bank run***). Chacun se précipite pour retirer, avant les autres, son argent de la banque. La ruée bancaire peut provoquer la faillite de la banque (y compris si sa gestion est saine) : il s'agit d'une **prophétie auto-réalisatrice**.
- Si le **risque de système** est élevé, il peut se produire des **faillites bancaires en chaîne**. Les banques, du fait de leur interdépendance, sont affectées par un assèchement de la liquidité du marché monétaire, ou par le défaut de paiement d'une autre banque débitrice, affectant leur solvabilité.

C La transmission des crises financières à l'économie réelle

1. L'effet de richesse négatif

- Les ménages, pour compenser la perte de valeur de leur patrimoine, réduisent leur consommation et augmentent leur épargne. Les entreprises, face à la perte de valeur de leurs actifs et à la réduction de la consommation, réduisent leurs investissement.
- La baisse de la consommation et de l'investissement conduit à une diminution de la demande effective, qui déprime à son tour l'offre. L'économie entre en **récession**.

2. La baisse du prix de collatéral et les ventes forcées

- Le « **collatéral** » est l'ensemble des actifs servant de garantie dans le cadre d'un crédit. Par exemple, l'hypothèque est souvent le collatéral d'un crédit immobilier : si le débiteur (l'emprunteur) fait défaut, le créancier peut saisir le bien.
- Dans le cas de l'éclatement d'une bulle, la valeur du collatéral s'effondre (par exemple les hypothèques sur les biens immobiliers lors de la crise de 2007-2008). La banque, pour éviter la faillite, est contrainte de vendre les biens saisis, à un prix bien inférieur à la valeur du prêt, ce qui fait à nouveau baisser les prix.
- Cette spirale alimente les risques de **déflation** (baisse généralisée des prix).

3. La contraction du crédit (*credit crunch*)

- Les banques limitent les prêts interbancaires, craignant la faillite de banques débitrices. Cela provoque un assèchement de la **liquidité** et limite les capacités de crédit des banques.
- Les banques perdent confiance dans la capacité de remboursement des ménages et des entreprises et deviennent plus exigeantes quant aux conditions d'octroi des prêts. Cela conduit à une réduction de l'offre de crédit.
- Certains projets d'investissement ou de consommation ne sont donc pas réalisés faute de financement. La demande effective globale se réduit, alimentant en retour des anticipations négatives.

L'ESSENTIEL

- Le marché financier a une double nature : il est lié à l'économie réelle car il est indispensable au financement des entreprises ; il peut se détacher de l'économie réelle dans la cadre d'une bulle spéculative, et être responsable de catastrophes.
- Les bulles sont la conséquence d'un effet de levier positif et de comportements mimétiques auto-réalisateurs.
- Les bulles éclatent lorsque les taux d'intérêt remontent ou sous l'effet de croyances auto-réalisatrices. Elles peuvent se traduire par des faillites bancaires en chaîne.
- La crise financière se transmet à l'économie réelle par la perte de confiance et la contraction du crédit.

3 Les instruments de régulation du système bancaire et financier

La **réglementation prudentielle** a pour fonction de garantir la solvabilité des établissements financiers, de protéger les dépôts des épargnants, et de limiter le risque de système.

A La supervision des banques par la banque centrale

Les banques centrales ont développé des moyens de lutter contre les conséquences des crises.

1. L'assurance du système bancaire et l'aléa moral

- **La garantie des dépôts** permet d'éviter la ruine des épargnants et de lutter contre un effet richesse négatif. Cette garantie est de 100 000 euros dans l'Union européenne depuis 2014.
- Le rôle de **prêteur en dernier ressort** consiste à refinancer les banques qui ne sont pas parvenues à se refinancer sur le marché interbancaire. Il permet d'assurer la liquidité du système en cas de crise. La banque centrale peut aussi racheter des titres toxiques fragilisant le bilan des banques. Ainsi, la **BCE** a racheté à partir de 2011, dans le cadre de politiques non conventionnelles, des obligations d'État devenues risquées (par exemple les titres de la dette grecque).
- Les banques, connaissant ces protections, peuvent être incitées à prendre davantage de risques, notamment les **établissements systémiques** (« ***too big to fail*** »), dont la faillite mettrait en danger tout le système financier. Il s'agit d'un **aléa moral**. C'est pourquoi il est préférable de mettre l'accent sur la **prévention** des crises.

Le saviez-vous ?
En 2008, la banque d'investissement Bear Stearns a été renflouée par l'État américain, non pour protéger les dépôts des épargnants, mais en raison de son statut systémique.

2. La spécialisation des activités bancaires

La **spécialisation** est un moyen de **lutter contre l'aléa moral, en réduisant la spéculation des banques**.

- Le **Glass-Steagall Act** de 1933, introduisant la séparation des activité bancaires entre banques de dépôt et banques d'investissement, fait suite à la crise de 1929. Une séparation similaire est appliquée en France lors de la loi bancaire de 1945.
- Un décloisonnement des activités bancaires a lieu à partir des années 1980 (1984 en France, 1999 aux États-Unis), dans le contexte des « 3D » (décloisonnement, désintermédiation bancaire, dérégulation des activités financières), selon l'expression d'Henri Bourguinat. Il s'ensuit une prolifération des innovations financières et une augmentation de la spéculation, à l'origine de la crise de 2008.
- Le président Barack Obama réintroduit une séparation partielle des activités bancaires aux États-Unis avec la **loi Dodd-Franck** de 2010, mais celle-ci est abrogée en 2017 sous la présidence de Donald Trump. En France, la loi bancaire de 2013 isole les activités bancaires les plus risquées. Au Royaume-Uni, la séparation des banques de détail a été introduite. Cependant, un projet similaire de séparation a échoué au niveau de l'Union européenne.

3. La politique monétaire et la surveillance micro-prudentielle

La banque centrale peut mener une surveillance préventive.

- La banque centrale peut manipuler les **taux d'intérêt directeurs** dans le cadre de la **politique monétaire**. Ces taux encadrent le taux de refinancement des banques sur le marché monétaire. Les banques répercutent ensuite la variation de ces taux sur ceux appliqués à leur clientèle. Plus ces taux sont faibles, plus les chances que l'effet de levier soit positif augmentent, et plus les risques de spéculation sont élevés. Pour limiter la spéculation, voire faire éclater une bulle, la banque centrale remonte ses taux.

> **Gagnez des points**
> Pour Michel Aglietta, la BCE doit assurer un rôle de stabilité financière, limitant les comportements pro-cycliques des agents économiques. Ce rôle consisterait à réduire l'octroi de crédit en phase ascendante de cycle, pour limiter la spéculation, et à le favoriser en phase descendante.

- Au sein de la BCE, le Conseil de surveillance prudentielle vérifie la résistance des banques de la zone Euro aux chocs, en organisant des « **stress tests** ».

B Les ratios de solvabilité

Le comité de Bâle, créé en 1974, élabore des règles prudentielles internationales non contraignantes, dont les **ratios de solvabilité**, dans le cadre de la supervision bancaire.

1. Le ratio Mc Donough

- En vigueur depuis 2007 (accords de Bâle II de 2004), il prolonge le **ratio Cooke** appliqué depuis 1993 (accords de Bâle I de 1988). Son but est de renforcer la solvabilité des opérateurs et d'éviter les paniques financières.

$$\textbf{Ratio Mac Donough} = \frac{\text{fonds propres}}{\text{Actifs pondérés par les risques}} \times 100 \geq 8\%.$$

- Les **fonds propres** désignent les ressources d'une entreprise qui appartiennent à ses propriétaires : le capital social, les bénéfices non distribués en dividendes, etc. Les **actifs** sont des éléments de patrimoine. Les actifs financiers sont négociables sur le marché financier.

- Exemple : une banque accorde un crédit de 100 € à un ménage. Si le risque de défaillance du ménage passe de 0 % à 20 %, la banque doit augmenter ses fonds propres de $100 \times 0{,}2 \times 0{,}08 = 1{,}6$ €.

COURS

- Les exigences de fonds propres sont renforcées (ratio de 10,5 à 18 %) pour les **établissements systémiques**, depuis les accords de Bâle III de 2010. Ces établissements sont « trop gros pour faire faillite », au risque d'entraîner dans leur chute d'autres institutions financières.

Sachez que...

Le Conseil de stabilité financière identifie 29 établissements de crédit systémiques dans le monde, dont BNP Paribas, la Société générale, le Crédit agricole, BPCE (groupe Banque populaire).

2. Les risques financiers

- Plusieurs risques sont pris en compte dans la pondération du ratio :

– Le **risque de crédit**, lié au défaut de paiement d'un débiteur sur sa dette.
– Le **risque de marché**, lié à une variation des cours (taux de change, titres, matières premières...).
– Le **risque opérationnel**, lié au comportement défaillant des salariés de la banque.
– Le **risque de système**.

- Le risque est évalué par des agences de notation privées (payées par les banques, ce qui peut donner lieu à des conflits d'intérêt) et par les banques elles-mêmes (à partir de modèles statistiques d'évaluation des risques).

L'ESSENTIEL

Les instruments de régulation du système bancaire et financier

- La régulation du système financier sert à protéger les épargnants et à lutter contre l'aléa moral des banques. La banque centrale supervise ainsi les banques commerciales.
- Les ratios de solvabilité servent à lutter contre les faillites bancaires.

ZOOM SUR...

Le cycle du crédit

→ Les analyses en termes de **cycle du crédit** expliquent les **cycles des affaires** (d'une durée de 7 à 10 ans), observés durant la deuxième moitié du XIXe siècle (jusqu'à la crise de 1929), et depuis les années 1980.

1 Les phases du cycle des affaires

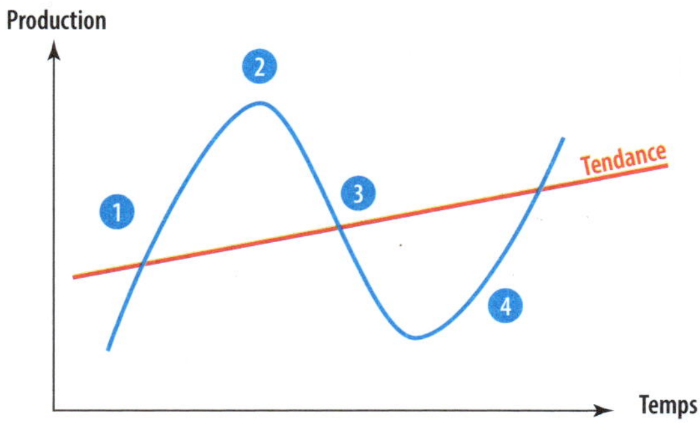

→ Le cycle des affaires suit quatre phases :

1. L'expansion : la production augmente plus vite que la tendance moyenne ;
2. La crise : moment de retournement du cycle ;
3. La récession ou la dépression : le taux de croissance devient négatif ;
4. La reprise.

2 Le rôle des taux d'intérêt

→ **Knut Wicksell** montre en 1898 le rôle clé des banques et des taux d'intérêt. Il distingue :

- Le taux d'intérêt naturel, résultant des besoins réels de l'économie.
- Le taux monétaire, offert par les banques.

→ Si le taux d'intérêt naturel est supérieur au taux d'intérêt monétaire, les entreprises bénéficient d'un **effet de levier** et vont augmenter leur endettement pour pouvoir investir davantage.

→ L'économie entre alors dans une phase d'expansion, accompagnée d'une hausse des prix (1). La hausse des prix fait baisser le taux d'intérêt réel (égal à la différence entre le taux nominal et le taux d'inflation), ce qui renforce l'effet de levier.

→ Les banques, voyant le taux d'intérêt réel diminuer, finissent par augmenter le taux monétaire, ce qui réduit le recours au crédit.

→ L'effet de levier devient négatif (le taux monétaire est supérieur au taux naturel), et l'économie entre en crise. Le cycle se retourne (2).

→ L'économie entre en récession (3). Les prix diminuent, ce qui réduit le taux d'intérêt réel. Les banques finissent par réduire le taux monétaire, jusqu'à la phase de reprise (4).

3 Le rôle de la spéculation

→ En 1977, Hyman Minsky montre, avec le **paradoxe de la tranquillité,** que la multiplication des innovations financières alimente le cycle du crédit et est source de chômage et de crises.

→ Durant la phase ascendante du cycle, le recours à l'endettement et la hausse des profits entraînent une amélioration de la **confiance** :

- Les investisseurs utilisent le levier et augmentent le financement par dette, ce qui entraîne une hausse de l'investissement et de la croissance.

- Les acteurs du marché financier ont tendance à transformer leur monnaie en actions ou en obligations (non liquides car ce sont des actifs de long terme), ce qui réduit la liquidité de l'économie.

- Les comportements risqués sur le marché financier augmentent : la part des agents « prudents » (dont les revenus des placements financiers couvrent les charges financières) diminue. Celle des agents spéculatifs, dont les revenus ne peuvent payer que les intérêts de leur dette, augmente. Ces agents doivent donc continuellement reconduire leur dette afin d'en rembourser le principal. Enfin apparaissent des agents au comportement très risqué, dont les revenus ne couvrent ni les intérêts, ni le principal. Ils doivent alors accroître leur dette à chaque période.

→ On constate ainsi une élévation du degré de « fragilité financière » de l'économie, jusqu'à l'apparition de la crise financière.

ZOOM SUR...

La titrisation

1 Le mécanisme

→ La banque octroie des crédits aux ménages (prêts immobiliers, prêts étudiants, prêts automobiles, débit différé de cartes bancaires, etc.). Le crédit est immobilisé à l'actif de la banque. La banque regroupe ces crédits en un **portefeuille de titres** (pool de titres). Ici, les titres sont des créances. Elle cède ce portefeuille à un SPV (*special purpose vehicule* ou véhicule à finalité spéciale), y compris les droits (intérêts versés par le ménage) et les risques de défaut (risque de non paiement de l'échéance par le ménage).

→ Le SPV transforme le portefeuille, qui figure à son actif, en titres obligataires qui figurent à son passif. C'est la **titrisation**. Le nom générique de ces titres est ABS (*assets backed securities* ou titres adossés à des actifs).

→ Ces titres sont émis sur le marché financier. Les titres les plus sûrs (notés AAA par les agences de notation) sont ceux dont le remboursement est garanti en priorité, mais dont la rémunération est la plus faible. Les titres les plus risqués (notés CCC) ont une garantie faible de remboursement, mais offrent un taux d'intérêt élevé.

2 Les avantages et les limites

→ Les banques peuvent se refinancer. En revendant leurs créances au SPV, elles obtiennent des liquidités interbancaires sans recourir à la Banque centrale (dont les conditions sont contraignantes). Les banques transfèrent le risque de défaut des clients les moins fiables au SPV. Elles peuvent ainsi contourner les **ratios de solvabilité**.

→ Mais la titrisation mène à une prolifération financière de CDO (titres formés à partir de titres déjà titrisés) et à une perte de visibilité.

→ Ainsi, on ne sait plus ce que contiennent certains titres, tout en ayant l'illusion de posséder des actifs sûrs. Certaines institutions financières ont pris des risques excessifs en la matière. Les SPV, qui sont souvent situés dans des places *offshore* (hors des réglementations contraignantes), ont ainsi effectué des titrisations en chaîne, à tel point que la véritable qualité des titres n'était plus connue. La faillite de Lehman Brothers en septembre 2008 est la conséquence de ce type de comportement : la banque a incité les ménages pauvres à s'endetter, tout en spéculant sur leur risque de défaut

Mots clés

■ **Actif toxique** : actif financier ayant perdu sa valeur. Il est illiquide car on ne peut plus le vendre.

■ **Aléa moral** : risque lié au comportement d'un agent lors de la réalisation d'un contrat.

■ **Banque centrale** : banque des banques. Institut d'émission de la monnaie fiduciaire, de compensation du système bancaire, et de mise en œuvre de la politique monétaire.

■ **Banque commerciale** (ou banque de second rang) **:** la loi bancaire de 1984 définit les établissements de crédit comme des personnes morales qui exercent à titre de profession habituelle le recueil de dépôts, les opérations de crédit, et la gestion des moyens de paiement.

■ **Comportement mimétique :** comportement qui consiste à imiter son environnement.

■ **Crise** : au sens restreint, il s'agit du moment de retournement d'un cycle, marquant le passage d'une phase ascendante à une récession. Au sens large, elle représente la remise en cause d'un système dans sa globalité.

■ **Dépression** : contraction de l'activité économique, sur une période longue, s'accompagnant d'une montée du chômage et d'une baisse des revenus.

■ **Effet richesse** : augmentation de la consommation lorsque la valeur du patrimoine augmente (effet richesse positif), et inversement pour un effet négatif.

■ **Liquidité interbancaire :** monnaie circulant entre les banques. On l'appelle aussi « monnaie banque centrale » ou « base monétaire ».

■ **Politiques non conventionnelles** : politiques menées par la Banque centrale européenne depuis 2012 afin de « sauver » la zone euro. Elles consistent notamment en rachat de titres de dette publique sur la marché secondaire (les titres étaient déjà émis).

■ **Prophétie auto-réalisatrice** : prédiction qui, en modifiant le comportement des agents économiques, entraîne sa réalisation.

■ **Recapitalisation** : augmentation des capitaux propres (ou des fonds propres) d'une société (financière ou non financière).

■ **Risque systémique** : risque d'effondrement du système financier dans sa globalité, soit à la suite d'un choc symétrique (toutes les institutions financières sont affectées de la même manière au même moment), soit par effet domino (la faillite locale d'une institution financière provoque d'autres faillites en chaîne).

■ **Spéculation :** opération d'achat ou de vente d'un actif, dans le but de le revendre ou de l'acheter ultérieurement, en réalisant une plus-value (écart entre le prix de vente et le prix d'achat de l'actif).

Les auteurs importants

Knut WICKSELL (1851-1926)

Économiste suédois. Il étudie les mathématiques et est influencé par les idées de Malthus ainsi que celles des économistes néoclassiques marginalistes. Il s'intéresse aux liens entre la croissance et la démographie, et à la question de l'impôt progressif. Sa théorie sur le taux d'intérêt a eu un impact considérable.

Hyman MINSKY (1919-1996)

Économiste états-unien, appartenant au courant post-keynésien. Il étudie les mathématiques puis l'économie. Il est célèbre pour avoir expliqué les cycles des affaires à partir des mouvements spéculatifs, et pour avoir montré la tendance à la fragilisation croissante du système financier.

John Kenneth GALBRAITH (1908-2006)

Économiste canadien et états-unien. Il appartient au courant post-keynésien. Il a été diplomate et conseiller de présidents démocrates des États-Unis.

Il s'intéresse notamment aux déterminants de la consommation, à la « technostructure » de l'état industriel, et à l'histoire des crises financières.

Michel AGLIETTA (né en 1938)

Économiste français. Il appartient au courant de la régulation. Formé à l'école Polytechnique, il a été administrateur de l'Insee. Il est spécialiste des questions monétaires et de l'économie internationale.

Documents majeurs

Doc. 1 La spéculation selon Keynes

S'il nous est permis de désigner par le terme *spéculation* l'activité qui consiste à prévoir la psychologie du marché et par le terme *entreprise* celle qui consiste à prévoir le rendement escompté des actifs pendant leur existence entière, on ne saurait dire que la spéculation l'emporte toujours sur l'entreprise. Cependant le risque d'une prédominance de la spéculation tend à grandir à mesure que l'organisation des marchés financiers progresse. Dans une des principales bourse des valeurs du monde, New York, la spéculation au sens précédent exerce une influence énorme. Même en dehors du terrain financier, la tendance des Américains est d'attacher un intérêt excessif à découvrir ce que l'opinion moyenne croit être l'opinion moyenne, et ce travers national trouve sa sanction à la bourse des valeurs. Il est rare, dit-on, qu'un Américain place de l'argent « pour le revenu » [...] ; c'est seulement dans l'espoir d'une plus-value qu'il est enclin à acheter une valeur. [...] Il mise moins sur le rendement escompté que sur un changement favorable de la base conventionnelle d'évaluation [...]. Les spéculateurs peuvent être aussi inoffensifs que des bulles d'air dans un courant régulier d'entreprise. Mais la situation devient sérieuse lorsque l'entreprise n'est plus qu'une bulle d'air dans un tourbillon spéculatif. Lorsque dans un pays le développement du capital devient le sous-produit de l'activité d'un casino, il risque de s'accomplir en des conditions défectueuses.

John Maynard Keynes, *Théorie générale de l'emploi, de l'intérêt et de la monnaie* (1936)

Doc. 2 La séparation des activités bancaires risquées (loi bancaire de 2013)

Afin de garantir la stabilité financière, leur solvabilité à l'égard des déposants, leur absence de conflits d'intérêt avec leurs clients et leur capacité à assurer le financement de l'économie, il est interdit aux établissements de crédit, compagnies financières et compagnies financières holding mixtes, dont les activités de négociation sur instruments financiers dépassent des seuils définis par décret en Conseil d'État, d'effectuer autrement que par l'intermédiaire de filiales dédiées à ces activités les opérations suivantes :

« 1° Les activités de négociation sur instruments financiers faisant intervenir leur compte propre [...]. »

« 2° Toute opération conclue pour son compte propre avec des organismes de placement collectif à effet de levier ou autres véhicules d'investissement similaires. »

Loi n° 2013-672 du 26 juillet 2013 de séparation et de régulation des activités bancaires

Exercice

Vérifiez vos connaissances

Répondre Vrai ou Faux aux assertions suivantes :

1. Les banques centrales ont été créées pour renflouer les banques en cas de faillite.
2. Depuis la crise de 2008, la titrisation continue à être pratiquée.
3. L'augmentation des taux d'intérêt provoque généralement l'éclatement des bulles.
4. En 2008, la Fed a systématiquement joué son rôle de prêteur en dernier ressort.
5. Un effet de levier positif favorise l'apparition de bulles.
6. Une banque systémique est une banque qu'on ne peut pas laisser faire faillite.
7. Le ratio Mac Donough est un ratio de liquidité bancaire.

Sujet de bac

Dissertation s'appuyant sur un dossier documentaire

La crise de 2008 a-t-elle les mêmes caractéristiques que celle de 1930 ?

Doc. 1 Évolution du taux d'intérêt interbancaire depuis 2001 (en %)

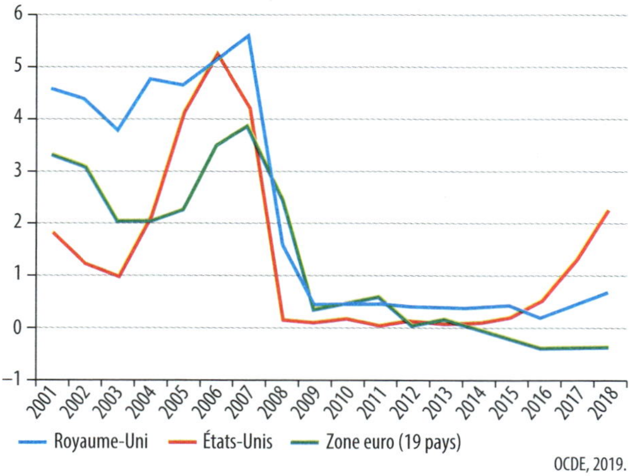

OCDE, 2019.

Doc. 2 La désintermédiation par la titrisation

La *titrisation* est cette activité qui consiste à *placer des effets à court terme renouvelables et qui donne à l'emprunteur l'assurance d'un financement à long terme avec, le plus souvent, l'engagement par la banque de reprendre elle-même ce papier si elle ne trouve pas acquéreur sur le marché.*

Ce phénomène, pour avoir été à l'origine purement interne aux États-Unis avant d'être diffusé à d'autres pays, [...] a [...] une origine internationale. Après 1982, c'est parce que les ratios de solvabilité (capitaux propres + réserves / créances) s'étaient fortement dégradés du fait de la crise de l'endettement des pays en développement, que les banques [...] cherchèrent à soulager leurs bilans.

Henri Bourguinat, *Finance internationale*, PUF, 1992.

Doc. 3 Les ruées bancaires

Les queues devant les banques réputées fragiles ont pratiquement disparu, car les banques de détail ont aujourd'hui accès d'une part à une assurance des dépôts, et d'autre part à la liquidité de la banque centrale, qui leur donne du temps pour réaliser leurs actifs à des prix corrects. On se souvient d'ailleurs de l'étonnement du monde entier devant les queues de déposants à l'entrée des succursales de la banque britannique Northern Rock en septembre 2007 (pour la première fois depuis 1866, les déposants se ruaient sur une banque britannique). La raison en était que l'assurance dépôt au Royaume-Uni était très mal conçue : 100 % des premières 2000£ et 90 % pour les 33000£ suivantes.

Jean Tirole, *Économie du bien commun*, PUF, 2018.

POINT MÉTHODE

1 Analyse du sujet

- Il s'agit de comparer deux crises financières dont l'impact a été mondial. Il ne faut pas détailler les caractéristiques de chaque crise dans une partie séparée : cela supposerait une redondance d'arguments. Lorsqu'on compare deux phénomènes, il faut d'abord dégager leurs points communs, puis leurs différences.

2 Étude des documents

Doc. 1 Évolution du taux d'intérêt interbancaire depuis 2001 (en %)

Il faut penser à définir le taux d'intérêt interbancaire : c'est le taux de refinancement des banques. Il sert de référence à l'ensemble des taux d'intérêt en vigueur à un moment donné.
Il faut montrer que la bulle immobilière aux États-Unis s'est créée dans un contexte de baisse des taux (de 2000 à 2003), ce qui alimente un effet de levier.
La bulle éclate en 2007 suite à une remontée des taux aux États-Unis à partir de 2004. C'est une similarité avec la crise de 1930.
Pour limiter la récession à partir de 2008, les banques centrales diminuent les taux à des seuils proches de zéro. C'est une différence avec la crise de 1930.

Doc. 2 La désintermédiation par la titrisation

Ce document sert à montrer que les innovations financières (ici la titrisation) sont à l'origine de bulles, en 1929 comme en 2008.
La difficulté réside dans la compréhension de la définition de la titrisation. « Placer des effets à court terme renouvelables et qui donne à l'emprunteur l'assurance d'un financement à long terme » signifie que le véhicule qui émet des titres (les ABS) les renouvelle fréquemment car leur échéance est courte. Ce faisant, il obtient un financement permanent de plus longue durée.
Le deuxième paragraphe montre que la titrisation s'est développée pour se débarrasser des créances douteuses (des actifs toxiques) : dans les années 1980, ce sont les titres de dette des pays en développement. Les banques peuvent ainsi contourner les ratios de solvabilité (il faut en expliquer les composantes).
Il faut faire le lien avec la crise de 2008. Au cours des années 2000, les banques états-uniennes ont sorti les crédits *subprimes* de leur bilan pour qu'ils soient titrisés.

Doc. 3 Les ruées bancaires

Ce document montre le lien entre les ruées bancaires et l'absence d'assurance des dépôts. La garantie n'existait pas en 1929, d'où des paniques et des faillites bancaires en chaîne. Le phénomène a été beaucoup plus limité en 2008, parce qu'elle existe, bien que partiellement en Grande-Bretagne (d'où une ruée).
L'expression « accès à la liquidité de la banque centrale, qui leur donne du temps pour réaliser leurs actifs à des prix corrects » n'est pas évidente à saisir : elle fait référence au rôle de prêteur en dernier ressort de la banque centrale, qui consiste à refinancer les banques en crise de liquidité. Ce rôle n'existait pas non plus en 1929.

Exercice

1 **Faux**. Ce rôle ne s'est développé qu'à partir de la crise de 1930.

2 **Vrai**.

3 **Vrai**.

4 **Faux**. Elle a laissé Lehman Brothers faire faillite.

5 **Vrai**.

6 **Vrai**.

7 **Faux**. C'est un ratio de solvabilité.

Sujet de bac

La crise de 2008 a-t-elle les mêmes caractéristiques que celle de 1930 ?

Introduction

La crise de 2008 a eu un impact majeur sur l'économie mondiale, se traduisant par une baisse de la production et une hausse du chômage. Cette crise financière, entendue comme la phase de retournement d'un cycle touchant le système financier, ressemble aux crises de la seconde moitié du XIXe siècle, et notamment celle de 1930. C'est pourquoi il convient de s'interroger sur les similitudes de ces deux crises.

Dans un premier temps, nous étudierons leurs points communs, puis dans un second temps, leurs différences.

I. La crise de 2008 présente des points communs avec celle de 1930

1. Des causes similaires

- Un contexte de croissance et de taux d'intérêt faibles (**doc. 1**), alimente un effet de levier positif et le recours à l'endettement. Il s'agit d'une phase d'expansion du cycle du crédit, analysé par Knut Wicksell. Une bulle spéculative se forme aux États-Unis : elle est boursière dans les années 1920, immobilière dans les années 2000.

- Des innovations financières se multiplient dans un cadre de mondialisation des flux financiers et de déréglementation : les *call loans* avant 1929, la titrisation avant 2008 (**doc. 2**). Ces innovations alimentent la spéculation.

- On assiste à une augmentation des comportements financiers risqués qui fragilisent le système, comme l'ont montré Hyman Minsky et John Galbraith.

2. Un déroulement de crise analogue

- L'éclatement de la bulle est dû à une remontée des taux d'intérêt, de la part de la Banque d'Angleterre en 1929, et de la Fed à partir 2004 (le taux interbancaire passe de 1 % en 2004 à 5,25 % en 2007) (**doc. 1**). Les autres banques centrales répercutent ces hausses pour éviter une fuite des capitaux, dans un contexte de globalisation financière.

- La transmission à l'économie réelle se fait par une crise de confiance et un rationnement du crédit.

Gagnez des points

Charles Ponzi, dans les années 1910, et Bernard Madoff, dans les années 2000, sont célèbres pour avoir mis au point une pyramide financière. Pour attirer l'épargne des investisseurs, ils offraient des taux d'intérêt plus élevés que ceux du marché. Mais payer ces intérêts nécessitait de les prélever sur de nouveaux placements, nécessitant d'élargir la base de la pyramide. Bernard Madoff, arrêté en 2008, purge actuellement une peine de 150 ans de prison.

II. Un contexte différent de supervision monétaire

1. Les banques sont aujourd'hui soumises à une supervision de la banque centrale.

- La garantie des dépôts sert à prévenir les ruées bancaires (**doc. 3**). Les paniques bancaires de 1930 ont donc été très limitées en 2008.

- Le rôle de prêteur en dernier ressort des banques centrales s'est affirmé (**doc. 3**). Les faillites bancaires en chaîne des années 1930 n'ont pas cours en 2008. Il y a bien quelques faillites cependant, dont celle de Lehman Brothers.

2. Les banques doivent dorénavant respecter des ratios de solvabilité.

- Ces ratios n'existaient pas en 1930.
- Le ratio Mac Donough sert à lutter contre le risque de faillite.
- Les banques cherchent cependant à contourner ce ratio par la titrisation.

Conclusion

Ainsi, les crises de 1929 et de 2008 ont de fortes similarités, que ce soit au niveau des causes ou de leur déroulement. Cependant, les pouvoirs publics ont appris de leurs erreurs passées, et certains effets de la crise de 1930, comme les faillites bancaires en chaîne, ont pu être évités du fait d'une supervision bancaire plus forte.

Cependant, il faut maintenant s'interroger sur les taux négatifs que pratique la BCE depuis 2014 (**doc. 1**), menant à un endettement excessif et potentiellement à une nouvelle crise.

CHAPITRE 5

Les politiques économiques du cadre européen

DE QUOI S'AGIT-IL ?

Après 1945, l'Europe est affaiblie et doit se reconstruire. Le traité de Rome, signé en 1957, marque le début de l'intégration économique avec la création de la CEE (Communauté économique européenne). D'abord simple zone de libre-échange, l'Europe devient progressivement un marché unique de plus en plus vaste (28 pays) et une union monétaire pour dix-neuf de ses membres. L'Union européenne se dote d'instances politiques et surtout de règles en matière de politique économique dans le but de faire de l'Union européenne un espace de croissance et de stabilité. Mais ces règles sont-elles adaptées à tous les pays ? Ce cadre n'est-il pas trop contraignant ? Les pays membres sont-ils capables de coordonner leurs politiques économiques et de faire preuve de solidarité ?

1 Les objectifs de l'intégration économique et monétaire

D'abord voulue pour assurer la paix, l'intégration européenne s'est clairement orientée vers des objectifs économiques basés sur des principes libéraux. L'approfondissement de la concurrence et la stabilité des prix sont les deux axes censés conduire l'Union européenne vers la croissance.

A Une union économique et monétaire qui impose les vertus de la concurrence

1. Une intégration économique et monétaire croissante

- L'Union européenne (UE) est une union douanière. En plus d'une zone de libre-échange, l'UE fixe des droits de douane et des quotas identiques dans ses relations avec le reste du monde.
- En 1986, l'Acte unique européen fait du marché commun de la CEE un marché unique où les biens, les services, les capitaux et les hommes circulent librement. C'est actuellement un marché de 27 pays avec près de 500 millions de consommateurs.
- Pour construire ce marché unique et cette union monétaire, l'UE se dote d'instances chargées d'édicter et de faire respecter des règles communes. C'est la Commission européenne qui organise la « concurrence libre » et « non faussée ». Les règles de la concurrence sont donc une prérogative exclusivement européenne et les États ne peuvent fixer leurs propres règles de concurrence.
- En 1999, l'euro devient la devise internationale unique pour une partie des membres de l'UE. En 2002, l'euro est mis en circulation et devient la monnaie de 15 pays (l'Allemagne, l'Autriche, la Belgique, Chypre, l'Espagne, l'Estonie, la Finlande, la France, la Grèce, l'Irlande, l'Italie, la Lettonie, la Lituanie, le Luxembourg, Malte, les Pays-Bas, le Portugal, la Slovaquie et la Slovénie).
- C'est la Banque centrale européenne (BCE), dont le siège est à Francfort, qui mène, en toute indépendance, la politique monétaire à partir de l'objectif principal de stabilité des prix. Son conseil d'administration est composé des banques centrales de chaque pays de la zone euro.

Ne confondez pas

Une zone de libre-échange fait circuler les marchandises sans droits de douane, comme si elles étaient sur le territoire national. Des pays ayant un tarif extérieur commun sont unifiés vis-à-vis de l'extérieur, mais peuvent maintenir des droits de douane entre eux. L'Europe s'est construite en ayant les deux caractéristiques.

2. Une logique de concurrence accrue

- C'est l'idéologie libérale qui domine l'intégration européenne. Grâce à un vaste marché libéré de toute entrave, les agents économiques soumis à la concurrence sont obligés de gagner en productivité afin de gagner en compétitivité-prix ou d'améliorer la qualité et l'image de leurs produits. Les consommateurs gagnent en pouvoir d'achat et en qualité de produit ce qui stimule la demande et donc la croissance.
- La libre circulation des capitaux fait que les entreprises peuvent s'implanter dans n'importe quel pays de l'Union pour bénéficier, tout comme dans la mondialisation, des avantages de chaque pays et optimiser la chaîne de valeur. Cela participe au rattrapage des économies plus récemment entrées dans l'UE comme celles des pays de l'Est qui offrent un rapport coût du travail/productivité intéressant pour l'industrie (République tchèque et Roumanie pour l'industrie automobile, par exemple).
- Le marché unique conduirait donc à une meilleure allocation des ressources et la taille de ce marché, en plus des rendements d'échelle qu'elle procure, permet l'émergence de « géants européens » capables de rivaliser avec les grandes firmes du reste de la planète.

3. La monnaie unique au service de la croissance

- La volonté de se doter d'une monnaie unique, et par conséquent d'une politique monétaire commune, repose sur plusieurs objectifs. Une monnaie unique supprime les coûts de transaction et les risques de change. En effet, si chaque pays a sa propre monnaie, chaque échange devra donner lieu à une conversion entraînant des coûts pour les entreprises et les ménages. De plus, le cours des monnaies évoluant, ces variations créent de l'incertitude et du risque, deux facteurs qui freinent l'extension des échanges et des placement financiers.
- Les dévaluations peuvent servir d'arme concurrentielle entre des nations restées concurrentes au sein de l'espace européen. La dévaluation revient à imposer une taxe aux importations et à donner des subventions (payées par le consommateur) aux exportations. Elles introduisent donc des « distorsions de concurrence ». Des mouvements spéculatifs peuvent accompagner, anticiper ces mouvements monétaires, et parfois même finalement forcer des pays à dévaluer. L'Europe cherche ainsi à se protéger d'elle-même et de l'extérieur par l'unification monétaire.

Remarque

En 1993, les monnaies européennes ont été l'objet d'attaques spéculatives se traduisant par l'explosion du système monétaire européen et une dévaluation de près de 30 % du franc par rapport au mark.

● Une monnaie unique permet également d'accroître la concurrence en rendant les prix entre les pays plus « lisibles ». Il devient dès lors très simple d'acheter ses produits partout dans la zone euro (d'autant plus facilement qu'Internet s'est développé) obligeant ainsi les producteurs à s'aligner sur les prix les plus bas.

● Par une politique monétaire rigoureuse limitant l'inflation et garantissant donc la valeur de l'euro, les autorités monétaires veulent faire de la zone euro un espace financier stable où les placements du monde entier afflueraient. Une monnaie forte oblige les entreprises à gagner en productivité, à réduire leurs coûts et à innover pour conserver leur compétitivité ; c'est un cercle vertueux qui s'appuie historiquement sur le modèle allemand.

● Enfin, l'euro permet de s'affranchir de la domination du dollar et de renforcer l'identité européenne par la force symbolique et pratique d'une monnaie commune.

Ne confondez pas

Une monnaie commune circule en sus des monnaies nationales qui continuent aussi à circuler. Une monnaie unique se substitue aux monnaies nationales. L'euro est une monnaie unique : franc, mark et lire ont disparu. Mais c'est aussi notre monnaie commune, et les deux termes ont fini par être employés indifféremment.

B La politique de concurrence

1. Les principes de la politique de concurrence

● La libre concurrence ne signifie pas l'absence de règles : il est nécessaire d'encadrer les relations entre les entreprises sur les marchés et de protéger les consommateurs des abus de position dominante que pourraient avoir des entreprises détenant un pouvoir de marché.

● Dans la réalité, la structure des marchés est généralement imparfaite. En effet, beaucoup de secteurs sont dominés par des oligopoles (automobile, transport aérien), des duopoles (Airbus, Boeing), voire des monopoles quand il s'agit d'un service public effectué par une entreprise publique (la SNCF par exemple).

● L'existence de marchés imparfaits n'est pas contradictoire avec l'idée de concurrence. Edward Chamberlin parle de concurrence monopolistique pour montrer que la différenciation des produits crée des monopoles limités par l'existence de substituts (la basket à « virgule » Nike est en situation de monopole sur ce marché mais l'on peut toujours choisir la basket aux « trois bandes »). William Baumol montre que tant qu'un marché est contestable, c'est-à-dire que le producteur dominant peut à tout moment voir sa position contestée par un nouveau concurrent, il fonctionne de manière concurrentielle.

ZOOM SUR...

Les étapes de l'intégration économique et monétaire en Europe

→ **18 avril 1951 : signature du traité de Paris et naissance de la Communauté européenne du charbon et de l'acier (CECA).** L'objectif du traité est de mettre en place une zone commerciale homogène, sans restriction à la circulation des marchandises entre la France, l'Allemagne, l'Italie, la Belgique, les Pays-Bas et le Luxembourg. Ce sont Jean Monnet et Robert Schuman qui posent les bases de la construction européenne.

→ **Le 25 mars 1957 :** l'Allemagne, la Belgique, la France, l'Italie, le Luxembourg et les Pays-Bas signent **le traité Rome** qui crée la **Communauté économique européenne (CEE)**. Cette dernière institue une zone de libre-échange et introduit l'idée de politiques économiques communes.

→ **30 juillet 1962 : lancement de la PAC.** À la demande de la France, une Politique agricole commune est mise en place pour moderniser l'agriculture européenne. Elle est basée sur trois principes : unicité des marchés, préférence communautaire et solidarité financière.

→ **1968 : entrée en vigueur de l'union douanière.** L'existence de cette union douanière implique l'absence de droits de douane aux frontières intérieures entre les six pays fondateurs, des droits de douane communs sur les importations en provenance de pays qui ne font pas partie de l'UE et des règles d'origine communes pour les produits en provenance de pays qui ne font pas partie de l'UE. Entre 1958 et 1972, les échanges intracommunautaires sont multipliés par 9.

→ **7 juillet 1978 : création du système monétaire européen.** À la fin des années 1960, les pays membres de la CECA et de la CEE sont frappés par des désordres monétaires. De manière progressive, le couple franco-allemand décide de créer un nouveau système monétaire, ouvert à tous les États de la CEE afin de limiter les fluctuations entre les monnaies.

→ **17 février 1986 : l'Acte unique européen.** Sous l'impulsion de Jacques Delors, l'Acte unique permet la transformation du marché commun issu du traité de Rome en un marché unique sans frontières intérieures. Neuf États membres ont procédé à la signature de l'Acte, suivis par le Danemark, l'Italie et la Grèce.

→ **7 février 1992 : signature du Traité de Maastricht** sur l'Union européenne. Au début des années 1990, deux projets sont portés en parallèle : une union politique et l'adoption d'une monnaie commune. Ils aboutissent à la signature du traité de Maastricht. Étape essentielle dans le processus d'intégration, ce traité institue une citoyenneté européenne ainsi qu'une politique extérieure et de sécurité commune. Il pose les étapes du calendrier qui doit aboutir à la création d'une monnaie unique.

→ **16 et 17 juin 1997 : le pacte de stabilité et de croissance (PSC)**, adopté au Conseil européen d'Amsterdam, est le premier instrument dont les quinze États membres fondateurs de la zone euro se sont dotés pour coordonner leurs politiques budgétaires nationales et éviter l'apparition de déficits publics excessifs.

→ **1er janvier 2002 : arrivée de l'Euro.** Après Maastricht, les douze États membres doivent adapter leurs économies aux « critères de convergence » (maîtrise de l'inflation, équilibre budgétaire, limitation des déficits publics et stabilité des taux de change). Pour les consommateurs, l'utilisation des nouveaux billets et pièces démarre le 1er janvier 2002.

→ **Automne 2009 : crise grecque.** Le gouvernement grec fait savoir à l'automne 2009 que son déficit public est trois fois supérieur au chiffre officiellement affiché jusqu'alors. C'est le déclenchement de la crise de la zone euro, secouée par les marchés face à la difficulté des Européens à s'entendre pour venir en aide à la Grèce. Trois plans d'aide successifs seront adoptés pour lui éviter la faillite (2010, 2011-2012 et 2015).

→ **2 mars 2012 : signature du Pacte budgétaire européen.** Ce traité fait suite au déclenchement de la crise grecque. Il vise, à la demande de l'Allemagne notamment, à renforcer la surveillance budgétaire des États membres par la Commission européenne et les États et à limiter l'endettement des pays de l'UE. Il comprend par exemple la règle d'or qui engage les États membres à ne pas dépasser un déficit supérieur à 3 % du PIB.

→ **2013-2014 : création de l'Union bancaire.** De nouvelles règles communes de fonctionnement des banques doivent les mettre à l'abri des crises, notamment par une meilleure surveillance exercée par la BCE. Il s'agit aussi d'éviter qu'un État ait recours aux fonds publics pour sauver une banque au bord de la faillite.

→ **Mars 2015 : la BCE lance la planche à billets.** Face à une zone euro en grande difficulté depuis la crise financière de 2008, la BCE adopte une politique inédite, sous la présidence de Mario Draghi. Malgré les réticences de l'Allemagne, la BCE décide de lancer un programme illimité de rachat de dettes des États membres de la zone euro. Il s'agit d'injecter des liquidités afin de soutenir l'activité économique en Europe, qui n'arrive pas à redécoller.

• L'objectif de la Commission européenne et de son commissaire à la concurrence est la recherche d'une concurrence juste et effective plutôt que formelle. La politique de concurrence ne cherche pas à recréer une concurrence pure et parfaite mais veille surtout à ce que ces marchés où dominent les grands groupes ne soient pas l'objet d'abus de position dominante. La Commission européenne et les autorités nationales à la concurrence sont en capacité de sanctionner, notamment financièrement par de lourdes amendes, les comportements illicites de la part des entreprises.

2. Les outils et les modalités de la politique de concurrence

• Afin d'éviter que des marchés oligopolistiques débouchent sur des situations de rentes où les consommateurs, privés de choix, sont contraints de payer un prix supérieur, la Commission européenne développe plusieurs stratégies.

• Une politique préventive peut être menée afin d'empêcher la survenue d'un monopole ou d'une entreprise avec un trop fort pouvoir de marché. La Commission peut par exemple s'opposer au rachat ou à une fusion entre deux entreprises. Elle peut aussi l'assortir de conditions comme l'obligation de vendre une partie de ses filiales.

• La Commission peut aussi exiger plus de transparence au niveau de l'information sur les marchés ou l'abandon de certaines pratiques (comme les contrats avec engagement reconductibles automatiquement). Par exemple, l'Europe a exigé des opérateurs téléphoniques que leurs prestations soient valables dans tout l'espace européen.

• Une politique répressive est menée lors de cas avérés de pratiques illicites comme les ententes entre producteurs (cartel) visant à augmenter les prix (ou à les « casser » dans certaines circonstances) ou à limiter la production. La politique de concurrence peut également utiliser la logique du « dilemme du prisonnier » en exemptant de sanctions (ou en faisant preuve de clémence) un producteur qui dénoncerait une entente.

Exemple

En 2004, Microsoft a été condamné à 490 millions d'euros d'amende pour abus de position dominante concernant la fourniture de logiciels compatibles avec Windows. En 2015, Unilever et L'Oréal ont été condamnés à plus de 900 millions d'euros d'amende pour collusion sur les produits d'hygiène.

3. Une politique de la concurrence en débat

• La politique de concurrence est jugée parfois excessive notamment dans le cadre de politiques industrielles qui visent justement à atteindre des tailles importantes afin de pouvoir lutter contre la concurrence de géants internationaux. Airbus est toujours présenté comme le fleuron de l'industrie européenne et, pourtant, il ne doit sa place mondiale qu'à la volonté de l'UE de protéger cette entreprise de la concurrence à travers des subventions. À l'inverse, de nombreux leaders politiques et économiques ont dénoncé l'interdiction par la Commission européenne de la fusion Alstom-Siemens, car il s'agissait pour eux d'une erreur stratégique dans un marché mondialisé où la présence du géant Chinois CRRC nécessitait une entreprise européenne plus forte.

Sachez que...

La Commission s'est opposée à la fusion entre Alstom et Siemens pour les TGV qui aurait créé un monopole au niveau européen. Total, lors de son rachat d'Elf-Fina, avait dû revendre des stations-services à des concurrents sur des tronçons d'autoroute où il devenait trop dominant.

- D'autres dénoncent la logique trop libérale de la Commission en matière de services publics. L'ouverture à la concurrence de tous les secteurs d'activités voulue par Bruxelles conduit selon ses détracteurs à la détérioration du caractère universel des services publics qui, soumis à l'impératif de concurrence (absence de subventions de la part des États), négligent ou réduisent l'accès au plus grand nombre à des services jugés fondamentaux (transports, énergie, etc.).

L'ESSENTIEL

- L'unification de l'Europe commencée après-guerre est toujours inachevée.
- L'unification est d'abord économique, l'Europe est une zone de libre-échange aux économies intégrées les unes aux autres.
- L'union monétaire a découlé de l'union économique, pour faciliter les échanges et se protéger de l'instabilité externe.
- L'union économique s'est réalisée dans une logique de concurrence accrue appuyée sur une politique de concurrence menée par la Commission européenne.
- Les politiques de concurrence, si elles protègent les entreprises et les consommateurs des abus de position dominante de certaines firmes, font cependant l'objet de débats concernant la stratégie industrielle européenne et la notion de service public.

La détermination et la variation des taux de change

1 Les déterminants du taux de change : l'offre et la demande de devises

→ Une devise correspond à une monnaie convertible utilisée à l'étranger. L'offre de devises émane des non-résidents (entreprises étrangères, touristes…) qui souhaitent se procurer des biens, des services, des titres financiers ou de la monnaie du pays considéré.

→ À l'inverse, les résidents d'un pays souhaitant se procurer ces mêmes biens à l'étranger produisent la demande de devises. Ce sont donc tous les échanges commerciaux, financiers et monétaires qui déterminent l'offre et la demande de devises et donc son cours de change.

→ Un pays dont la balance commerciale est excédentaire verra donc sa devise très demandée, ce qui, en régime de changes flottants, contribuera à l'appréciation de sa monnaie (hausse de sa valeur par rapport aux autres devises).

→ De même, un différentiel de taux d'intérêt entre deux nations (ou régions) pourrait entraîner un flux de capitaux du pays aux taux les plus faibles vers celui qui a les plus élevés. Ce flux se traduira par une offre de devises du pays de départ et une demande de devises du pays d'accueil des capitaux.

→ Un pays où le taux d'inflation est élevé verra les agents se défier de sa monnaie et placer leur fonds ailleurs, entraînant une dépréciation de sa monnaie.

→ Enfin, il existe une dimension psychologique à la valeur des monnaies. Les marchés des changes peuvent être affectés momentanément par des chocs comme des crises diplomatiques, des guerres ou des catastrophes.

Ne confondez pas

Une dévaluation, en système de change fixe, est le changement brutal de parité d'une monnaie. Dans le système des changes flottants actuel, lorsque la valeur d'une monnaie baisse, il s'agit de dépréciation.

2 Les effets d'une variation de parité sur le commerce

→ Une dévaluation ou une dépréciation augmente le prix des importations. Avec une parité de 1,40 entre le dollar et l'euro, le dollar vaut 0,71 euro, tandis qu'avec une parité de 1,29, le dollar vaut 0,83 euro. Il faudra désormais 83 euros pour acheter un baril de pétrole qui valait 100 dollars, quand 71 suffisaient auparavant. Le prix des importations augmente donc.

→ Une dévaluation ou une dépréciation diminue le prix des exportations. La dévaluation ou la dépréciation d'une monnaie améliore donc les positions commerciales d'un pays et contribue à rééquilibrer sa balance commerciale.

→ La variation des monnaies reflète en principe la variation de sa balance commerciale. Lorsqu'elle est excédentaire, le pays vend davantage de biens et services qu'il n'en achète à l'étranger. Pour lui acheter ses produits, les agents étrangers doivent donc acquérir de la devise nationale. Réciproquement, pour acheter à l'étranger, les agents du pays devront acheter des devises du pays dont les produits sont originaires. Ils vendront donc de la devise nationale. Si la balance est excédentaire, il y a plus d'achats de la devise qu'il n'y a de ventes. Son prix (le taux de change) va donc monter et la devise s'apprécier.

→ Le retour à l'équilibre doit suivre la variation des devises. Théoriquement, l'appréciation de la devise rend les produits d'un pays moins attractifs et ses exportations doivent baisser. Réciproquement, les importations sont moins chères et doivent augmenter. Les exportations baissant, les importations augmentant, l'avantage comparatif diminuant, l'excédent commercial devrait se résorber.

→ Le raisonnement peut être tenu en sens inverse en cas de déficit : la dévaluation améliore la compétitivité prix des produits exportés, augmente le prix des importations, qui vont se réduire, et le retour à l'équilibre sera au bout de la dévaluation.

→ Les échanges ne s'adaptent pas toujours aux dévaluations ou aux dépréciations. La baisse des importations dépend de l'élasticité prix de celles-ci. Pour les produits énergétiques, les biens à haute technologie que le pays ne produit pas, cette élasticité est faible car il n'existe pas de substitut aux importations. La dévaluation ou la dépréciation accroît alors le déficit commercial en augmentant le prix des importations.

→ Les pays tentent de limiter l'instabilité des monnaies car son impact négatif sur les échanges contribue au ralentissement de l'économie. Après les chocs pétroliers, on tente de se prémunir de l'effondrement des échanges internationaux survenus suite à la crise de 1929. De là naissent des tentatives de stabilisation, d'arrimage des monnaies européennes entre elles (« serpent monétaire européen », SME), au dollar ou au yen selon les zones.

2 Mener des politiques conjoncturelles dans le cadre européen

L'intégration économique et monétaire, si elle peut être favorable à la croissance, suppose une coordination des politiques économiques entre les États. Cette coordination est parfois difficile, notamment en période de crise, et fait l'objet de vives critiques.

A Les objectifs des politiques budgétaires et monétaires

1. Les politiques budgétaires

- Le budget de l'UE est relativement faible, il correspond à peu près à 1 % du PIB de l'UE. En 2019, il s'élevait à 148 milliards d'euros. À titre de comparaison, le budget fédéral des États-Unis est de 3 200 milliards d'euros, celui de la France de près de 400 milliards. Si la taille et la répartition du budget sont décidées conjointement par la Commission, le Conseil et le Parlement, les dépenses elles-mêmes sont du seul ressort de la Commission.

- Quand on parle de politique budgétaire, on se place donc à l'échelle des États. En France, chaque année, le budget est construit par le gouvernement qui fait ensuite voter les recettes (impôts, taxes, etc.) et les dépenses (fonctionnement de l'État, investissements, remboursement de la dette) par l'Assemblée nationale.

- Par les dépenses publiques, l'État peut influer sur la conjoncture économique. Pour les keynésiens, cette intervention est même nécessaire en cas de récession. Afin d'augmenter la demande globale adressée aux entreprises, l'État, grâce à son budget, peut recruter des agents publics, augmenter les allocations sociales et mettre en place un plan d'investissement comme de grands travaux d'équipements. Ces dépenses se diffusent dans l'économie par l'intermédiaire de la consommation et des revenus (la consommation des uns devient le revenu des autres) en fonction de la propension marginale à consommer (part consommée d'un revenu supplémentaire) relançant l'activité et l'emploi (effet multiplicateur). Les keynésiens insistent sur le fait que le budget mobilisable par l'État comprend le déficit du fait de la capacité d'endettement importante de ce dernier.

- Pour les libéraux, les politiques de relance budgétaire passent plutôt par des réductions d'impôt afin de rendre du pouvoir d'achat aux ménages (notamment les plus riches) en espérant un « effet de ruissellement » sur toute l'économie.

• À l'inverse des politiques de relance, qui visent à soutenir l'activité économique pour retrouver croissance et plein emploi, les politiques de rigueur (ou d'austérité) budgétaire cherchent à réduire l'endettement public et à lutter contre l'inflation. Dans ce cas, l'État réduit ses dépenses et/ou augmente les impôts au risque de voir l'économie ralentir et le chômage progresser.

2. La politique monétaire

• La politique monétaire est menée par la banque centrale (pour la zone euro, c'est la Banque centrale européenne). Elle consiste à agir sur le prix de la monnaie (le loyer de l'argent). Elle s'appuie sur des outils dits « conventionnels » et « non conventionnels ».

• Le principal outil conventionnel est le taux d'intérêt directeur. C'est le taux d'intérêt appliqué lorsque les banques commerciales se refinancent auprès de la banque centrale. Il influence directement les taux d'intérêt auquel les banques vont prêter aux ménages ou aux entreprises. En zone euro, la politique monétaire s'appuie sur le système bancaire pour financer l'économie ; elle n'agit pas directement via un ajustement de la quantité de monnaie, mais indirectement, par son action sur les taux d'intérêt. La politique monétaire conventionnelle s'appuie également sur un système de réserves obligatoires rémunérées : les banques commerciales doivent déposer à la banque centrale une part des dépôts provenant de leurs clients (pour ne pas être trop exposées en cas de défaillances de débiteurs par exemple).

• Parmi les outils non conventionnels, la banque centrale peut pratiquer l'« assouplissement quantitatif » ou *quantitative easing* (QE) en intervenant directement sur les marchés secondaires par le biais d'un achat massif de titres financiers aux banques (en créant de la monnaie), ce qui fournit à celles-ci des liquidités. On peut également observer que certaines banques centrales ont mis en place des taux d'intérêt négatifs, faisant payer aux banques leurs dépôts à vue à la banque centrale afin de les inciter à prêter cet argent à l'économie.

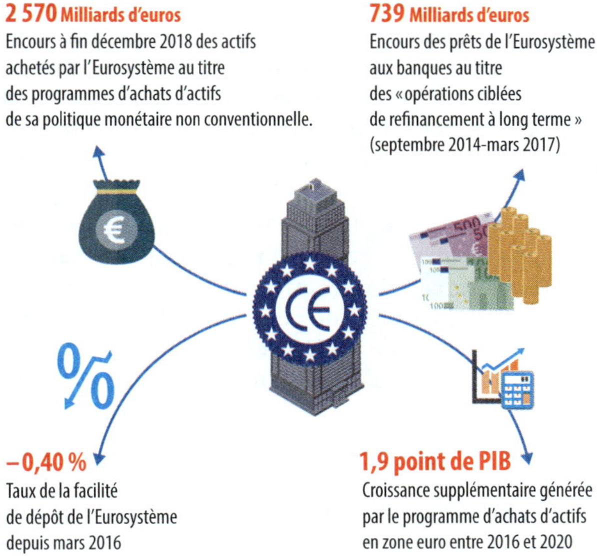

Le taux de facilité de dépôt est le taux d'intérêt auquel la banque centrale rémunère les placements des autres banques (il est négatif ici, c'est pour les inciter à prêter et non à épargner).

- En période de crise, la banque centrale peut jouer un rôle contracyclique en abaissant fortement le taux d'intérêt directeur mais surtout en injectant massivement des liquidités dans l'économie (prêts aux banques et *quantitative easing*) afin de relancer le crédit et donc la demande. Une fois la crise passée, elle peut maintenir son soutien à l'activité en laissant les taux d'intérêt à niveau faible. À l'inverse, s'il y a des risques d'inflation, elle peut les relever afin de réduire l'accès au crédit et éviter que la masse monétaire n'augmente trop (ce sont principalement les crédits qui sont à l'origine de la création monétaire et donc du risque d'inflation).

B Un cadre européen contraignant

1. La coordination des politiques budgétaires

- La stabilité de l'euro impose une coordination des politiques budgétaires et monétaires : un niveau d'inflation plus fort, un déficit budgétaire plus élevé dans un pays que chez ses voisins se traduit par des transferts monétaires des pays « sages » vers les pays dépensiers ou (et) par un affaiblissement de la monnaie unique.
- La monnaie unique impose un cadre budgétaire contraignant car l'Europe ne fonctionne pas comme un seul et même pays. Au sein d'un État en effet, si une

région produit moins que ce que dépensent ses habitants, d'autres régions réaliseront des transferts vers celle-ci. Cela est accepté, comme il est admis qu'un département d'Île-de-France génère un PIB par tête supérieur à un département rural ou un département dont la population vieillit. Au sein d'un même pays, hommes et femmes, tous « citoyens », peuvent circulent et bénéficier d'un même niveau de services publics, de protection sociale, etc. Ce principe de solidarité nationale fonctionne moins facilement d'un État vers un autre.

- Les États européens doivent donc présenter des budgets équilibrés. Avec l'euro, il est devenu impossible pour eux de rétablir leurs comptes par des dévaluations. Certes l'Europe réalise certains transferts des régions riches vers les plus pauvres, ou vers certaines catégories de population (les agriculteurs par exemple) mais elle ne compense pas des différences trop marquées, ni de façon permanente. Et les transferts sont d'autant plus limités que le budget communautaire est faible par rapport aux budgets nationaux.

- Le « Pacte de stabilité et de croissance » (« critères de Maastricht »), fixe à 3 % du PIB maximum les déficits admissibles et à 60 % du PIB le poids de la dette publique. En période de croissance ralentie, ces critères ont été dénoncés comme un corset lourd à porter. En période de crise, même les pays les plus vertueux, ceux qui avaient milité pour son adoption, se sont affranchis de ces règles. Durant la crise de 2011, les pays se sont engagés à respecter à nouveau les équilibres, sous peine de sanctions (déjà prévues par Maastricht). C'est la « règle d'or ».

2. Les politiques économiques nationales se heurtent à la contrainte extérieure

- Une monnaie unique suppose donc une part de politique économique commune. Les politiques conjoncturelles visent à agir sur le niveau de la croissance (le PIB), le taux de chômage et le niveau de l'emploi, les équilibres budgétaires et la balance commerciale. La relance unilatérale d'un pays peut entraîner une inflation plus forte que chez ses voisins et aboutir à des transferts monétaires des pays « sages » vers les pays dépensiers et à un affaiblissement de la monnaie commune.

- Une relance par augmentation des dépenses gouvernementales (« ΔG » l'augmentation des dépenses gouvernementales des multiplicateurs keynésiens) se traduit par des commandes supplémentaires adressées à l'appareil productif. Dans le cadre d'un marché unifié, ces commandes n'ont pas de raison de se porter davantage vers l'appareil national que vers celui de ses partenaires européens. Une relance française risquerait donc par exemple de profiter essentiellement à l'Allemagne, sans améliorer les déficits budgétaires de la France ! Les politiques conjoncturelles doivent donc être unifiées, la coordination ne pouvant se faire que dans un cadre européen.

- Certains économistes et hommes politiques plaident d'ailleurs pour une relance concertée à l'échelle européenne et pour que l'UE se dote d'un budget plus conséquent afin de pouvoir peser sur la conjoncture. Mais l'ensemble des membres de l'UE sont encore loin de s'accorder sur une position commune sur ce sujet.

3. L'euro et les crises monétaires

- La zone euro, qui ne remplit pas les critères des « zones monétaires optimales » définies par Robert Mundell, prix Nobel 1999, est critiquée dès sa création. Mundell pose en effet le problème des « chocs asymétriques », c'est-à-dire les chocs se portant sur un État et pas sur les autres. Auparavant, les équilibres se rétablissaient par une hausse des prix puis une dévaluation. Avec la création de l'euro, cette possibilité disparaît. Pour rétablir l'équilibre, des transferts monétaires devraient s'effectuer, comme ils s'effectuent au sein d'un même pays. Mais l'Europe ne constituant pas un seul et même pays, ces transferts sont délicats, ainsi que l'a montré la crise grecque. La hausse du chômage, la baisse d'activité des entreprises, la crise n'aboutissent pas forcément au déplacement des facteurs de production. De même, le capital, mais aussi les hommes et les femmes, le travail, ne sont pas forcément mobiles.

- Pour être pleinement réussie, l'unification monétaire devrait également s'accompagner d'une unification politique, comme lors de la Révolution avec le franc germinal ou dans l'Allemagne unifiée sous Bismarck avec le mark. Cela suppose une histoire et, parfois, une langue communes, un sentiment d'appartenance. Mais l'Europe n'est unifiée ni politiquement, ni même réellement économiquement. Durant la crise, des tendances centrifuges se sont fait jour, comme avec l'essor de la Ligue du Nord en Italie ou la question flamande en Belgique.

- La diversification des économies européennes est inégale. Seules des économies diversifiées peuvent absorber les chocs : des hausses de prix ou des changements affectant un secteur ne se répercuteront pas sur l'ensemble de l'économie. À l'inverse, des économies trop spécialisées ou pas assez diversifiées comme celles du sud de l'Europe subiront ces chocs de plein fouet. Privées de possibilité d'ajustement monétaire (de dévaluation), elles ne pourront réagir. Les déficits et la dette augmenteront, rendant la crise inévitable.

- L'euro permet de diversifier les réserves de changes. Il sert davantage aux transactions entre l'Europe et certains de ses partenaires, qui acceptent de traiter en euro plutôt qu'en dollar. Mais globalement, l'euro ne représente que le quart des réserves de change mondiales, quand le dollar en représente les trois cinquièmes.

- L'unification monétaire, source d'avantages pour les firmes et les consommateurs, impose des contraintes. La coordination des politiques sociales est lente et l'alignement se fait plutôt vers le bas que vers le haut. Les gouvernements ne peuvent plus favoriser des producteurs nationaux sans prendre le risque d'être accusés de fausser le jeu de la concurrence. Les services publics (transport aérien ou ferroviaire, la poste, etc.) doivent s'ouvrir à la concurrence.
- La crise de l'euro qui éclate à la suite de la crise américaine des *subprimes* montre la fragilité de la construction européenne et de l'euro. La BCE choisit de privilégier la lutte contre l'inflation plutôt que celle contre la récession, ce qui est critiqué. L'euro devient trop fort pour les économies les moins compétitives, qui accumulent des déficits (pour certains préexistants à l'euro). La défiance se généralisant, les banques européennes hésitent à se prêter, même entre elles, et la BCE est contrainte d'assouplir sa politique monétaire. Les prêteurs (BCE, Allemagne) imposent alors une cure d'austérité généralisée afin de forcer les États à revenir rapidement à l'équilibre, quitte à accroître encore la récession. Les taux de change ne pouvant varier, c'est sur les taux d'intérêt que se fait la différence et la zone euro, théoriquement unifiée, voit ceux-ci se différencier selon les zones. La quasi-faillite de la Grèce conduit l'UE et le FMI à sa mise sous tutelle pour la maintenir dans la zone euro et conserver la crédibilité de cette monnaie.

L'ESSENTIEL

Comment mener des politiques conjoncturelles dans le cadre européen ?

- Les politiques budgétaires visent, à travers les dépenses publiques, à relancer l'activité économique et à réduire le chômage.
- En cas d'inflation ou d'endettement trop lourd, l'État réduit ses dépenses ou augmente les impôts ; on parle alors d'austérité budgétaire.
- Les banques centrales conduisent la politique monétaire en faisant varier les taux d'intérêt directeurs afin de stimuler ou de freiner l'activité économique.
- En cas de crise importante, elles peuvent injecter massivement des liquidités en achetant des titres sur les marchés financiers ou en prêtant sans frais aux banques commerciales.
- L'absence ou l'insuffisance de coordination économique fragilise la monnaie unique. Et en l'absence d'unification politique, les transferts trop importants sont impossibles entre les pays membres.
- La crise entraîne une généralisation de l'austérité visant à sauver l'euro.

Mots clés

■ **Abus de position dominante** : il consiste, pour une entreprise présente sur un marché, ou un groupe d'entreprises, à adopter un comportement visant à éliminer, à contraindre ou encore à dissuader tout nouveau concurrent d'entrer sur ce marché, faussant ainsi la concurrence.

■ **Balance commerciale, des paiements** : tableau comptable retraçant les échanges d'un pays. La balance commerciale retrace les échanges de biens et de services, la balance des paiements l'ensemble des échanges monétaires.

■ **Budget de l'État** : loi de finance votée par le Parlement qui autorise les dépenses et les recettes de l'État pour l'année à venir.

■ **Choc asymétrique** : on appelle choc asymétrique, ou choc spécifique, un événement ayant un impact macroéconomique dans un seul pays, ou avec une intensité différente selon les pays.

■ **Critères de Maastricht** : du nom de la ville où a été adopté le « Pacte de stabilité et de croissance » prévoyant que les futurs membres de la zone euro n'aient pas plus de 3 % de déficit budgétaire et un ratio dette sur PIB de 60 % maximum.

■ **Dette publique** : ensemble des dettes d'un État résultant des emprunts que ce dernier a contractés notamment pour financer les déficits budgétaires.

■ **Eurogroupe** : ensemble des pays européens ayant adopté l'euro, présidé par une personnalité issue de l'un d'eux, élue pour deux ans.

■ **Politique budgétaire** : instrument de régulation de l'activité économique par le biais des dépenses publiques.

■ **Politique de concurrence** : ensemble des actions menées par les pouvoirs publics pour garantir un fonctionnement concurrentiel des marchés au nom de l'intérêt des consommateurs.

■ **Politique monétaire** : instrument de régulation de la masse monétaire et des taux d'intérêt visant à influer sur l'inflation, la croissance et le taux de change. En Europe, c'est la BCE qui la conduit.

■ **Pouvoir de marché** : capacité d'une entreprise ou d'un groupe d'entreprises d'être faiseuses de prix (« *price maker* »).

■ **Taux dintérêt** : rémunération du capital prêté. Les économistes raisonnent en taux d'intérêt réel, c'est-à-dire le taux nominal moins le taux d'inflation.

Les auteurs importants

Robert Mundell (né en 1932)

Économiste canadien enseignant aux États-Unis. Il fait ses études à l'université de la Colombie-Britannique et à la London School of Economics. En 1999, il reçoit le prix Nobel d'économie qui salue ainsi la naissance de l'Euro et le long combat de Robert Mundell en sa faveur. Ses travaux sur les zones monétaires optimales éclairent les problématiques liées à la construction d'une monnaie commune.

Robert Schuman (1886-1963) et Jean Monnet (1888-1979)

Respectivement ministre des Affaires étrangères et commissaire au Plan sous la IVe République, ils sont présentés comme les pères fondateurs de l'Union européenne par la mise en place de la CECA puis de la CEE.

Edward Chamberlin (1899-1967)

Économiste américain qui publie, en 1933, une théorie de la concurrence monopolistique. Cette dernière explique comment un marché en concurrence imparfaite peut fonctionner notamment grâce à la différenciation des produits créant des monopoles limités par l'existence de produits similaires.

William Baumol (1922-2017)

Économiste américain, auteur de la théorie des marchés contestables. Selon lui, il n'est pas nécessaire qu'un marché soit atomistique pour obéir aux règles de la concurrence pure et parfaite, il suffit qu'il soit contestable, c'est-à-dire que l'on puisse y entrer et en sortir librement, et sans coût : les producteurs présents sur le marché sont alors contraints de pratiquer des prix concurrentiels pour dissuader l'arrivée de nouveaux concurrents.

Documents majeurs

Doc. 1 La construction européenne

Le traité de Rome (1957) distingue bien deux projets d'unification : l'abolition des barrières douanières et l'établissement d'un tarif commun d'une part, et d'autre part l'objectif beaucoup plus ambitieux de réaliser à l'échelle européenne les « quatre libertés » de circulation des biens, des personnes, des services et des capitaux. Alors que l'union douanière qui fait de la CEE une zone de libre-échange est une réalité dès 1970, il faut attendre le milieu des années 1980 pour qu'émerge une véritable stratégie de constitution du marché intérieur. [...] Par l'Acte unique européen [...], la construction européenne passe donc d'une logique de marché commun à une logique de marché unique, mais aussi d'une logique d'intégration négative (suppression des droits de douane) à une logique d'intégration positive (instauration des quatre libertés) en devenant, au moins sur le plan juridique, un « espace sans frontières intérieures dans lequel la libre circulation des marchandises, des personnes, des services et des capitaux est assurée ». [...] Le marché des biens est fortement intégré [et] le marché du capital est à l'évidence le plus abouti des marchés européens. La libéralisation complète des mouvements de capitaux, la suppression du contrôle des changes et le lancement de la monnaie unique sur les marchés financiers (1999) ont encore accéléré la fluidité du capital à l'échelle européenne. [Mais] les politiques, notamment fiscales, sont restées gouvernées par la règle de l'unanimité. La concurrence fiscale qui en a résulté impose une contrainte puissante aux modèles sociaux nationaux. [...] D'autant que la construction européenne, qui a connu pas moins de sept élargissements en soixante ans, rassemble désormais des pays très hétérogènes dans leur niveau de développement.

Eloi Laurent, « Une brève histoire de l'intégration économique européenne », *in* OFCE, *L'économie européenne 2017*, La Découverte, 2017.

Doc. 2 La coordination des politiques économiques

La Commission a décidé de [...] clôturer la procédure concernant les déficits excessifs à l'égard de la Grèce, ouverte dans le cadre du pacte de stabilité et de croissance qui vise à coordonner les politiques budgétaires et à assurer la viabilité des finances publiques dans l'Union européenne. Cette étape est le résultat des efforts considérables fournis ces dernières années par ce pays pour consolider ses finances publiques, associés aux progrès réalisés dans la mise en œuvre du programme de soutien en faveur de la Grèce au titre du Mécanisme européen de stabilité. [...] Seuls trois États membres relèvent encore du volet correctif du pacte de stabilité et de croissance (la France, l'Espagne et le Royaume-Uni), contre 24 pays lors de la crise financière en 2011.

•••
Le solde des administrations publiques [en Grèce] est passé d'un déficit de 15,1 % en 2009 à un excédent de 0,7 % en 2016, soit bien en dessous du seuil de 3 % prévu par le traité sur le fonctionnement de l'Union européenne. À cela s'ajoutent de vastes trains de réformes structurelles que la Grèce a adoptés dans le cadre des engagements pris en vertu du programme de soutien à la stabilité au titre du Mécanisme européen de stabilité. Selon les prévisions économiques du printemps 2017 de la Commission, les résultats budgétaires positifs de la Grèce devraient perdurer.

« La Commission recommande la clôture de la procédure concernant les déficits excessifs à l'égard de la Grèce », communiqué de presse de la Commission européenne.

Doc. 3 La politique de concurrence

La Commission a constaté que les opérateurs de téléphonie mobile facturaient trop cher les appels provenant des réseaux des autres opérateurs [...]. En 2009, elle a ordonné aux régulateurs européens des télécommunications de veiller à ce que ces tarifs de connexion soient basés sur leur coût réel. L'objectif était d'éliminer les distorsions de prix entre les opérateurs dans l'ensemble de l'Union européenne (c'est-à-dire les variations de prix ne pouvant se justifier par des différences de coûts, de réseaux ou de caractéristiques nationales), de baisser les prix des appels vocaux [...], et de permettre ainsi aux entreprises et aux consommateurs de réaliser au moins 2 milliards d'euros d'économies d'ici 2012. Ces variations de prix profitaient principalement aux grosses entreprises de téléphonie mobile déjà établies, au détriment des opérateurs plus modestes et des opérateurs de lignes fixes, et décourageaient l'entrée de nouveaux acteurs sur le marché. Elles empêchaient également des investissements essentiels, par exemple pour passer aux réseaux Internet à haut débit, et nuisaient au développement de services novateurs, comme les produits intégrant la téléphonie fixe et mobile et les offres téléphoniques groupées à prix compétitifs.

Commission européenne (www.ec.europa.eu).

Exercice

Vérifiez vos connaissances

Répondre Vrai ou Faux aux assertions suivantes :

1. La Banque de France n'est plus qu'une succursale de la BCE, Banque centrale européenne.
2. La politique budgétaire interdit les déficits publics.
3. Le taux d'intérêt est un déterminant du taux de change.
4. Avec une dette de plus de 90 % du PIB, la France n'est pas en conformité avec les critères de Maastricht.
5. Tous les pays de l'UE ont pour monnaie l'euro.
6. Une balance commerciale excédentaire conduit à une appréciation du taux de change.
7. La politique de concurrence interdit les oligopoles.
8. Union douanière et zone de libre-échange sont synonymes.
9. La Grèce a subi un choc asymétrique en 2009.
10. La politique budgétaire est conduite par l'UE.

Sujet de bac

Dissertation s'appuyant sur un dossier documentaire

Quelles sont les difficultés de la coordination des politiques économiques dans l'Union européenne ?

Doc. 1 Évolution du taux de change de l'euro par rapport au dollar (indice base 100 : premier trimestre 1999)

Banque centrale européenne, 2017

Doc. 2 Les principaux indicateurs économiques en zone euro en 2010 et 2016

	PIB par habitant (UE : base 100)		Solde extérieur (en milliards d'euros)		Taux de chômage (en %)		Taux d'inflation (en %)		Dette publique (en % du PIB)	
	2010	2017	2010	2017	2010	2017	2010	2017	2010	2017
Union européenne (UE)	100	100	- 42,2	229,3	9,6	8,5	2,1	0,3	78,4	83,5
Zone euro	108	106	0,3	359,4	10,2	10,0	1,6	0,2	83,9	89,2
Allemagne	120	123	144,9	261,4	7,0	4,1	1,1	0,4	81,0	68,3
Espagne	96	92	- 42,4	21,8	19,9	19,6	2,0	- 0,3	60,1	99,4
France	108	105	- 16,7	- 20,4	9,3	10,1	1,7	0,3	81,6	96,0
Pays-Bas	134	128	44,5	58,7	5,0	6,0	0,9	0,1	59,3	62,3
Grèce	85	67	- 25,7	- 1,1	12,7	23,6	4,7	0,0	146, 2	179,0

Eurostat, 2018.

Doc. 3 Exportations intra-UE de services entre 2004 et 2014 (en % du PIB de l'UE)

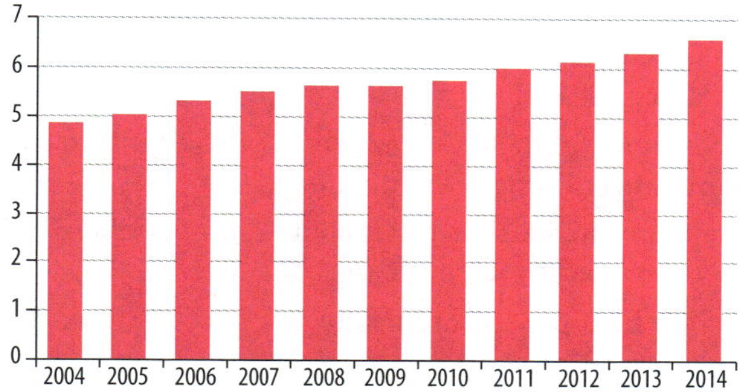

Eurostat, 2016

POINT MÉTHODE

1 Bien définir les termes du sujet

- Identifier les différentes politiques économiques (budgétaires, monétaires…).
- Préciser le sens du terme « coordination ». Les États doivent s'entendre sur des politiques cohérentes.
- Le cadre est précis (« dans l'UE »), cela suppose de faire référence aux différents traités qui encadrent les politiques économiques (critères de Maastricht, le PSC).

2 Questionner le sujet

- La question précise bien : « les difficultés » (au pluriel), il y en a donc plusieurs. Il ne s'agira pas d'exposer toutes les règles encadrant les politiques économiques mais bien de se limiter précisément aux problèmes posés par la coordination.
- Il ne faut pas faire un « catalogue » des difficultés mais les regrouper en fonction d'une nature commune.

Exercice

1 **Vrai.** Avec la monnaie unique, les pays abandonnent leur souveraineté monétaire, la Banque de France n'est plus qu'une succursale de la BCE.

2 **Faux.** Au contraire, pour les keynésiens, le déficit est un moyen supplémentaire de relancer l'activité économique.

3 **Vrai.** Les capitaux sont attirés par les taux d'intérêt plus élevés. En se déplaçant, ils font varier le taux de change.

4 **Vrai.** La France n'est pas en conformité avec les critères de Maastricht qui limitent la dette à 60 % du PIB.

5 **Faux.** Seuls 19 pays font partie de la zone euro, 8 n'ont donc pas adopté la monnaie unique (la Suède et le Danemark, par exemple).

6 **Vrai.** Une balance commerciale excédentaire conduit à une appréciation du taux de change. En exportant plus, un État voit sa monnaie davantage demandée et sa valeur augmenter par rapport aux autres.

7 **Faux.** La politique de concurrence n'interdit pas les oligopoles, elle veille seulement à ce qu'ils n'abusent pas de leur pouvoir de marché.

8 **Faux.** Une zone de libre-échange peut avoir des droits de douane distincts en fonction des pays qui la compose (ACEUM).

9 **Vrai.** La Grèce a subi la crise des *subprimes* mais également une crise bancaire plus forte qu'ailleurs en Europe et surtout une crise de la dette souveraine puisqu'elle s'est retrouvée dans l'incapacité de financer sa dette.

10 **Faux.** La politique budgétaire est conduite par les nations indépendamment les unes des autres. L'UE exige seulement que les budgets présentés soient quasiment à l'équilibre.

Sujet de bac

Quelles sont les difficultés de la coordination des politiques économiques dans l'Union européenne ?

Introduction

On peut considérer l'Union européenne comme une zone relativement dynamique représentant 28 % du PIB mondial. Le commerce intra zone y est très développé également. Les 2/3 des échanges des pays de l'Union européenne se réalisent au sein de cette union. La construction européenne est le fruit de décennies d'approfondissement des étapes d'intégration : du traité de Rome instaurant la CEE en 1957, au traité de Maastricht en 1992. L'Union européenne apparaît aujourd'hui comme un ensemble cohérent de 27 pays : un marché où les biens, les services et les capitaux circulent donc librement, ainsi que les personnes. Il est régi par des politiques communes. Au sein de l'Union européenne, il existe également l'UEM (ou « zone euro ») où la monnaie est commune, et qui concerne 19 pays. Si les volontés de l'intégration européenne tendent à en faire un espace compétitif et à y bâtir une union solide, des difficultés apparaissent aujourd'hui comme évidentes et peuvent entraver la cohérence de l'UE. Aussi, nous pourrons nous questionner sur la difficulté des pays de l'UE à établir des politiques économiques coordonnées. Après avoir étudié les différences structurelles dans l'UE, nous nous focaliserons sur les possibles comportements de « passagers clandestins ». Puis nous étudierons l'articulation entre politique monétaire et budgétaire avant d'évoquer le cas des politiques non coopératives et du PSC, se révélant contraignant.

I. Les pays de l'Union européenne présentent des différences structurelles considérables

1. L'élargissement de l'Union a contribué à créer des écarts entre les situations économiques des pays et rend difficile la conduite d'une politique d'ensemble. Les pays spécialisés sur des productions à haute valeur ajoutée préfèrent un euro fort alors que les pays davantage orientés sur des productions traditionnelles souhaitent une dépréciation de leur monnaie (**doc. 1**).

2. Des pouvoirs publics plus ou moins présents économiquement

La structure des dépenses publiques paraît difficile à coordonner puisque certains pays tendent à creuser leur déficit budgétaire plus que d'autres (**doc. 2**). De plus, les pays ne disposent pas des même recettes et leurs moyens d'action diffèrent. Par ailleurs, les niveaux de protection sociale sont différents d'un pays à l'autre (La France, par exemple, est très attachée à son modèle de redistribution).

3. Un manque d'homogénéité social et fiscal

L'absence de coordination des politiques fiscales dans l'ensemble de l'Union est un frein à la solidarité entre les pays. Certains sont tentés de mener des politiques dites « non coopératives » : l'absence d'harmonie fiscale les incite à pratiquer le dumping. Ce dumping peut être social, par le biais d'une flexibilisation du marché du travail, ou purement fiscal.

II. Un cadre contraignant

1. Une forte interdépendance des pays de l'Union européenne

En raison des nombreux échanges réalisés, les politiques de chaque État ont un impact sur l'ensemble du dynamisme de l'Union. Cela peut favoriser les comportements dits de « passagers clandestins » : alors que certains pays tentent de stabiliser leur activité et de mener, par exemple, une politique de relance profitant à l'ensemble de la zone, d'autres profiteront de cette décision sans agir sur leur propre budget (**doc. 3**)

2. De plus, les politiques budgétaires semblent ne pas pouvoir se coordonner aux politiques monétaires

Si le Pacte de stabilité et de croissance instauré en 1997 par le traité d'Amsterdam est lui aussi plutôt favorable à la rigueur (la dette publique et le déficit public devant être respectivement limités à 60 % et 3 % du PIB), les récentes inflexions de la BCE en faveur d'une politique monétaire expansionniste entrent en contradiction avec le maintien de politiques budgétaire d'austérité.

3. Des politiques parfois contradictoires

Le Pacte de stabilité et de croissance, tentative d'harmonisation budgétaire, présente des limites. Les critères de convergences que celui-ci impose, une inflation maîtrisée (2 %), une dette inférieure à 60 % du PIB, ainsi qu'un déficit de 3 % maximum du PIB, semblent peu favorables à la relance (cf. **doc. 2** où le PIB par habitant pour la zone euro s'est réduit de 2 points d'indice). En cas de crise, le Pacte contraint les pays à limiter leurs dépenses pour se plier aux critères, poussant ces derniers à mener des politiques « pro-cycliques » qui aggravent le cycle en situation de récession. Ce phénomène s'est produit en 2009 après la crise des *subprimes*. Par ailleurs, tous les pays ne semblent pas s'y plier (cf. **doc. 2** : en 2017, la dette publique de la Grèce était évaluée à près de 179 % du PIB).

Conclusion

L'absence d'harmonie des politiques économiques peut être un frein majeur à la compétitivité de l'UE et ainsi enrayer le dynamisme de sa croissance économique. S'il apparaît urgent d'y remédier, le nombre de pays présents dans la zone euro de même que leurs différences est un réel obstacle à la coordination. Dès lors, l'UE apparaît comme décrédibilisée et son unité est remise en cause, notamment à travers la montée des populismes, tous eurosceptiques voire europhobes.

CHAPITRE 6

La structure de la société française contemporaine

DE QUOI S'AGIT-IL ?

Chaque société met en place une stratification sociale, qui consiste à hiérarchiser les individus, ou les groupes sociaux, en fonction de critères comme le pouvoir, la richesse, ou le prestige.
En France, une société d'ordres a prévalu du Moyen Âge jusqu'à la Révolution française, laissant place en 1789 à une société en théorie fondée sur l'égalité des droits et des chances de tous les citoyens.
Dans la réalité, notre société est hiérarchisée, selon des rapports de classe, de genre, de lieu de résidence, etc. Quels sont les facteurs de hiérarchisation de l'espace social ? Comment ce dernier a-t-il évolué ? Le concept de classe est-il toujours pertinent pour appréhender la structure sociale ?

1 Structuration et hiérarchisation de l'espace social

A Une multiplicité de critères

1. Les échelles de hiérarchisation

- Après la Seconde Guerre mondiale (dès 1911 aux États-Unis, et 1938 au Royaume-Uni), se mettent en place dans les pays développés une hiérarchisation des individus selon leur prestige ou leur statut socio-économique.
- Ces échelles hiérarchiques structurent la société selon une gradation régulière, de la base au sommet. Leur continuité suppose qu'on considère le tissu social comme fluide : l'échelle hiérarchique peut être grimpée, ou descendue. Elle permet donc d'éviter de raisonner en termes de **classes sociales**.
- Le **revenu** et le **patrimoine** sont des indicateurs de richesse économique. Le **revenu disponible** (revenu obtenu après la répartition primaire et secondaire) est un indicateur de **niveau de vie**. Il permet d'acquérir du patrimoine (actifs financiers et non financiers), et la détention de patrimoine permet d'obtenir des revenus de la propriété (intérêts, loyers, dividendes). Le revenu permet aussi d'acquérir du **capital culturel** (des connaissances) et **social** (des relations que l'on peut mobiliser pour obtenir des avantages).
- Le **diplôme** est un indicateur de **capital culturel**, et dans une moindre mesure, **économique** (certaines études payantes peuvent exclure les moins favorisés). Il permet à son détenteur d'obtenir une qualification (donc un emploi et un revenu correspondants), mais aussi un certain niveau de prestige social.

> **Sachez que...**
> La « congruence de statut » signifie qu'il y a une concordance entre la position professionnelle et les autres attributs statutaires (revenu, instruction, prestige).

2. Les autres facteurs de structuration

- Les facteurs de structuration servent à identifier les caractéristiques des groupes sociaux, sans forcément qu'ils soient hiérarchisés (voir Zoom sur… p. 169).
- Des critères de revenu, de diplôme et de profession peuvent être croisés à d'autres facteurs tels que :

– Le sexe.

– La position dans le cycle de vie : les jeunes générations souffrent davantage des difficultés d'accès à l'emploi et au logement que les générations précédentes, ce qui retarde le moment où elles fondent une famille. Elles ne sont pas sensibles aux mêmes valeurs que leurs aînés (l'écologie par exemple).

– Le lieu de résidence : les catégories modestes vivent davantage à la périphérie des villes ou en zone rurale.

– La composition du ménage : les personnes seules et les familles monoparentales ont généralement un niveau de vie inférieur à celui des couples.

Le saviez-vous ?
Les statistiques sur l'origine ethnique sont interdites en France, mais sont utilisées dans la plupart des pays comme le Royaume-Uni ou les États-Unis.

B La catégorie socioprofessionnelle

La catégorie socioprofessionnelle est le critère de hiérarchisation le plus utilisé en France.

1. Les objectifs

- La nomenclature française des catégories socioprofessionnelles (CSP) a été élaborée à l'Insee (Institut national de la statistique et des études économiques) en 1954, et réformée en 1982 (puis en 2003), pour devenir la nomenclature des « PCS » (professions et catégories sociales). Son but est d'élaborer des catégories rigoureuses, reflétant l'évolution de la structure socioprofessionnelle.
- Elle cherche à établir des groupes statistiques de **professions homogènes**, dont les pratiques sociales sont identiques. Les individus de la même catégorie sont censés :

– entretenir des relations entre eux (professionnelles, amicales, matrimoniales…) ;

– avoir des comportements (de consommation, culturels) et des opinions analogues ;

– se considérer comme appartenant à la même catégorie ;

– être reconnus dans leur statut socioprofessionnel par les autres individus.

- Cette nomenclature permet de ne pas utiliser le terme de **classes sociales**, tout en enrichissant d'une dimension sociale l'appartenance à une « profession » (qui se limite à définir une place dans la division du travail).

2. La nomenclature = classe la pop selon la profession actuelle, le statut, le nb de travailleur…

La nomenclature est construite selon une organisation pyramidale, allant du niveau le plus détaillé (486 professions), via deux niveaux intermédiaires, à un niveau « agrégé » de **huit groupes socioprofessionnels** :

1. Les **agriculteurs exploitants** sont des indépendants exerçant une activité agricole.

2. Les **artisans, commerçants, chefs d'entreprise** (ACCE) sont des indépendants mobilisant un capital économique. Les chefs d'entreprise ont plus de dix salariés.

3. Les **cadres et professions intellectuelles supérieures** (CPIS) se caractérisent par un haut niveau de connaissances ou de responsabilité. Ils peuvent être indépendants (les professions libérales) ou salariés.

4. Les **professions intermédiaires** (PI) sont des salariés occupant une place intermédiaire entre les cadres supérieurs et les postes d'exécution. Ils ont généralement un diplôme allant du bac à bac + 3.

5. Les **employés** sont des salariés ayant un poste d'exécution, généralement dans les services. Ce groupe est difficile à définir par ses fonctions.

6. Les **ouvriers** sont des salariés ayant un poste d'exécution manuel. La frontière avec les employés n'est pas toujours nette : les chauffeurs et les cuisiniers sont des ouvriers à la limite du groupe des employés.

7. Les retraités.

8. Les autres personnes sans activité professionnelle (dont les chômeurs n'ayant jamais travaillé).

3. Les principes de construction

Cinq critères permettent de distinguer les catégories socioprofessionnelles.

- Le **statut professionnel** : les indépendants travaillent pour leur propre compte et disposent d'un patrimoine professionnel tandis que les salariés sont subordonnés à un employeur dans le cadre d'un contrat de travail.
- Le **niveau de qualification**. C'est le niveau de diplôme requis pour obtenir une place dans la hiérarchie de l'entreprise. Cette qualification peut être acquise en formation initiale (avant l'entrée sur le marché du travail) ou en formation continue (au cours de la carrière).
- Le **secteur d'activité** (agricole, industriel, de services).
- La place **hiérarchique**. Les indépendants sont classés selon la taille de leur entreprise. Les salariés sont classés en fonction de leur degré de responsabilité : postes d'encadrement, poste intermédiaire, poste d'exécution.
- Le **type de travail** (manuel, intellectuel, artistique, commercial…).

L'ESSENTIEL

Les facteurs de structuration et de hiérarchisation de l'espace social

- Il existe une multiplicité de critères de structuration de l'espace social.
- Certains de ces critères servent à dresser des échelles de hiérarchisation.
- En France, le critère le plus utilisé est celui de la catégorie professionnelle, qui repose sur une hypothèse de congruence de statut.

2 Les évolutions de la structure socioprofessionnelle en France

A La salarisation de la population active

On constate une diminution de la part des indépendants au profit de celle des salariés.

1. La baisse du nombre d'agriculteurs et d'artisans commerçants

- Dans les années 1950, les agriculteurs, artisans, et commerçants représentaient un actif occupé sur trois. En 2018, ils n'en représentent plus que 8 %.
- De nouvelles méthodes de production agricole (utilisation des tracteurs, des moissonneuses-batteuses et des engrais) se développent en France à partir des Trente Glorieuses. **La hausse de la productivité agricole** augmente plus rapidement que la demande de produits agricoles, ce qui détruit des emplois. Les exploitations se concentrent pour faire face à la concurrence, réduisant mécaniquement le nombre d'indépendants.

> **Sachez que...**
> Henri Mendras, en 1967, annonce « la fin des paysans », marquant la transformation du paysan traditionnel en agriculteur qualifié, ayant des connaissances en gestion et en agronomie.

- Les **indépendants non agricoles** subissent la concurrence des grandes entreprises et des grandes surfaces (apparues dans les années 1960) qui bénéficient **d'économies d'échelle**.
- La création du **statut d'autoentrepreneur**, en 2008, infléchit légèrement cette tendance. Un nombre significatif de salariés deviennent indépendants, ce qui augmente la part des ACCE. On qualifie ce phénomène « **d'ubérisation** » de l'emploi, en référence aux chauffeurs de l'entreprise Uber.

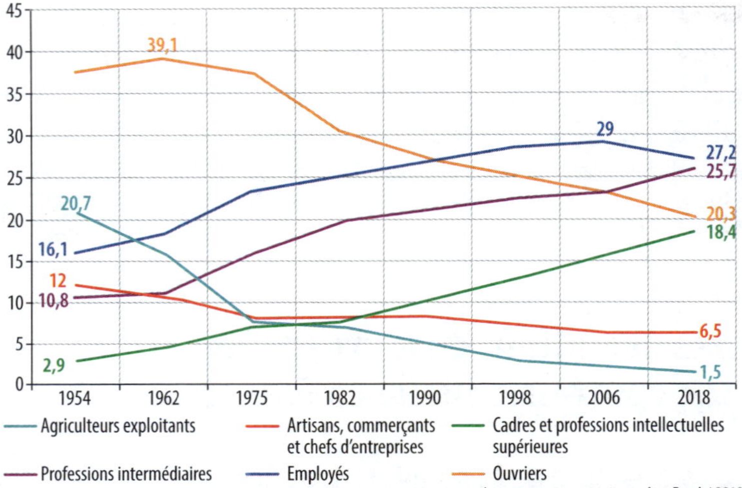

Insee, recensements et enquêtes Emploi 2019 (données harmonisées en tenant compte du changement de nomenclature en 1982).

Doc. Évolution de l'emploi selon le groupe socioprofessionnel (en %)

2. L'augmentation des emplois de salariés

- Le développement du salariat est une tendance lourde dans tous les grands pays industriels. En France, les salariés deviennent majoritaires dans la population active dès le milieu du XIXe siècle. Aujourd'hui, ils représentent neuf actifs sur dix.

- L'augmentation du nombre de salariés est particulièrement forte durant les Trente Glorieuses, avec le développement de l'organisation taylorienne du travail. Elle s'explique essentiellement par :

– l'augmentation des besoins en travail qualifié (ingénieurs, techniciens, professeurs…) ;

– l'augmentation de la taille d'organisations productives de plus en plus complexes, nécessitant une multiplication des emplois administratifs à différents échelons, notamment des postes d'encadrement.

- **Michel Aglietta** et **Anton Brender**, en 1984, analysent l'avènement de la **société salariale**. La stratification sociale se fait dorénavant davantage entre salariés, plutôt qu'entre salariés et chefs d'entreprise.

↳ + de classements sociales entre salariés
= + de classes sociales

B La tertiarisation de l'activité économique

1. L'évolution des secteurs d'activité

On assiste à une évolution comparable dans tous les pays développés.

- La **baisse continue de l'emploi agricole**. Les agriculteurs représentaient un cinquième des emplois en 1954, ils n'en représentent plus que 1,5 % en 2018.
- **L'augmentation des emplois industriels jusque dans les années 1970, puis une baisse**. Ainsi, la part des ouvriers dans la population active occupée a été divisée par deux depuis la fin des années 1960. Les ouvriers travaillent majoritairement dans l'industrie (mais ils sont aussi présents, dans des proportions moindres, dans les autres secteurs).
- **L'augmentation continue des emplois de services**. Elle explique en partie l'essor des CPIS (qui passent de 2,9 % des emplois en 1954 à 18,4 % en 2018), des PI (de 10,8 % à 25,7 %), et des employés (de 16,1 % à 27,2 %).

2. La théorie du déversement sectoriel

- Les **secteurs d'activité** ont été définis par **Colin Clark** puis par **Jean Fourastié** en 1949. Le secteur primaire est celui de la collecte et de l'exploitation de ressources naturelles. Sa productivité est moyenne. Le secteur secondaire regroupe les industries de transformation des matières premières. Sa productivité est forte. Le secteur tertiaire rassemble les activités de services. Sa productivité est faible.
- **Alfred Sauvy** élabore en 1981 une **théorie du déversement sectoriel**, qui décrit le passage de la population active, sur le très long terme, du secteur primaire au secteur secondaire, puis au secteur tertiaire.
- Dans un premier temps, le progrès technique dans l'agriculture, en augmentant la productivité, réduit les prix agricoles ainsi que l'emploi dans cette branche. La population bénéficie de gains de pouvoir d'achat et reporte une partie de la demande vers les produits industriels, ce qui crée des emplois dans le secteur secondaire. On passe d'une **société agricole** à une **société industrielle**. Dans un second temps, les gains de productivité dans l'industrie deviennent supérieurs à l'augmentation de la demande, qui se reporte vers les services. Certains emplois industriels sont détruits, et la main-d'œuvre se déverse vers le secteur tertiaire. On passe alors à une **société post-industrielle**.

COURS

C L'élévation du niveau de qualification et la féminisation des emplois

1. Une population active de plus en plus qualifiée

- La population active est de plus en plus diplômée. Ainsi, en 1982, ceux qui n'ont aucun diplôme ou le certificat d'études primaires (CEP) représentaient presque la moitié de la population active. En 2018, ils en représentent un dixième. En revanche, la part de ceux qui ont un baccalauréat a été multipliée par deux, et la part de ceux qui ont un diplôme du supérieur long, par 4.

10%

- Le progrès technique exige une technicité de plus en plus forte, et une multiplication des diplômes de techniciens et d'ingénieurs. Le besoin de formation de ces salariés qualifiés entraîne l'augmentation du nombre d'enseignants du secondaire et du supérieur, eux-mêmes diplômés du supérieur.

2. La féminisation des emplois

- Dans les sociétés traditionnelles, les femmes des classes populaires travaillent, les femmes issues de la bourgeoisie et de l'aristocratie s'occupent de leur foyer. Avec les Trente Glorieuses et le développement de la classe moyenne, le modèle de la femme au foyer s'est généralisé dans les pays développés. À partir des années 1960, les femmes réintègrent peu à peu le marché du travail. Ainsi, la part des femmes de 15 à 64 ans occupant un emploi passe de la moitié en 1975 à 61,9 % en 2018. Les taux d'emploi féminins ont augmenté à tous les âges à partir de 25 ans. En revanche, ils ont diminué entre 15 et 24 ans, en raison de l'allongement de la durée des études.
- Les femmes souffrent néanmoins de plusieurs types de **discriminations** :

– à l'embauche : jusqu'au milieu des années 2000, les taux de chômage étaient significativement plus élevés pour les femmes que pour les hommes ;

– à la rémunération : les femmes gagnent en moyenne 19 % de moins que les hommes dans le secteur privé en 2016 ;

– à la promotion de carrière : les femmes sont victimes d'un « plafond de verre » qui freine leur accession aux postes les plus élevés de la hiérarchie.

Ces discriminations tendent à se réduire avec le temps.

L'ESSENTIEL

Les évolutions de la structure socioprofessionnelle en France

- Le salariat devient de plus en plus important. société agricole → industrielle
- L'économie se tertiarise au détriment de l'agriculture et de l'industrie.
- La main-d'œuvre est de plus en plus qualifiée et féminisée.

COURS

3 Les classes sociales

A Les théories des classes et de la stratification sociale

1. La notion de classe sociale

- **Le terme de classe sociale peut être utilisé de façon relativement neutre** par les sociologues : il désigne alors des groupes hiérarchiquement disposés à l'intérieur d'une société globale ; on distinguera ainsi une **classe populaire**, des **classes moyennes** (le pluriel indiquant une certaine hétérogénéité) et une **classe bourgeoise** (ou supérieure).
- Mais cette notion reste néanmoins marquée par la définition que lui a donnée l'analyse marxiste de la société ; ce que l'on appelle la « **théorie des classes sociales** », élaborée par **Karl Marx**, a laissé son empreinte sur le vocabulaire sociologique contemporain.
- Pour Marx, une classe sociale est à la fois une « **classe en soi** » et une « **classe pour soi** » : la classe en soi désigne le groupe réel, au sein duquel les individus partagent des conditions d'existence similaires et fortement inégales par rapport aux autres ; la classe pour soi désigne la conscience d'appartenir au groupe, le sentiment de partager des intérêts communs.

2. Deux lectures de la hiérarchie sociale : l'opposition théorique

- **Une première approche s'attachera à analyser la structure sociale en termes de rapports d'exploitation et de domination** ; les groupes sociaux sont donc opposés les uns aux autres du fait de leurs conditions d'existence. C'est l'analyse marxiste de la société, « la théorie des classes », qui présente l'opposition de deux classes sociales : les ouvriers (les prolétaires) sont contraints de vendre leur force de travail aux capitalistes, les propriétaires des moyens de production (les bourgeois). Ces deux classes existent en vertu de leur place dans le système de production : pour Marx, le **critère économique** détermine le statut social des individus dans la société.
- Les classes sociales forment ici des groupes ayant des intérêts antagonistes et des conditions d'existence très inégales ; sur la base de cette opposition dans la sphère économique, les deux classes sont en conflit permanent. **Les ouvriers et les bourgeois** luttent chacun pour la défense de leurs intérêts, matériels ou symboliques.

Sachez que…

C'est dans cette opposition que se structure la conscience d'appartenir à une classe, qui est corollaire à la mobilisation collective.

● **Une seconde approche s'inspire de l'analyse de Max Weber**, pour lequel les classes sociales ne sont qu'une forme de stratification parmi d'autres. En effet, Weber va montrer que **la stratification sociale résulte de différents critères**, et non pas seulement du critère économique. Il adresse ainsi une critique à l'analyse marxiste : le prestige et l'honneur attribués aux fonctions que les individus exercent, ainsi que leur capacité à agir sur les décisions politiques, sont également des critères de classification des individus.

● **On a donc avec Weber une interprétation de la structure sociale plus complexe**, qui dépasse les structures économiques, donc le concept de classe au sens marxiste.

● Il distingue ainsi trois catégories de groupes sociaux : les classes sociales, les groupes de statut (ou groupes statutaires) et les partis.

Doc. La classification de Max Weber

	Dimension économique	Dimension statutaire (considération sociale)	Dimension politique
Groupe	Classe	Groupe de statut	Parti
Critères de distinction	Possession de revenus, de biens et de services (patrimoine)	Niveau de prestige, d'honneur (échelle de valeurs communes au groupe, à la société)	Accès au pouvoir, capacité à influencer l'ordre établi

● **Les ordres sous l'Ancien Régime représentent un bon exemple de groupes de statut** ; le critère principal de distinction est celui du prestige associé aux fonctions de chacun : le travail pour le tiers-état (au plus bas niveau de l'échelle sociale), la défense et la sécurité du territoire pour les nobles et enfin la fonction religieuse, la plus valorisée, celle exercée par le clergé (valorisation suprême de l'Église à l'époque).

● Cette approche interprète la société **comme un ensemble de groupes assimilés à des strates**, qui rassemblent des individus ayant des caractéristiques communes (revenu ou niveau de prestige par exemple). Les strates, parfois appelées classes (au sens neutre du terme), ne sont pas forcément des groupes inégaux ni des groupes systématiquement en conflit : celui-ci reste possible, mais il n'est pas inhérent aux rapports sociaux.

● La société est donc perçue comme stratifiée en vertu de multiples critères. C'est une **approche multidimensionnelle de la réalité sociale**, qui montre qu'un individu peut appartenir à des groupes différents selon le critère d'observation qui est choisi : certains sportifs professionnels ont un niveau de prestige élevé (groupe de statut), avec un niveau de richesse élevé (classe) mais sans aucun pouvoir politique (parti) ; un scientifique peut être considéré comme très prestigieux dans la société, sans être pour autant situé dans le haut de l'échelle des revenus.

3. Les prolongements théoriques

- **La célèbre enquête menée entre 1930 et 1935 par William Lloyd Warner** sur une petite ville américaine s'inspire des travaux de Weber : elle repose à la fois sur des observations faites par le sociologue (éléments objectifs) mais également sur un classement fait par les habitants eux-mêmes à partir de critères proposés (éléments subjectifs). Les groupes sont établis sur la base de leur style de vie et de leur degré de prestige dans la société (évalué par les autres). Cette étude a montré une structure sociale composée de six classes : supérieure-supérieure, supérieure-inférieure, moyenne-supérieure, moyenne-inférieure, inférieure-supérieure et inférieure-inférieure.

Sachez que...
On parle de définition nominaliste des classes lorsqu'elles sont des divisions sociales parmi d'autres, « nommées », c'est-à-dire construites, par les sociologues (Weber, Warner).

- **L'analyse de Pierre Bourdieu fait la synthèse des analyses de Marx et de Weber** pour identifier, dans la société, des groupes relativement fermés sur eux-mêmes, dotés d'une culture spécifique et positionnés inégalement dans la structure sociale ; il distingue les classes dites supérieures ou dominantes, les classes moyennes et les classes populaires. Les individus sont ainsi dotés de ressources inégalement réparties, qualifiées de capitaux, qu'ils ont en commun avec les membres de leur classe sociale.

- **Bourdieu** distingue le **capital économique**, le **capital culturel** et le **capital social**, et c'est grâce à la théorie de l'habitus qu'il explique les phénomènes de reproduction sociale d'une génération à l'autre à l'intérieur d'une même classe sociale.

- **Le volume et la structure du capital** vont permettre de situer la position des individus dans l'espace social, au sein de la hiérarchie. Par exemple, un chef d'entreprise de plus de 500 salariés, issu d'une grande école de commerce, sera fortement doté en capital économique, social et culturel. Mais certaines catégories ne possèdent pas une structure homogène en terme de capital : un enseignant ou un artiste, par exemple, seront fortement dotés en capital culturel et plus faiblement en capital économique.

- **Bourdieu développe ainsi une théorie centrée sur les phénomènes de reproduction sociale** (à l'école notamment) et de domination (symbolique notamment). Il a permis un certain consensus en sociologie sur l'existence de différents types

Sachez que...
On parle de définition réaliste des classes sociales lorsqu'elles existent dans la réalité : le sociologue ne fait que les enregistrer (Marx, Bourdieu).

d'inégalités (économique, de prestige et de pouvoir) ainsi que sur l'utilisation du terme de classe pour représenter des univers relativement fermés.

B La pertinence des classes en débat

1. Une identification de classe en question

- Jusqu'aux années 1970, la structuration sociale en classes au sens marxiste avait une certaine pertinence, dans la mesure où les **identités ouvrières** étaient davantage affirmées. Pour l'historien **Gérard Noiriel**, les Trente Glorieuses sont l'apogée du mouvement ouvrier. **L'affirmation du « Nous » (les ouvriers) contre « Eux » (la classe dominante)** s'ancre dans l'appartenance syndicale (notamment à la CGT – Confédération générale du travail) et politique (le Parti communiste).

- À partir des années 1970, le mouvement ouvrier s'étiole, sous l'effet de la baisse du poids de l'industrie, de la précarisation des ouvriers peu qualifiés, de la remise en cause du modèle communiste (avec la chute du mur de Berlin en 1989 et la fin de l'URSS en 1991), et de la montée de l'individualisme.

> **Sachez que…**
> Selon l'Insee, le taux d'adhésion à un syndicat est seulement de 5,6 % chez les ouvriers en 2016, contre plus de 9 % chez les agriculteurs, les cadres et les professions intermédiaires.

- La **classe moyenne**, du fait de son hétérogénéité, de sa position intermédiaire dans l'espace social et de ses contours flous, est un objet de forte identification. La plupart des Français, y compris ceux appartenant aux autres groupes, s'y classent spontanément. Cependant, elle constitue difficilement une classe à part entière du fait de sa stratification et de la divergence des intérêts des individus qui la composent.

- Pour les sociologues **Michel Pinçon et Monique Pinçon-Charlot**, la seule classe dont l'existence ne peut être mise en cause est la **bourgeoisie**, qui fonctionne davantage sur le mode collectif qu'individualiste. Les classes dominantes possèdent un **capital économique** qui les maintient au sommet de la société, sur plusieurs générations. Elles maîtrisent un **habitus** de classe tel que la présentation de soi (l'art de la conversation, le maintien du corps), faisant passer certaines qualités acquises pour naturelles. Elles entretiennent une « vie mondaine » dans des **lieux fermés** (réservés aux membres) où s'accumule et se gère le **capital social** : dîners, cocktails, rallyes (organisation de soirées entre jeunes), cercles divers, etc.

2. L'évolution des distances inter- et intra-classes

On assiste à une **moyennisation** de la société sur le long terme, brouillant les frontières entre les classes (inter-classes) et à l'intérieur des classes (intra-classes).

- Le développement de l'État-providence durant les Trente Glorieuses et de la redistribution des revenus a rapproché les niveaux de vie. Les plus démunis ont bénéficié de prestations sociales, les plus riches ont vu leur taux d'imposition sur le revenu et le patrimoine augmenter. Depuis les années 1980, cette moyennisation est remise en cause avec la diminution des taux d'imposition pour les plus riches et le développement de très fortes rémunérations dans le cadre de la globalisation financière.

- La **moyennisation des modes de vie** est plus nette. **Henri Mendras** montre en 1988 que les classes extrêmes (bourgeoisie et ouvriers), en interaction permanente avec la classe moyenne, se mettent à lui ressembler. La diffusion des styles de vie « trans-classes », rapproche les divers milieux sociaux entre eux.

Sachez que...

Henri Mendras prend l'exemple de la pratique du barbecue, commune à toutes les classes : un cadre champêtre, un désordre apparent (chacun se lève pour aller cuire une brochette) qui constitue en réalité un rituel bien organisé.

- **Le groupe des employés et des ouvriers se restructure autour du critère de la qualification**. Dès 1972, **John Goldthorpe** observe le phénomène des « ouvriers de l'abondance », c'est-à-dire des ouvriers qualifiés, ayant des revenus moyens et ayant accès à la propriété privée de leur logement (un pavillon). Les ouvriers non qualifiés sont victimes de l'augmentation du chômage et de la montée de la précarité.

À partir des années 1970, on constate également que le groupe des employés, traditionnellement proche de la classe moyenne, se divise : le poids des employés peu qualifiés, dont les conditions de vie se rapprochent de celles des ouvriers peu qualifiés, augmente.

3. Des identités plurielles

Le raisonnement en termes de classes est remis en cause par la multiplication des facteurs d'individualisation.

- Certains préfèrent mettre en avant d'autres critères d'identification, de différenciation et de conflit potentiel : les rapports sociaux de genre, de générations, ethniques, etc.

- L'augmentation de la **mobilité sociale** remet en cause l'aspect segmenté des classes, c'est pourquoi on utilise des échelles hiérarchiques (comme les PCS) qui supposent une continuité, une possibilité d'ascension de l'individu.

COURS

La hausse de l'individualisme, qui découle de la mobilité sociale, réduit le sentiment d'appartenance de classe : les échecs ou les succès sont vécus comme personnels.

- **Bernard Lahire**, en 1998, définit **l'homme pluriel** : l'individu est soumis à des socialisations diverses, et ne peut donc être défini par une seule identité. Il peut donc être classé différemment selon les échelles.

L'ESSENTIEL

Les classes sociales

- Les classes permettent de représenter la structure sociale, de manière réaliste ou nominaliste (du point de vue de la subjectivité du sociologue).
- Elles peuvent traduire des rapports antagonistes.
- La pertinence du concept de classe peut être remise en cause.

ZOOM SUR...

La structuration de l'espace social selon l'âge et le sexe

1 L'âge

Doc. Critères de structuration en fonction de l'âge (en %)

	Année	15-24 ans	25-49 ans	50 ans ou plus	Ensemble
Taux de chômage	2018	20,8	8,5	6,4	9,1
Taux d'emploi	1975	53,3	76,1	56,8	56
	1995	29,3	79,2	43,8	50
	2018	29,9	80,5	62,1	50,7
Part de la population en emploi ayant un diplôme supérieur long	1982	1,6	7,6	4,7	6
	2018	16,4	30,3	18,6	25,5

Insee, 2019.

→ Le cycle de vie est un facteur de structuration de l'espace social : toutes les générations (ensemble des personnes nées une même année, ou un même groupe d'années) n'ont pas les mêmes chances d'accès aux biens et aux services.

→ Ainsi, le taux de chômage des jeunes de 15-24 ans est 2,4 fois plus élevé que celui des 25-49 ans, et 3,3 fois plus élevé que celui des plus de 50 ans.

→ En conséquence, les jeunes sont contraints de prolonger leurs études et d'entrer plus tard sur le marché du travail que leurs aînés. En 1975, plus de la moitié des jeunes occupaient un emploi ; la part baisse à 29 % dès les années 1990.

→ La part des jeunes en emploi ayant un diplôme du supérieur long a été multipliée par dix entre 1975 et 2018, tandis que celle des plus de 25 ans n'a été multipliée que par quatre.

→ Les jeunes ont par ailleurs des difficultés d'accès à l'autonomie résidentielle : ils doivent rester de plus en plus tard chez leurs parents, et décalent d'autant le moment où ils formeront une famille.

→ Les seniors, face à l'allongement de la durée de vie, au recul de l'âge de départ en retraite, et à la baisse relative des pensions, doivent prolonger leur activité. Le taux d'emploi des plus de 50 ans diminue de 23 % entre 1975 et 1995 (date de la première réforme d'allongement de la durée de cotisation pour les retraites), mais augmente de 42 % entre 1995 et 2018.

2 Le sexe

Doc. Critères de structuration en fonction du sexe

	Année	Femmes	Hommes	Ensemble	Différence (F-H)/H (en %)
Salaire mensuel net (équivalent temps plein, en euros)	2008	1 735	2 218	2 025	-21,8
	2016	1 969	2 431	2 238	-19,0
Taux de chômage (en %)	1975	4,7	2,6	3,4	78,1
	1995	11,6	8,7	10,0	33,6
	2018	9,1	9,0	9,1	0,8
Part de la population en emploi ayant un diplôme supérieur long (%)	1982	4,8	6,8	6,0	-29,4
	2018	27,7	23,4	25,5	18,4

Insee, 2019

→ Le sexe est un facteur important de différenciation, même si les écarts tendent à s'atténuer. Les écarts de salaire sont significatifs : en 2016, les femmes gagnent 19 % de moins que les hommes. Mais ils se réduisent : selon l'Observatoire des inégalités, les femmes gagnaient 34 % de moins en 1975.

→ Les femmes étaient 1,8 fois plus touchées par le chômage que les hommes en 1975. Les écarts sont aujourd'hui négligeables (0,8 %).

→ La hiérarchie en termes de diplômes s'est inversée. En 1982, parmi la population occupant un emploi, la part des femmes ayant un diplôme supérieur long (bac + 4 minimum) était 29,4 % inférieure à celles des homes. Aujourd'hui, cette part est 18,4 % plus élevée. Si la qualification est plus élevée chez les femmes, leur rémunération reste cependant plus faible.

Mots clés

■ **Capital culturel** : ensemble des ressources culturelles.

■ **Capital social** : ensemble des ressources liées à la possession d'un réseau durable de relations d'interconnaissance.

■ **Genre** : manière dont les relations et les rôles de chaque sexe sont définis au sein d'une société.

■ **Groupe social** : unité sociale homogène (les membres ont des situations sociales et des manières de penser et d'agir similaires), durable, avec une conscience d'appartenance des membres du groupe.

■ **Groupes de statut** : groupe social, défini selon un ordre de prestige social.

■ **Habitus** : ensemble de façons de faire, de penser et d'agir, acquis durablement par l'individu au cours de sa socialisation, et qui guide ses conduites de façon plus ou moins consciente.

■ **Patrimoine** : biens détenus par un ménage ou un individu (stock).

■ **PCS** : « professions et catégories socioprofessionnelles ». Nomenclature de classification selon l'activité exercée par l'individu.

■ **Qualification** : ensemble des savoirs et savoir-faire acquis par un individu ou requis pour occuper un emploi.

■ **Revenu** : ressources d'un ménage ou d'un individu mesurées au cours d'une période donnée (flux).

■ **Stratification sociale** : façon de classer les individus dans une société en fonction d'un critère de hiérarchisation.

■ **Structure sociale** : répartition de la population en groupes sociaux différenciés au sein d'une société donnée.

Les auteurs importants

Karl MARX (1818-1883)

Économiste, sociologue, philosophe allemand et militant politique. Théoricien de la doctrine marxiste qui posa les fondements de l'idéologie communiste, il rédigea le *Manifeste pour le Parti communiste* avec Engels (1848). Sa théorie des classes sociales s'applique à toutes les sociétés : les rapports de production déterminent les rapports sociaux, c'est-à-dire que le mode de production capitaliste, fondé sur la domination du capital sur le travail, détermine les rapports sociaux d'exploitation des capitalistes (les bourgeois) sur les ouvriers (les prolétaires). C'est la lutte des classes.

William Lloyd WARNER (1898-1970)

Sociologue américain. Il a débuté sa carrière par des études ethnologiques, dont il a gardé la méthode empirique pour réaliser une étude devenue classique en sociologie sur la structure sociale d'une petite ville des États-Unis (Newburyport) entre 1930 et 1935. Son analyse statistique montre une collectivité divisée en six classes (strates) que les individus peuvent facilement franchir (vision opposée à celle de Marx).

Max WEBER (1864-1920)

Sociologue allemand, considéré comme le fondateur de la sociologie avec Émile Durkheim. Professeur de droit commercial, puis d'économie. À la suite d'une maladie nerveuse, il arrête l'enseignement pour se consacrer à la sociologie. Ses grands thèmes d'études sont les déterminants de l'action sociale, de la domination et de la rationalisation des sociétés.

Henri MENDRAS (1927-2003)

Sociologue français. Il a analysé l'évolution de la classe paysanne et a théorisé le processus de moyennisation. Sa représentation de la société en forme de toupie, dans laquelle l'essentiel des classes se rejoint au sein d'une constellation centrale, est célèbre.

Documents majeurs

Doc. 1 Les classes selon Max Weber

Nous appelons « situation de classe » la chance typique qui, dans un régime économique donné, résulte du degré auquel et des modalités d'utilisation selon lesquelles un individu peut disposer (ou ne pas disposer) de biens ou de services afin de se procurer des rentes ou des revenus ; chance [qui doit être évaluée sous les trois chefs] (a) de sa capacité à se procurer ces biens, (b) de ses conditions de vie extérieures, (c) de sa destinée personnelle. Nous entendons par « classe » tout groupe d'individus qui se trouvent dans la même position de classe.

a) Une classe sera dite « classe de possession » dans la mesure où la situation de classe est essentiellement déterminée par des différences en matière de possession.

b) Une classe sera dite « classe de production » lorsque les chances d'exploitation du marché ou des services déterminent essentiellement la situation de classe.

c) On appellera « classe sociale » l'ensemble de ces situations de classe à l'intérieur duquel un changement est aisément possible et se produit de manière typique, pour une personne donnée.

Max Weber, *Économie et société* (1922), réed. Paris, Pocket, « coll Agora », 1995.

Doc. 2 La lutte des classes chez Marx

L'histoire de toute société jusqu'à nos jours est l'histoire de luttes de classes [...].

À des époques plus reculées de l'histoire, nous trouvons presque partout une complète structuration de la société en corps sociaux distincts, une hiérarchie variée de positions sociales. Dans la Rome antique, nous avons des patriciens, des chevaliers, des plébéiens, des esclaves ; au Moyen Âge, des seigneurs, des vassaux, des maîtres de jurande, des compagnons, des serfs avec, en plus, à l'intérieur de chacune de ces classes, de nouvelles hiérarchies particulières. La société bourgeoise moderne, issue du déclin de la société féodale, n'a pas aboli les antagonismes de classes. Elle n'a fait que substituer de nouvelles classes, de nouvelles conditions d'oppression, de nouvelles formes de lutte à celles d'autrefois. Notre époque, l'époque de la bourgeoisie, se distingue toutefois par une simplification des antagonismes de classes. La société entière se scinde de plus en plus en deux vastes camps ennemis, en deux grandes classes qui s'affrontent directement : la bourgeoisie et le prolétariat.

Karl Marx, Friedrich Engels, *Le Manifeste du Parti communiste* (1e édition), 1848.

Exercice

Vérifiez vos connaissances

Répondre Vrai ou Faux aux assertions suivantes :

1. Toutes les sociétés adoptent une stratification sociale.
2. Les classes sociales sont des groupes fermés.
3. Pour Max Weber, les classes sociales reflètent trois dimensions : économique, sociale et politique.
4. Les catégories socioprofessionnelles sont le critère le plus utilisé pour appréhender la structure sociale.
5. Pour Henri Mendras, on assiste à une moyennisation des niveaux de vie.
6. Le sexe n'est plus un facteur pertinent de différenciation, dans la mesure où les écarts hiérarchiques ont disparu.
7. La classe moyenne est caractérisée par son hétérogénéité.

Sujet de bac

Dissertation s'appuyant sur un dossier documentaire

Les classes sont-elles un critère pertinent pour appréhender la structure sociale ?

Doc. 1 Entretien de Pierre Bourdieu avec deux jeunes du Nord de la France

– Tu disais que c'était pas très gai ici, pourquoi ? C'est quoi, c'est le boulot, c'est les loisirs ?

François – Oui, le boulot et les loisirs. On n'a pas de boulot là. Même dans notre quartier, on n'a rien.

Ali – On n'a pas de loisirs.

François – On a le local, mais les gens d'à côté, ils gueulent.

Ali – Ils sont pas gentils, c'est vrai.

– Pourquoi ils gueulent, parce qu'ils…

François – Parce qu'on est dans le jardin, et puis le soir, il n'y a rien dans notre cité, on est obligé d'aller dans les entrées quand il fait froid. Et puis quand il y a trop de bordel, ils appellent les flics. […]

•••

– Et il n'y a pas de terrain de sport…

François – Si, il y a un terrain de handball, mais c'est les gens d'à côté qui y vont.

– Oui, c'est ça, il n'y en a qu'un pour les deux cités, oui. C'est terrible, ça.

Pierre Bourdieu (dir.), *La misère du monde*, Paris, Seuil, 1993.

Doc. 2 Proportion de femmes parmi les hauts revenus en France (en %)

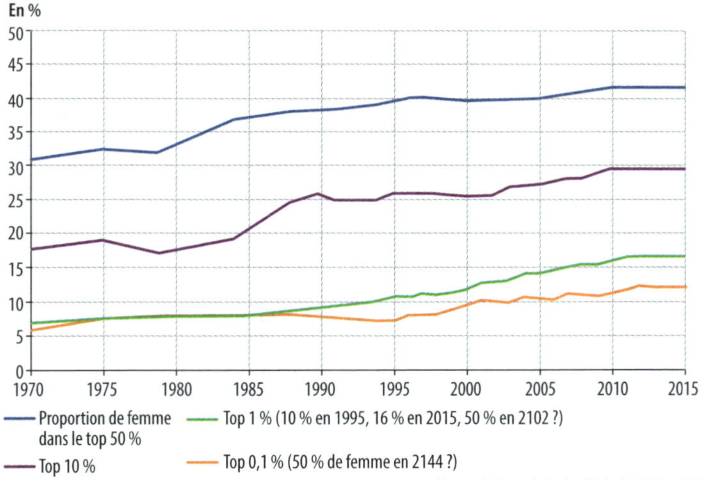

Thomas Picketty, *Capital et idéologie*, 2019, p. 803.

Doc. 3 Montants moyens de patrimoines bruts et nets selon l'âge, en 2018

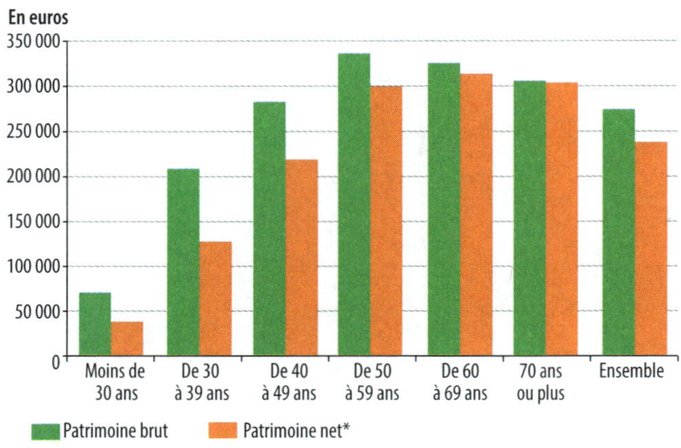

*Le patrimoine net correspond au patrimoine brut, dont on a déduit les éventuels emprunts privés et/ou professionnels encore en cours

Insee, enquête Histoire de vie et Patrimoine 2017-2018

POINT MÉTHODE

1 Analyse du sujet

- Définir les termes clés : la structure sociale et les classes.
- Le sujet suppose de montrer que les classes sont un critère important, mais qu'elles ne suffisent pas. Il ne faudra donc pas faire de grandes parties thématiques.

2 Étude des documents

Doc. 1 Entretien de Pierre Bourdieu avec deux jeunes du Nord de la France

Ce document est un entretien sociologique. Pierre Bourdieu (en italique) pose des questions à François et Ali, deux jeunes vivant dans une cité du Nord de la France.

On peut en tirer un certain nombre d'observations : ces jeunes vivent des difficultés d'insertion dans l'emploi et dans l'accès aux loisirs du fait de leur âge, mais surtout de leur lieu d'habitation (ils vivent dans un quartier de relégation) et de leur classe sociale. Leur manière de s'exprimer traduit un *habitus* de classes populaires (ils font des fautes de français).

Doc. 2 Proportion de femmes parmi les hauts revenus en France (en %)

Ce document est tiré d'un ouvrage de Thomas Piketty, économiste français spécialiste des inégalités.

La difficulté réside dans la lecture des chiffres : la proportion de femmes parmi les 1 % les plus riches en termes de revenus du travail est passée de 10 % en 1995, à 16 % en 2015. Si la tendance se poursuit au même rythme, elle sera de 50 % en 2102.

Doc. 3 Montants moyens de patrimoines bruts et nets selon l'âge, en 2018

Montrer que l'accès au patrimoine dépend de l'âge : les jeunes s'endettent plus facilement que leurs aînés (mesuré par l'écart entre le patrimoine brut et net).
Le montant moyen de patrimoine augmente jusqu'à 60 ans, puis diminue à partir de 70 ans.

Exercice

1 **Vrai.**

2 **En partie vrai.** Elles sont fermées dans la mesure où il est moins aisé de changer de classe que dans une société de strate. Mais tout dépend du point de vue : les classes chez Max Weber sont moins fermées que chez Karl Marx (où il est aisé de rejoindre le prolétariat, mais difficile de devenir, et de rester, capitaliste).

3 **Faux.** Les classes reflètent l'ordre économique, les groupes de statut, l'ordre social, les partis, l'ordre politique.

4 **Vrai pour la France**, mais on utilise aussi d'autres critères (sexe, âge…).

5 **En partie vrai.** Il s'agit surtout d'une uniformisation des modes de vie.

6 **Faux.** Ils se sont simplement réduits.

7 **Vrai.** On parle d'ailleurs plutôt de classes moyennes (au pluriel).

Sujet de bac

Les classes sont-elles un critère pertinent pour appréhender la structure sociale ?

Introduction

La structure sociale est la répartition de la population en groupes sociaux différenciés au sein d'une société donnée. Les classes sont un moyen d'appréhender cette différenciation, en fonction de la place des individus dans la division du travail, des inégalités d'accès à la richesse économique et ou au prestige social, des relations de domination. Elles permettent d'identifier des groupes sociaux de grande dimension.

Il convient donc de s'interroger sur la représentativité des classes sociales.

Nous verrons dans une première partie que les classes constituent un critère pertinent, puis dans une deuxième partie qu'elles sont insuffisantes pour refléter la structure sociale.

I. Les classes sont un critère pertinent

1. Une conception réaliste des classes montre l'existence de conflits

Karl Marx distingue les classes « en soi » et les classes « pour soi ». Dans la société capitaliste, il existe une opposition fondamentale entre bourgeois capitalistes et prolétaires, qui se traduit dans la lutte des classes.

2. Une conception nominaliste des classes permet de stratifier la société

Max Weber distingue trois ordres de stratification : économique, social et politique. L'échelle de classification est continue.

3. Cette théorie des classes trouve des prolongements dans les conceptions de Pierre Bourdieu

Les classes mobilisent des capitaux pour imposer leur domination, dans le cadre d'une lutte « pour les places ». Il existe un *habitus* de classe, en partie inconscient : par exemple la manière de s'exprimer (**doc. 1**).

II. Les classes ne suffisent pas pour appréhender la structure sociale

1. L'existence même des classes est remise en cause

La classe ouvrière a éclaté en plusieurs groupes. Aujourd'hui, on utilise plutôt le terme de « classe populaire ». La moyennisation des niveaux de vie et des modes de vie a rendu les analyses en termes de classes moins pertinentes. C'est pourquoi on utilise des échelles de revenu ou de diplôme. En France, la nomenclature des PCS est davantage utilisée.

Astuce

N'oubliez pas de montrer que les échelles de revenu ou de diplôme permettent de mettre l'accent sur la fluidité sociale, sur la facilité des individus à grimper ou descendre les échelles.

2. Les classes peuvent être articulées avec l'âge

Par exemple, elles doivent être complétées par l'âge : les jeunes connaissent des difficultés d'accès à l'emploi. L'augmentation du chômage depuis les années 1970 les touche particulièrement (**doc. 1**). Ils doivent continuer leurs études plus longtemps et ont des difficultés à accéder à la propriété privée (**doc. 3**). Les jeunes de milieux populaires connaissent davantage de difficultés, d'autant plus s'ils sont relégués dans des lieux d'habitation défavorisés (**doc. 1**).

3. Les classes doivent être croisées avec le sexe

La rémunération des femmes est inférieure à celle des hommes. Plus les femmes appartiennent à des classes élevées (selon le critère économique du revenu du travail), plus les écarts sont importants (**doc. 3**). Ces écarts se réduisent néanmoins.

Conclusion

Les classes sont donc un critère souvent utilisé pour appréhender la structure sociale. Leur conception différente permet de mettre au jour (ou non) une conflictualité sous-jacente au sein de la société.

Leur existence même est remise en cause, et on assiste à une multiplication des critères de différenciation. Néanmoins, l'augmentation des inégalités de revenu et de patrimoine en faveur des plus riches (les fameux « 1 % »), depuis les années 1980, réactive les raisonnements en termes de classes.

CHAPITRE 7

L'action de l'école sur les individus et les sociétés

DE QUOI S'AGIT-IL ?

Rendue obligatoire jusqu'à 13 ans par Jules Ferry en 1882, l'instruction publique s'impose par la gratuité de l'école. D'abord instituée pour asseoir la République, l'école est aujourd'hui au centre de nombreux enjeux individuels et collectifs. Dans une société où le diplôme est devenu la clé pour l'accès à l'emploi, l'école joue un rôle déterminant dans l'intégration et la promotion sociale. Par ailleurs, l'idéal démocratique repose sur l'égalité des chances et la méritocratie, valeurs que l'école est censée porter. Enfin, par la formation du citoyen dans les valeurs de la République, l'école est le « ciment » social qui nous permet de faire société. Si la massification scolaire est à l'origine d'un processus de démocratisation, les inégalités face à l'école semblent persister.

1 L'école : transmission des savoirs et égalité des chances

L'école est une instance de socialisation primaire. À ce titre, elle transmet des savoirs, des savoir-faire et des savoir-être. Dans ses principes, l'école républicaine vise à établir l'égalité des chances entre les élèves et les futurs citoyens quel que soit leur milieu d'origine.

A Des savoirs pour former les citoyens et les futurs actifs

1. Socialisation et esprit critique

- Deux traditions émergent pour répondre à la question du rôle que l'école doit remplir. La première, que l'on peut faire remonter à Platon ou plus récemment à Émile Durkheim, présente l'école comme une « mise en ordre du monde ». La transmission des savoirs permet de comprendre et d'organiser la société et c'est dans cette direction que s'oriente l'école républicaine à ses débuts. Il s'agit de donner aux individus les éléments d'un socle de compétences (lire, écrire, compter) et de connaissances (l'histoire et la géographie nationale) afin qu'ils se dotent d'une culture commune et puissent participer à la vie économique, politique et sociale et, ainsi, renforcer le sentiment d'appartenance à la nation.
- Une seconde vision du savoir s'est développée depuis Rousseau : celle d'un savoir « libératoire » qui, comme le souhaitait Condorcet, puisse rendre « le sujet souverain ». L'objectif est de faire de l'école une instance émancipatrice permettant à l'individu de ne pas simplement s'adapter à son environnement mais également de pouvoir le transformer.
- Pour comprendre la société dans laquelle nous vivons et s'y intégrer, il est nécessaire d'acquérir des savoirs et des savoir-faire. Grâce à ces savoirs « fondamentaux », l'individu devient capable de développer un esprit critique, d'aborder les problèmes et de s'interroger avec une capacité de jugement qui lui est propre.
- Aujourd'hui, en matière d'éducation, la question de la transmission des savoirs divise. Expérimentations artistiques, utilisation des outils numériques, sorties pédagogiques et retour aux fondamentaux : les opinions concernant la meilleure pédagogie à appliquer sont partagées. Dans la réalité cependant, si les avis divergent quant à l'application de ces différentes méthodes, la majorité des professeurs s'accordent sur l'idée qu'une réflexion sur les modes de transmissions est primordiale, et que la pédagogie joue un rôle essentiel dans l'assimilation des savoirs, même basiques.

2. Certification des compétences et qualification

- L'offre d'emplois représente les besoins des entreprises qui, selon leur activité, réclament plus ou moins de qualifications. Depuis les années 1980, sous l'effet des mutations économiques (progrès technique, mondialisation), la qualification des emplois augmente. L'économie a besoin d'individus qualifiés et de nouvelles compétences. On parle ici de « capital humain », c'est-à-dire l'ensemble des ressources (physiques et intellectuelles) qu'un individu peut mobiliser dans son travail.

- Pour répondre à ces exigences économiques, l'État a fait le choix d'augmenter la durée des études et de diversifier les voies de formation au lycée puis dans le supérieur grâce aux filières technologiques (DUT, BTS, licences professionnelles). De leur côté, les individus ont pris conscience de la nécessité d'obtenir une qualification et de prolonger leurs études.

- Ainsi, à l'échelle collective et individuelle, les dépenses et le temps consacrés à la formation initiale ont augmenté. Un investissement est donc réalisé pour se doter d'un capital humain satisfaisant. Le diplôme vient certifier un niveau de connaissances et de compétences initial.

- Par son caractère national, l'école délivre les mêmes diplômes partout sur le territoire. Elle doit également s'adapter aux évolutions économiques et de l'appareil productif en fournissant une offre de formation, et donc des savoirs, en adéquation avec les métiers de demain.

> **Remarque**
> L'historien Antoine Prost estime à environ 50 % le nombre d'élèves qui quittent l'école à la fin des années 1930 sans avoir obtenu le Certificat d'études primaires (CEP). L'importance croissante de l'obtention du CEP dans les années 1950-1960 est à mettre en relation avec la croissance du secteur tertiaire. Le CEP est en effet le premier diplôme exigé pour la titularisation dans les administrations, les services publics et les collectivités territoriales.

B Une école fondée sur l'égalité des chances

1. Une égalité d'accès

- L'instruction étant obligatoire, l'État se doit de produire un service public d'éducation gratuit. Pour renforcer le caractère universel de l'école et ne pas distinguer les élèves, le principe de laïcité s'impose au système scolaire. Depuis les années 1960, tous les élèves vont à la même école, suivent les mêmes programmes et enseignements. Quel que soit le milieu social, le sexe ou la religion, l'école publique est ouverte à tous.

> **Remarque**
> Avant les années 1950, l'enseignement secondaire était divisé entre une voie d'élite (le lycée) et l'enseignement primaire supérieur (plutôt réservé aux classes populaires). Par la suite, le collège sera créé mais restera lui aussi divisé entre la voie générale et la voie technique jusqu'aux années 1970.

- C'est aussi à cette période que l'école s'engage dans la mixité sexuelle et sociale. La plupart des écoles accueillent dès lors filles et garçons dans les mêmes classes et la carte scolaire est créée afin de renforcer la mixité sociale.
- Au-delà de l'âge légal de la scolarisation obligatoire poussée jusqu'à 16 ans, la volonté des pouvoirs publics est de favoriser l'accès de tous au baccalauréat et à l'enseignement supérieur. À 18 ans, 97 % des jeunes sont ainsi encore dans le système éducatif et l'âge moyen de sortie des études est de plus de 21 ans.

2. Des outils pour renforcer l'égalité des chances

- C'est à partir des années 1980 que l'égalité des chances devient centrale dans les politiques éducatives. L'idéal démocratique, qui repose notamment sur la justice sociale et l'équité, doit permettre aux individus d'accéder à toutes les positions sociales et donc à toutes les formations. D'autre part, il s'agit de pouvoir concrétiser dans la réalité les principes méritocratiques sur lesquels l'école se fonde.
- C'est dans ce but que l'État créé, pour les écoles primaires et les collèges, les zones d'éducation prioritaires (ZEP), qui deviendront les REP et REP+ (réseaux d'éducation prioritaires). Il s'agit de donner plus de moyens aux territoires qui concentrent davantage de handicaps sociaux (chômage, pauvreté). Les enfants scolarisés dans ces REP bénéficient d'un taux d'encadrement plus élevé et d'un équipement plus développé. L'État rompt ainsi avec le principe d'égalité (la même chose pour tous) pour s'orienter vers l'équité en corrigeant les inégalités de départ. Cette politique s'apparente à de la discrimination positive.
- C'est dans cette même logique que se développent les aides financières pour les élèves issus de familles modestes (bourses) et que l'État impose des quotas de boursiers (20 %) dans le recrutement des étudiants des classes préparatoires et des grandes écoles.

Remarque
Sciences Po Paris est la première grande école à offrir une voie d'accès particulière aux élèves issus de ZEP et à exonérer les boursiers des frais de scolarité.

L'ESSENTIEL

L'école transmet des savoirs et contribue à l'égalité des chances

- L'école de la République est passée progressivement d'une institution servant à créer une culture commune et un sentiment d'appartenance à la nation à une institution qui forme des compétences et délivre des diplômes.
- L'école s'adapte de plus en plus aux évolutions de l'appareil productif en diversifiant ses filières et ses diplômes.
- À partir des années 1980, le principe d'égalité des chances s'impose à l'école qui devient un outil pour améliorer la justice sociale à travers la promotion sociale.

2 Massification et démocratisation de l'école

A La massification scolaire

1. D'une école de classe à l'école de masse

- Si l'instruction obligatoire et l'école publique gratuite ont permis à toutes les catégories sociales d'accéder aux savoirs fondamentaux, l'enseignement reste nettement différencié selon les classes sociales et les sexes jusqu'à la Seconde Guerre mondiale. Les lycées sont réservés aux enfants des familles favorisées et les filles sont vite orientées vers des filières domestiques (cuisine, couture).

- En 1947, dans un contexte de forte croissance démographique (baby boom) et de perspectives de développement économique, la commission Langevin-Wallon lance une réforme ambitieuse de l'enseignement qui permettrait de « rendre la connaissance accessible à tous ». Si les grands principes sont posés, il faut attendre 1959 pour que la loi instaure la scolarité obligatoire jusqu'à 16 ans et que les collèges remplacent progressivement les différents réseaux de scolarisation qui existaient jusque-là.

- La réforme Haby de 1975 instaure le collège unique. Tous les élèves, de la sixième à la troisième, doivent recevoir le même enseignement. C'est le début du phénomène de massification de l'école par lequel les générations vont progressivement accéder massivement à l'enseignement secondaire puis aux études supérieures. On parle également de « démocratisation quantitative » pour évoquer ce processus d'ouverture générale des études secondaires et supérieures à toute la population.

Remarque

Entre 1966 et 1975, on a, selon l'historien Antoine Prost, inauguré en moyenne un collège par jour ouvrable.

- Une deuxième phase de la massification s'opère entre 1985 et 1995. Elle est caractérisée par l'augmentation du nombre de bacheliers et l'explosion des effectifs dans l'enseignement supérieur. Malgré la baisse de la natalité depuis 1975, les effectifs scolaires ne cessent d'augmenter. 90 % des jeunes de 2 à 22 ans sont aujourd'hui scolarisés. Après la création du baccalauréat professionnel (1985), la loi d'orientation de 1989 fixe l'objectif volontariste d'atteindre 80 % d'une classe d'âge obtenant le baccalauréat pour l'an 2000. Après une progression spectaculaire depuis 1985, la proportion d'une classe d'âge qui obtient le baccalauréat semble se stabiliser depuis le milieu des années 1990 aux environs de 70 %. Par ailleurs, le nombre de titulaires d'un diplôme d'enseignement supérieur a presque triplé entre 1975 et 2015.

2. De nouveaux publics à l'école

● Depuis cinquante ans, l'école fait face à un élargissement de son public, en même temps qu'elle doit prendre en compte les profondes transformations qui travaillent la société, particulièrement depuis les années 1970. À une diversité croissante des origines sociales et culturelles des élèves sont venues s'ajouter de nouvelles pratiques sociales.

● Dans les familles et dans l'ensemble de la société, les modes de fonctionnement autoritaires et directifs s'effacent pour laisser la priorité à des valeurs comme le respect de l'autonomie de chacun, l'épanouissement de l'enfant, le droit des individus. Les jeunes acceptent de plus en plus difficilement les contraintes scolaires, encore très souvent fondées sur l'autorité.

● Des recherches montrent que, pour beaucoup de ces jeunes, le rapport au savoir et le sens qu'ils donnent aux études n'est plus du tout le même qu'il y a encore trente ans. Un certain pragmatisme domine (certains sociologues parlent de « consumérisme ») et, particulièrement dans les milieux populaires, beaucoup d'élèves ne viennent en cours que pour obtenir un diplôme (en vue d'obtenir un travail) et voudraient se voir enseigner des savoirs dont ils perçoivent la rentabilité immédiate.

Doc. **Les étudiants inscrits dans l'enseignement supérieur depuis 1960 (en milliers)**

	1960	1970	1980	1990	2000	2010	2013	projection pour 2020
Universités	215	661	858	1160	1397	1437	1500	1661
dont IUT		24	54	741	119	117	116	126
STS	8	27	68	199	239	242	255	285
CPGE	21	33	40	64	70	80	84	93
Autres étab. et formations	66	130	215	293	454	560	591	592
Ensemble	310	851	1181	1717	2160	2319	2430	2630
Part de l'université en %	69,3	77,7	72,7	67,5	64,7	62,0	61,7	63,2

Source : MENESR-DGESIP/DGRI-SIES

B Une massification qui s'accompagne d'une certaine démocratisation

1. Une diversification des filières pour offrir une chance à tous

• La création puis la diversification des bacs technologiques et professionnels donnent la possibilité aux élèves issus des classes populaires de prolonger leur scolarité au-delà de 16 ans. La mise en place de nouvelles épreuves, d'autres formes d'évaluations et de plus d'accompagnement des élèves permettent la progression du taux de réussite au bac qui, jusqu'aux années 1980, stagnait autour de 50 à 60 % pour atteindre aujourd'hui un taux supérieur à 80 %. La progression du taux de réussite bénéficie surtout aux catégories populaires (*cf.* graphique ci-dessous).

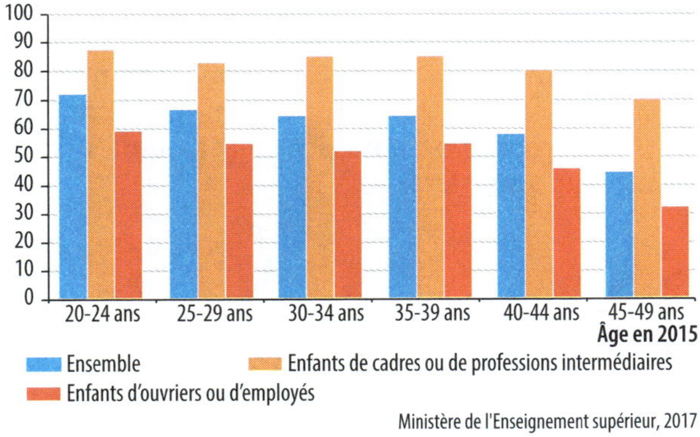

Doc. **Part de bacheliers en % selon l'âge et le milieu social en France en 2015**

• La création de cursus courts dans l'enseignement supérieur comme les STS (sections de techniciens supérieurs qui débouchent sur un BTS) ou les IUT (instituts technologiques universitaires) s'adressent à des bacheliers provenant des filières générales mais aussi des voies industrielles, agricoles ou tertiaires. Ils offrent la possibilité à des milieux autrefois éloignés des études supérieures d'acquérir des formations qualifiantes et parfois de haut niveau à travers des passerelles vers les écoles de commerce ou d'ingénieur.

2. Une école plus inclusive et progressiste

• Plus récemment, des politiques volontaristes visent à intégrer les élèves présentant différents types de difficultés (les « dys ») ou handicaps. Ces élèves, autrefois exclus du système scolaire classique ou en échec, disposent désormais de prises en charge spécifiques, d'aides ou de pédagogies différenciées afin de suivre une scolarité similaire à la majorité des élèves (école inclusive).

- Depuis une dizaine d'année, l'école cherche également à lutter contre l'inertie des mœurs et les stéréotypes. Par des campagnes d'information, des enseignements ou des contenus disciplinaires, l'école tente de casser des représentations sociales ou sexuelles accolées aux choix des filières d'études et des métiers. La création de classes préparatoires aux grandes écoles ou de conventions avec des établissements prestigieux (« cordées de la réussite ») dans des lycées de quartiers populaires permet d'ouvrir le champ des possibles (capabilité) à des milieux qui s'interdisaient jusque-là d'envisager des voies d'excellence.
- Les habitudes sociales, l'attitude (souvent inconsciente) des enseignants ou des familles tendant à orienter les filles vers des filières littéraires, linguistiques ou sociales semblent régresser aujourd'hui sous l'effet notamment d'une certaine volonté politique et médiatique de lutter contre les stéréotypes de genre.
- L'ensemble de ces éléments contribue, au-delà d'un accès plus large à l'école et à l'enseignement supérieur (massification), à accroître les chances de réussite des populations les moins favorisées et de répondre ainsi à l'idéal méritocratique porté par nos sociétés. On parle alors de « démocratisation » et plus précisément de « démocratisation qualitative » car, au-delà du nombre, c'est l'égalité des chances qui s'améliore.

L'ESSENTIEL

Massification et démocratisation de l'école

- À partir des années 1960, on assiste à une volonté d'élargir l'accès aux études et à leur prolongation. On parle alors de « massification scolaire ».
- Cette massification s'appuie sur le collège unique et une diversification des filières dans le second cycle et le supérieur permettant l'arrivée de nouveaux publics.
- L'enseignement et la relation aux élèves se transforment également. L'école se veut de plus en plus égalitaire et inclusive en multipliant les parcours accompagnés et différenciés.

3 Des inégalités scolaires qui persistent

A Des inégalités sociales, territoriales et sexuelles

1. L'influence du milieu social sur la réussite scolaire

- Selon le ministère de l'Éducation nationale, les enfants d'ouvriers représentent 11 % des étudiants, soit trois fois moins que leur part parmi les jeunes de 18 à 23 ans. À l'opposé, les enfants de cadres supérieurs représentent 30 % des étudiants, mais seulement 17 % des 18-23 ans. On parle de surreprésentation des enfants des catégories supérieures dans l'enseignement supérieur.
- Par ailleurs, sur les 10 % des élèves quittant l'école avant 18 ans et les 20 % sortant du système scolaire ou universitaire sans diplôme ou seulement avec le brevet des collèges, une grande majorité est issue des milieux populaires. Cette situation constitue un marqueur social très stigmatisant sur le marché du travail pour les individus qui en sont victimes.
- Dans les classes préparatoires aux grandes écoles (CPGE), considérées comme les filières les plus valorisées, près de la moitié des élèves ont des parents exerçant des fonctions de cadres supérieurs alors que les enfants d'ouvriers et d'employés ne représentent que 15 % des effectifs.

Doc. Origine sociale des élèves des classes préparatoires et des grandes écoles de l'enseignement supérieur (en %)

	Agricult., artisans, commerç., chefs d'entr.	Cadres sup.	Prof. interm.	Employés	Ouvriers	Retr. et inac.	Part d'enfants de cadres/ part d'enfants d'ouvriers
École polytech.*	6,9	63,7	10,5	5,6	1,3	nd	49,0
Écoles norm. sup.	12,1	53,2	12,3	6,7	2,7	4,8	19,7
ENA**	9,4	68,8	8,7	4,5	4,4	4,3***	15,6
Écoles d'ingénieurs	11,5	46,5	11,7	7,5	6,0	7,4	7,8
Classes prépas	10,6	49,5	12,0	10,1	6,4	6,4	7,7
Ensemble des 18 à 23 ans	13,1	17,5	17,7	8,9	29,2	6,8	0,6

France métropolitaine et Dom. * Élèves de première année, données 2003-2013. ** Tous concours confondus, catégorie socioprofessionnelle du père, données 2015. *** Inactifs, chômeurs et non renseignés. Nd : non disponible.

Source : ministère de l'Éducation nationale, ENA-Cera, Cour des comptes, Sénat (données 2014-2015).
© Observatoire des inégalités.

COURS

COURS

2. Des inégalités territoriales

- Dès le collège, mais surtout au lycée, certains élèves des territoires ruraux ou périurbains doivent faire de longs trajets pour se rendre dans leur établissement. De plus, l'absence de choix dans l'établissement réduit souvent les enseignements proposés (options, spécialités), tandis que les élèves des lycées de centre-ville disposent d'une offre scolaire très large.

- Dans l'enseignement supérieur, ces mêmes territoires n'offrent que peu de formations. Les étudiants doivent alors se déplacer loin de chez eux ou limiter leurs ambitions. Ces déplacements entraînent des coûts (logements, transports, temps) que tous ne peuvent supporter ou alors au détriment de la qualité de leurs études (nécessité de prendre un « job » étudiant). Les territoires sont souvent le reflet d'inégalités économiques et sociales. Ceux qui ont dû s'éloigner des grands centres sont souvent les plus modestes.

3. Des parcours scolaires genrés

- Quel que soit le niveau et les matières, les filles obtiennent de meilleurs résultats scolaires que les garçons. Si les garçons ont été dépassés de longue date en français, ils restaient globalement meilleurs en mathématiques : ce n'est plus le cas. Cette égalisation des niveaux fait que les filles, longtemps très minoritaires dans les matières scientifiques du lycée, font désormais presque jeu égal avec les garçons. Pour autant, une fois dans le supérieur, les garçons choisissent bien rarement les matières littéraires. Les filles sont aussi très majoritaires dans les sciences humaines et sociales.

- Les choses changent mais l'évolution est lente : comme pour la démocratisation entre catégories sociales, la différenciation filles/garçons se déplace à des niveaux supérieurs avec l'allongement du cursus scolaire. C'est dans l'enseignement supérieur, alors que les femmes y sont très majoritaires (56 % des étudiants), que les choix d'orientation sont très différents et ne débouchent pas sur des carrières aussi rémunératrices et à haute responsabilité.

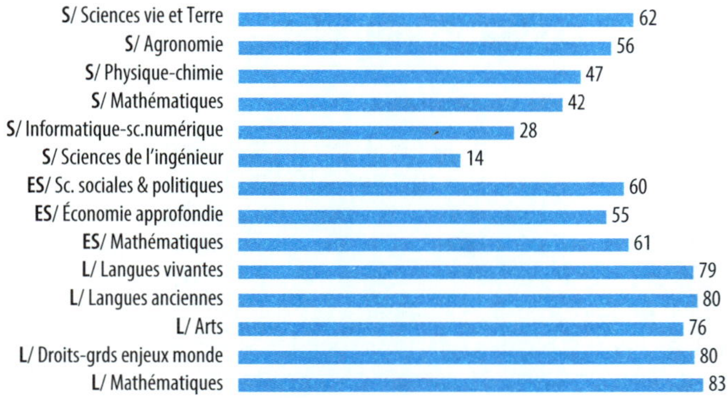

Doc. **Part des filles en Terminale générale selon la série et l'enseignement de spécialité à la rentrée 2017 (en %)**

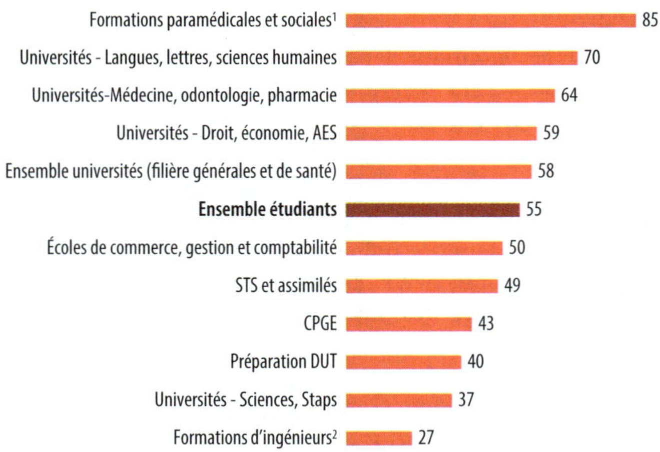

1. Données 2015-2016
2. Ensemble des formations d'ingénieurs (universitaires ou non), y compris formations en partenariat.

MESRI-SIES

Doc. **Part des femmes dans l'enseignement supérieur selon la formation ou le type d'institution en 2017 (en %)**

COURS

B Des facteurs explicatifs multiples

1. Une inégale dotations en capitaux

- Le capital économique représente l'ensemble des ressources matérielles, constituées du patrimoine et des revenus. Le capital culturel se décompose en trois éléments : le capital « objectivé », c'est-à-dire les biens culturels possédés (livres, objets d'arts, etc.), le capital « certifié », à savoir les diplômes scolaires et universitaires et enfin le capital « incorporé » : il s'agit du langage, des capacités intellectuelles, du savoir et du savoir-être (c'est l'habitus). Le capital social est lui constitué de l'ensemble des relations sociales, des réseaux sociaux qu'un individu peut mobiliser dans sa stratégie de reproduction ou d'ascension sociale.

- Ces capitaux, dont la transmission influence la destinée sociale des individus, sont inégalement répartis entre les familles. La famille et le milieu d'origine jouent encore un rôle important dans la détermination de la position sociale des individus.

- Le rôle du capital économique dans la réussite scolaire intervient à plusieurs niveaux : la taille du logement va influencer les conditions de travail des enfants, le soutien scolaire peut être effectué par le recours à des cours particuliers, etc.

- Le capital culturel serait malgré tout le plus déterminant : les enfants des classes populaires souffrent en général d'un handicap par rapport aux enfants des classes dites « supérieures », qui eux possèdent la culture dite « légitime » (type de langage écrit, oral, livres lus, etc.). C'est cette culture qui est transmise à l'école, et les enfants des classes supérieures sont ainsi favorisés dans l'apprentissage scolaire.

- Enfin, l'inégal rendement des diplômes a lui aussi été démontré : à diplôme égal, un enfant issu d'une famille fortement dotée en capital social occupera en moyenne un statut social supérieur par rapport à un enfant issu d'une famille moins dotée en capital social.

2. Des stratégies familiales différentes

- Selon certains sociologues, les familles de milieux défavorisés voient dans les études un coût économique et humain important. En poursuivant des études, les étudiants renoncent à des revenus immédiats tout en devant assumer des frais de scolarité, de transport et de logement parfois importants.

- De plus, dans ces milieux, l'expérience collective par rapport à l'école fait que la perception des études est floue et aléatoire et réclame un investissement humain très important.

- Le rapport coûts/bénéfices est donc vécu comme désavantageux pour les milieux populaires. Bien que reconnaissant les vertus des études, ils estiment très faiblement leurs chances de réussite. Ce calcul conduit donc une large partie des milieux les plus modestes à renoncer aux études longues et aux filières les plus prestigieuses pour s'orienter dans des voies plus directes et perçues comme plus sûres vers la vie professionnelle. Le raisonnement est totalement inversé pour les milieux favorisés qui sous-estiment les coûts et surestiment les gains des études.

- Dans son ouvrage *Enfances de classe* paru en 2019, Bernard Lahire observe une précocité (dès la maternelle) des stratégies de scolarisation socialement différenciées. Dans les classes supérieures, les parents choisissent des écoles qui visent l'excellence scolaire. Ils privilégient l'école publique lorsqu'ils vivent dans un quartier déjà socialement ségrégué et, bien souvent, la commune de résidence est choisie en fonction de la réputation du collège et du lycée de secteur. Le même souci de performance se retrouve dans les classes moyennes qui peuvent choisir leur lieu d'habitation en fonction de la carte scolaire ou mobiliser des ressources financières (recours au privé) ou sociales (réseau de connaissances) pour la contourner si elle s'avère défavorable. Au sein des classes moyennes et supérieures, on constate également une certaine capacité à pédagogiser la vie quotidienne, à lier les enseignements scolaires à la vie de l'enfant, à leur donner du sens. Dans les familles des classes populaires en revanche, la relation à l'école est davantage subie. Pour les plus précaires, l'école est un lieu de socialisation indispensable car c'est le seul endroit où les enfants et leurs familles pourront acquérir les codes de l'institution (langage, attitudes sociales), contrairement aux catégories supérieures qui les maîtrisent dès le départ. L'école est ainsi perçue comme un lieu stable dans des vies très précarisées.

3. Le rôle de la socialisation

- La différence de choix d'orientation entre les filles et les garçons s'explique pour une large part par la socialisation sexuellement différenciée. Même si les mœurs évoluent vers plus d'égalité, la manière dont les filles sont éduquées, les normes et valeurs qui leur sont transmises les conduisent à mieux réussir à l'école du fait d'une meilleure adaptation aux règles et méthodes de l'institution (être sage, ordonnée, soigneuse, etc).

- Cependant, de façon subtile et souvent inconsciente, l'environnement familial projette des attentes différentes, en matière de comportement et de système de valeurs, sur les filles et les garçons. Les aptitudes artistiques ou littéraires seront davantage valorisées chez les filles tandis que le rapport aux mathématiques ou aux sciences apparaîtra comme secondaire (c'est l'inverse pour les garçons).

De plus, on observe que l'ambition et le goût de la compétition sont davantage stimulés chez les garçons alors que les filles seront davantage incitées à des attitudes réservées. Il en ressort que les garçons possèdent une estime d'eux-mêmes, à résultats scolaires équivalents voire inférieurs, bien plus importante que les filles. Ces éléments pèsent fortement sur les choix d'orientation.

- Les travaux de la sociologue française Marie Duru-Bellat ont permis de mettre en évidence le poids de la socialisation dans la transmission des rôles sociaux propres à chaque sexe et la manière dont les choix d'orientation reposent sur cette distinction. Elle souligne d'ailleurs que le comportement des enseignants est, lui aussi, différencié et participe également à la diffusion des stéréotypes sexués. Le travail de Marie Duru-Bellat tend à prouver que les petites inégalités, observées dans les plus petites classes, sont amenées à grandir au fur et à mesure de la scolarité. Ainsi, les élèves intègrent des stéréotypes de genre qui pèsent sur les choix scolaires.
- Enfin, des études ont montré que la ségrégation urbaine favorisait l'échec scolaire. Les populations défavorisées étant de plus en plus concentrées dans certains quartiers, on observe un effacement de la mixité sociale dans certains établissements scolaires ; or, il est prouvé que les élèves des classes populaires réussissent mieux leur scolarité au sein de classes mixtes socialement. La localisation géographique des familles serait donc un facteur déterminant dans la réussite scolaire du fait de ce qu'elle offre en terme d'environnement social plus ou moins propice à la scolarité.

L'ESSENTIEL

Des inégalités scolaires qui persistent

- L'inégale dotation en capital économique, social et culturel est à l'origine d'inégalités importantes dans la réussite scolaire selon les milieux sociaux.
- L'hétérogénéité des territoires, par une offre scolaire et des conditions matérielles d'accès différentes, participe également aux inégalités de trajectoires scolaires favorisant les populations des grandes villes et des quartiers favorisés.
- Que ce soit en fonction du milieu social ou des sexes, la socialisation construit des rapports à l'école et aux études différents selon les individus stimulant ou freinant, selon les cas, la réussite scolaire et le choix de parcours prestigieux.

ZOOM SUR…

École et stratégies familiales

➜ On oppose traditionnellement deux interprétations pour expliquer la forte tendance à la reproduction sociale : celle de Pierre Bourdieu, qui analyse l'inégalité des chances à l'école d'un point de vue holiste (c'est le poids des structures qui prédomine) et celle de Raymond Boudon qui, lui, explique l'inégalité des chances par la stratégie des acteurs (individualisme méthodologique, approche fondée sur la rationalité de l'individu).

1 La thèse de Pierre Bourdieu

➜ Dans les années 1960, Pierre Bourdieu et J.-C. Passeron (*Les Héritiers*, 1964, *La Reproduction*, 1970) ont étudié le lien entre réussite scolaire et origine sociale : ils expliquent la reproduction sociale par la détermination du milieu d'origine et le rôle des structures (scolaires) sur la position de l'individu.

➜ À structure sociale identique d'une génération à une autre, l'accès à ces positions est donc peu ouvert aux enfants des familles plus modestes qui, elles, ont à l'inverse des handicaps en termes de dotation en capitaux transmis. Pierre Bourdieu montre que les familles occupant les positions sociales les plus valorisées mettent en œuvre des stratégies pour assurer la transmission de leur position à leurs enfants (choix des meilleures écoles, filières valorisées, paiement de cours de soutien, d'un logement, etc.).

➜ La thèse de Bourdieu remet en cause le rôle de l'école comme facteur de mobilité. Au contraire, pour lui, l'école est la source de la reproduction sociale des privilèges : elle renforce et légitime l'inégalité des chances en sélectionnant les individus avec des diplômes. Ceux-ci sont censés sanctionner le seul mérite individuel (méritocratie) alors que, dans les faits, la réussite scolaire est fortement influencée par le milieu d'origine. Le système scolaire « valide » donc des inégalités scolaires qui proviennent en partie d'inégalités sociales.

➜ En effet, Bourdieu explique que la transmission du capital culturel agit directement sur la réussite scolaire (il est en cela plus déterminant encore que le capital économique) : la culture transmise par l'école est très proche de celle des classes supérieures et très éloignée de celle des classes populaires. C'est pourquoi les enfants issus des milieux populaires intériorisent plus difficilement la culture scolaire (importance de l'écrit, l'abstraction, le vocabulaire, etc.).

➔ Il existe une violence dite « symbolique », légitimée par l'école. Elle provient de l'effacement et du dénigrement de la culture populaire à l'école ; elle est symbolique car elle touche aux attitudes, aux façons de penser, de parler, aux rituels de la vie sociale des individus, qui sont remis en cause par la culture académique de l'école. L'habitus des classes populaires freine leur réussite scolaire.

2 La thèse de Raymond Boudon

➔ Raymond Boudon (*L'inégalité des chances*, 1973) explique quant à lui la tendance à la reproduction à partir de l'analyse des comportements individuels. Selon lui, les familles effectuent des calculs rationnels en comparant les coûts de l'investissement scolaire à leur utilité et aux bénéfices qu'ils apportent (profession atteinte, statut social). Les inégalités scolaires résulteraient d'une stratégie différente selon les familles en termes d'investissement scolaire : la demande d'éducation des familles est différente selon l'origine sociale.

➔ Pour Boudon, les inégalités scolaires, et donc la position sociale d'un individu, sont dues aux choix opérés par les familles et les élèves, sous l'effet de deux phénomènes. Premièrement, il ne semble pas nécessaire aux enfants des catégories populaires de faire des études supérieures pour dépasser le niveau social de leurs parents. En effet, si un élève de milieu aisé veut atteindre le niveau social de ses parents, il doit être diplômé de l'enseignement supérieur long pour s'insérer directement dans les PCS du groupe CPIS (cadres et professions intellectuelles supérieures). En revanche, un élève de catégorie populaire peut croire suffisant de s'arrêter au niveau de diplôme immédiatement supérieur à celui de ses parents. Deuxièmement, le coût des études rapporté au revenu des familles est d'autant plus élevé lorsque les résultats scolaires sont médiocres ; les familles des catégories populaires investissent d'autant moins dans les études que les chances d'accéder aux études supérieures sont faibles.

➔ La théorie de Boudon repose en partie sur le paradoxe d'Anderson daté 1961. Sur la base d'études statistiques, ce sociologue américain met en évidence que le fait qu'acquérir un diplôme de rang supérieur à celui de ses parents ne garantit pas l'accès à une position sociale plus élevée que la leur.

➔ Les enfants des classes populaires se heurtent ainsi au paradoxe d'Anderson et aux conséquences de la démocratisation de l'école, qui permet à de plus en plus d'élèves d'atteindre et de dépasser le niveau de leurs parents, ce qui accroît la concurrence entre eux. Il n'y a pas d'adéquation entre la structure sociale (emplois) et la structure scolaire (diplôme), et ce sont d'abord les enfants des classes populaires qui en subissent les conséquences.

Mots clés

■ **Capital économique** : ensemble des ressources économiques et matérielles (revenus et patrimoine) dont dispose un individu.

■ **Capital culturel** : ensemble des ressources culturelles (savoirs, savoir-faire ou compétences, maîtrise de la langue et des arts) détenues par un individu et qu'il peut mobiliser.

■ **Capital social** : ensemble des ressources provenant d'un réseau de relations qu'un individu peut mobiliser.

■ **Démocratisation scolaire** : processus par lequel une plus grande partie de la population accède à l'école et aux études supérieures. Baisse de la corrélation entre origine sociale et parcours scolaire.

■ **Discrimination positive** : favoriser certains groupes victimes de handicaps au départ afin d'accroître l'égalité des chances.

■ **Massification scolaire** : accès massif des enfants des classes populaires à l'enseignement secondaire et supérieur.

■ **Méritocratie** : système selon lequel le mérite détermine les hiérarchies. Ce principe s'impose à l'école comme modèle de justice sociale.

■ **Habitus** : concept sociologique défini par le sociologue Pierre Bourdieu comme un ensemble de dispositions acquises par l'individu au cours de sa socialisation. Les manières de penser, de percevoir, de se comporter accumulées par l'individu au cours de ses expériences sociales créent un cadre qui modèle ses pratiques sociales.

■ **Socialisation** : processus d'intériorisation des normes et des valeurs d'un groupe, d'une société. On distingue la socialisation primaire, celle de l'enfance et du jeune adulte (réalisée essentiellement par la famille et par l'école) et la socialisation secondaire, celle de la vie adulte (réalisée par la sphère du travail, le secteur associatif, etc.).

■ **Stéréotypes sexués** : représentation caricaturale figée, une idée reçue, une opinion toute faite acceptée et véhiculée sans réflexion concernant les différences entre hommes et femmes.

Les auteurs importants

Raymond BOUDON (1934-2013)

Sociologue français fondateur de l'individualisme méthodologique en France, courant proche de la théorie de l'acteur rationnel en économie. Pour lui, l'action sociale doit être interprétée du point de vue des acteurs (Weber), qui mettent en œuvre des stratégies sur la base d'un calcul rationnel (comparaison coût/bénéfice). Leur rationalité est cependant limitée, et surtout bornée, par un environnement social. Il s'agit d'interpréter les faits sociaux, collectifs, comme des effets de composition, c'est-à-dire comme le résultat de l'agrégation des actions individuelles (qui ne donnent pas forcément le résultat recherché, voire aboutissent à des effets pervers).

Pierre BOURDIEU (1930-2002)

Sociologue français, opposé à Boudon du point de vue de la méthode. Bourdieu développe une sociologie caractérisée par le primat accordé au poids des structures sur les individus. Les individus opèrent certes des choix, mais sous l'influence de déterminismes économiques, sociaux et culturels forts (théorie de l'habitus). Il met en évidence les rapports de domination, notamment symboliques, de la classe bourgeoise sur la classe populaire, ainsi que le système de légitimité qui constitue l'apanage des classes supérieures.

Marie DURU-BELLAT (née en 1950)

Sociologue française, spécialisée dans l'étude des inégalités sociales et de sexe en termes d'éducation et de socialisation. En 2004, elle publie l'ouvrage *L'école des filles. Quelle formation pour quels rôles sociaux ?* dans lequel elle évoque l'impact de l'école sur la diffusion des stéréotypes sexués, notamment pour l'orientation professionnelle.

Bernard LAHIRE (né en 1963)

Sociologue français, professeur à l'École normale supérieure de Lyon et chercheur au CNRS. Ses travaux portent sur la production de l'échec scolaire à l'école primaire, les modes populaires d'appropriation de l'écrit, les réussites scolaires en milieux populaires et les pratiques culturelles des Français. Il insiste sur la pluralité des influences lors de la socialisation, influences qui pèsent grandement sur les inégalités scolaires.

Documents majeurs

Doc. 1 L'école a pour vocation d'intégrer tous les enfants

La première dimension de l'intégration républicaine était de l'ordre de la citoyenneté et de la nation. L'école républicaine était portée par le projet politique de fonder la République. Elle devait apprendre aux enfants les valeurs des Lumières et de la patrie. [...] L'école intégrait les citoyens dans la mesure où elle avait pour tâche d'affaiblir les particularismes et les langues locales. Bref, elle intégrait les enfants parce qu'elle devait intégrer la société française elle-même. [...] En termes d'intégration, ce système a eu un avantage considérable. L'école est apparue comme un appareil d'intégration car elle a pu sembler juste dans un monde injuste. En effet ce n'est pas l'école qui opérait les grandes distributions sociales, mais la société inégalitaire elle-même, dans la mesure où c'est d'abord la naissance qui fixait l'accès à telle ou telle formation. Ainsi, la gauche a pu s'identifier à une école qui apparaissait juste face à une société injuste. L'école républicaine se voyait attribuer une forte capacité d'intégration parce qu'elle n'intervenait pas sur les destins sociaux, sinon de manière positive en offrant des chances aux meilleurs.

François Dubet, « L'exclusion scolaire : quelles solutions ? » *in* Serge Paugam (dir.), *L'exclusion : l'état des savoirs*, La Découverte, 1996.

Doc. 2 Des ambitions et stratégies inégales des familles

On peut poser que la position sociale visée pour son enfant est définie par référence à la position actuelle de la famille, l'ambition ayant un caractère fondamentalement relatif. Dans ce cas, des familles situées dans des positions inégales vont viser pour leur enfant des positions inégales. Ces visées inégales, les familles disposent de ressources inégales pour les faire aboutir. Elles sont de plus, dans leurs décisions, inégalement sensibles au risque et au coût attachés aux diverses alternatives. Le modèle de l'acteur rationnel formalisé par Boudon (1973), qui réalise un arbitrage entre un « bénéfice » escompté et des coûts (et des risques), s'est imposé depuis [...] pour comprendre les choix scolaires. Dans cette perspective, le principal facteur d'inégalité est donc la différenciation, en fonction de la position sociale, des champs de décision des acteurs. Parmi les constats qui confortent ce modèle du stratège, il y a celui, régulièrement avéré, de l'existence, aux paliers d'orientation successifs, d'une auto-sélection socialement différenciée ; celle-ci résulterait de la valeur, inégale selon les milieux sociaux, de paramètres tels que le rendement des études (le niveau éducatif « suffisamment rentable » étant inégal selon les points de départ), le degré objectif de risque (inégal, dès lors que des inégalités sociales de réussite subsistent) ou encore la sensibilité plus ou moins grande aux coûts encourus dans les études envisagées.

Marie Duru-Bellat, « Les inégalités sociales à l'école : des analyses sociologiques aux interrogations politiques », *Comprendre*, PUF, 2003, pp.53-67.

Exercice

Vérifiez vos connaissances

Répondre Vrai ou Faux aux assertions suivantes :

1. La fonction de l'école se limite à la transmission de savoirs et de savoir-faire.
2. L'école permet d'accumuler et de certifier du capital humain.
3. L'éducation prioritaire renvoie au principe de discrimination positive.
4. Démocratisation et massification sont synonymes.
5. Ce sont les inégalités économiques qui pèsent le plus sur la réussite scolaire.
6. Filles et garçons connaissent les mêmes trajectoires scolaires.
7. Pour Raymond Boudon, les trajectoires scolaires s'expliquent par des stratégies familiales.

Sujet de bac

Dissertation s'appuyant sur un dossier documentaire

L'école française assure-t-elle l'égalité des chances ?

Doc. 1 Évolution de la proportion de bacheliers dans une génération depuis 1980 (%)

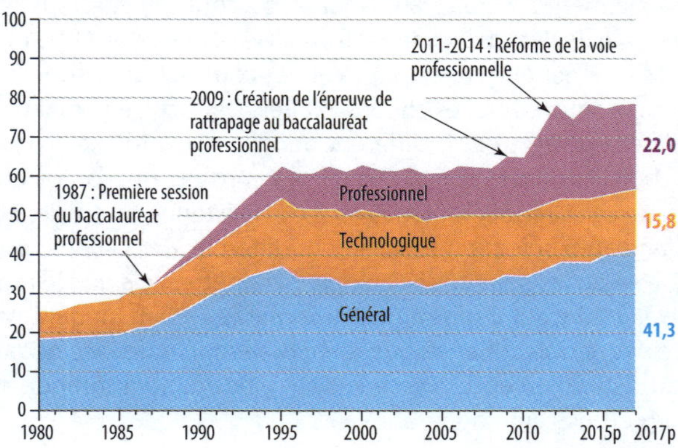

MEN-MESRI-DEPP, Insee, 2015.

Doc. 2

Lahlou, issue d'un lycée de La Courneuve [Seine Saint Denis], en première année (à Sciences Po) : « Au départ, ça a été difficile. Il faut apprendre à s'organiser, à rechercher les infos pour faire son propre cours. Mais cela est vrai pour tous ceux qui passent du secondaire au supérieur. Le stage d'intégration de trois semaines et demie avant la rentrée nous a beaucoup aidés. J'ai ressenti des différences avec les autres élèves en sciences politiques notamment : ils sont très au fait de l'actualité, des institutions, sans doute parce qu'ils en parlent chez eux. C'est un peu la même chose sur les livres. Quand un prof demande : "Vous avez lu tel auteur ?", tout le monde lève la main : "pas nous". Sans les conventions ZEP*, je n'aurais pas tenté Sciences Po. Je connaissais son prestige [...] mais je n'aurais pas essayé. Mes parents ne connaissaient pas. Pour mon père, l'objectif était d'avoir le bac et Sciences Po était une fac comme une autre : je crois qu'il a aujourd'hui pas mal de fierté et d'attente. À moi de réussir. »

Luc Bronner, *Le Monde*, 19 février 2004.

* Les conventions éducation prioritaire sont une des voies d'entrée à Sciences Po Paris permettant d'encourager le recrutement des élèves scolarisés dans l'un des 106 établissements partenaires situés en zone d'éducation prioritaire (zones qui regroupent les écoles et établissements des territoires rencontrant les plus grandes difficultés sociales).

Doc. 3 Diplômes obtenus par les jeunes sortants du système éducatif en 2014-2015- 2016, en fonction du milieu social, en %

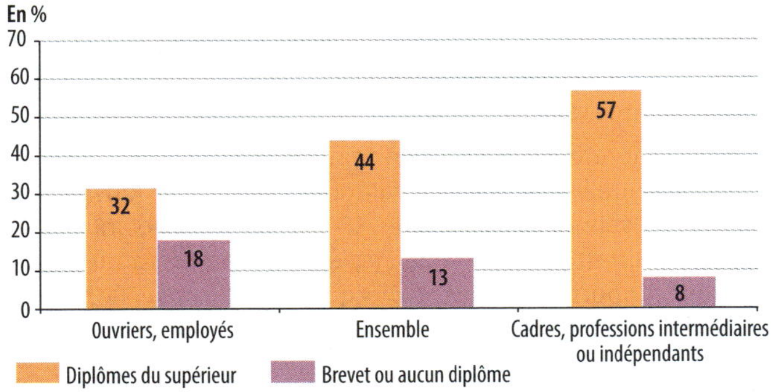

Ministère de l'Éducation nationale, *L'état de l'école. Coûts, activités, résultats*, n°27, novembre 2017.

32 % des jeunes dont le père est employé ou ouvrier sortis du système scolaire en 2014, 2015 ou 2016 sont diplômés de l'enseignement supérieur.

POINT MÉTHODE

1 Analyse du sujet

- Tout d'abord, cette question suggère un plan « dialectique » sous la forme « oui/mais » ou « non/mais » car il s'agit de discuter ou de relativiser une affirmation.
- Le terme « école » doit être compris comme l'institution qui recouvre tout le système de formation de la maternelle à l'enseignement supérieur.
- La notion d'« égalité des chances » nous pousse à nous interroger sur les principes autour desquels est construit le système éducatif et les mesures mises en place pour favoriser la méritocratie et l'équité. Il faudra également s'interroger sur la corrélation entre la réussite scolaire et d'autres variables socioéconomiques telles que le sexe, le milieu social ou les territoires.

2 Étude des documents

- Le document 1 montre le processus de massification qui soutient l'idée d'un accès plus large au baccalauréat, synonyme d'un renforcement de l'égalité des chances. Faites des calculs simples (écarts en points de pourcentage, coefficient multiplicateur ou taux de variation) pour mesurer ces évolutions. Par exemple : 25 % de la génération 1980 obtenait le bac alors que 80 % l'obtient en 2017, soit un gain de 55 points de pourcentage ou une multiplication par plus de 3 de la proportion de bacheliers dans une génération.
- Le document 2 est un témoignage qui offre un exemple de discrimination positive afin d'améliorer l'égalité des chances d'accéder à des formations prestigieuses (Sciences Po ici). Il montre également la violence symbolique (Bourdieu) que peuvent subir les étudiants issus de milieux populaires face à la culture dominante mais aussi les freins que représente l'absence de culture scolaire familiale (Boudon).
- Le document 3 montre les écarts de niveau de diplôme obtenu à la sortie du système éducatif entre les enfants des catégories populaires (ouvriers/employés) et les catégories moyennes et supérieures. Là encore, faites quelques calculs pour « faire parler les chiffres ». Par exemple : les enfants des catégories moyennes et supérieures sont proportionnellement presque deux fois plus nombreux à sortir du système éducatif diplômés du supérieur que les enfants des catégories populaires.

Exercice

1 **Faux.** La fonction de l'école ne se limite pas à la transmission de savoirs et savoir-faire. Elle joue également un rôle fondamental dans la socialisation et l'intégration des valeurs républicaines.

2 **Vrai.** L'école permet d'accumuler du capital humain par les savoirs qu'elle transmet et certifie des compétences à travers les diplômes qu'elle délivre.

3 **Vrai.** L'éducation prioritaire renvoie au principe de discrimination positive car elle corrige des inégalités de départ en donnant davantage de moyens aux territoires les moins favorisés socialement.

4 **Faux.** La démocratisation suppose une amélioration de l'égalité des chances alors que la massification se limite à élargir numériquement l'accès aux études notamment.

5 **Faux.** Pour la plupart des sociologues, même si les inégalités économiques pèsent sur la réussite scolaire, c'est surtout l'inégale dotation en capital culturel qui explique les écarts.

6 **Faux.** Du fait d'une socialisation différenciée entre les sexes, les trajectoires scolaires sont influencées par des stéréotypes sexués.

7 **Vrai.** Pour Raymond Boudon, les trajectoires scolaires s'expliquent principalement par un calcul coûts/avantages vis-à-vis des études différent selon les milieu sociaux.

Sujet de bac

L'école française assure-t-elle l'égalité des chances ?

Introduction

Les récents débats autour de la réforme du lycée, du baccalauréat et de parcoursup montrent à quel point, en France, l'école fait l'objet d'attentes collectives importantes.

En effet, en transmettant des savoirs, des compétences et en délivrant des diplômes, le système de formation détermine l'insertion professionnelle et plus largement l'intégration sociale. La volonté politique de démocratiser l'accès aux études à partir des années 1960 correspond à l'évolution de l'idéal démocratique qui repose de plus en plus sur l'égalité des chances. Il convient alors de s'interroger sur la réalité de ce processus. Si les transformations du système éducatif ont permis d'élargir l'accès aux études et d'accroître l'équité entre les individus (I), la réussite scolaire reste cependant fortement corrélée à plusieurs variables (II).

I. Une école qui s'ouvre à tous et qui met en place des dispositifs qui améliorent l'égalité des chances

1. Une scolarisation de masse qui ouvre l'accès aux études à tous les publics (démocratisation quantitative).

- Prolongement et unification des parcours scolaires jusqu'au lycée.
- Diversification des filières au lycée et dans l'enseignement supérieur (**doc. 1**).

2. Des mesures qui favorisent des populations longtemps exclues des études longues (démocratisation qualitative)

- Des aides financières (bourses) et des logiques de discrimination positive (**doc. 2**).

II. L'école peine néanmoins à réduire certaines inégalités

1. Des inégalités de réussite en fonction du milieu social et des territoires

- Les catégories favorisées disposent de plus de ressources économiques, sociales et culturelles pour réussir à l'école (**doc. 3**). Intérioriser des éléments de langages, des habitudes culturelles (sorties au théâtres, au musée) ou des savoir-être sont autant d'éléments qui permettent de maîtriser les codes valorisés par l'institution scolaire.
- Des territoires offrent des environnements inégaux. La proximité géographique avec les lieux d'études, culturels ou sportifs, la possibilité d'être en contact avec une vie sociale intense participe à l'inégalité des chances vis-à-vis des études.

2. Des trajectoires scolaires encore très influencées par la socialisation

- Des catégories sociales s'auto-éliminent des parcours les plus prestigieux (**doc. 2**). Les milieux populaires qui ont peu d'expérience collective des études supérieures (peu de modèles) et qui se perçoivent comme moins légitimes ont tendance à s'orienter vers des filières courtes et des parcours rapidement professionnalisants.
- Des orientations scolaires soumises aux stéréotypes sexués. Filles et garçons sont encore largement influencés par les rôles sociaux liés au genre.

Conclusion

La massification scolaire a permis à de nombreux individus et groupes sociaux d'accéder à des parcours scolaires qui leur étaient autrefois refusés. En s'appuyant sur de nombreux dispositifs et évolutions, le système scolaire est devenu plus juste socialement. Cependant, la persistance voire le renforcement de certaines inégalités contribue à créer un sentiment de frustration et de déclassement notamment chez les plus modestes, compromettant ainsi l'idéal méritocratique sur lequel l'école s'appuie.

CHAPITRE 6

Caractéristiques et facteurs de la mobilité sociale

DE QUOI S'AGIT-IL ?

Les sociétés démocratiques d'aujourd'hui reposent sur l'égalité juridique des individus, chacun disposant à la naissance des mêmes droits, et sur un principe méritocratique proclamant l'égalité des chances. Alexis de Tocqueville montre, dès 1835, en prenant l'exemple des États-Unis, le lien entre les régimes démocratiques et l'accroissement de la mobilité sociale. Chacun peut ainsi accéder, en théorie, à l'ensemble des positions sociales, quel que soit son milieu d'origine. Une société « fluide » ou « mobile » est une société où le statut social ne dépend pas de l'hérédité.

Notre société est-elle réellement plus fluide ? Quel est le poids de la reproduction sociale ? Comment expliquer la mobilité sociale et quelles sont ses limites ?

1 Définir et mesurer la mobilité sociale

A Les formes de la mobilité

1. La mobilité géographique

- **La mobilité géographique** est un changement de poste impliquant un déplacement par rapport au lieu de vie. Cette pratique, de plus en plus courante, concerne les étudiants comme les actifs. Elle peut se faire entre régions, ou entre pays.
- En Europe, la mobilité géographique est favorisée par **l'espace Schengen**, qui comprend 26 États membres (dont 22 États de l'Union européenne) et garantit la libre circulation des personnes, sans contrôle d'identité aux frontières intérieures.
- Les **citoyens de l'Union européenne** peuvent occuper un emploi salarié, ou exercer une activité indépendante, dans n'importe quel pays de l'UE. Selon Eurostat, en 2018, 4,1 % des actifs occupés dans l'UE sont originaires d'un autre État membre. Cette part est la plus élevée au Luxembourg (49,4 %), puis en Irlande (12,8 %).
- Les **travailleurs frontaliers** (principalement des hommes dans le secteur de la construction) résident dans un pays et travaillent dans un autre. Dans l'UE, le plus grand flux concerne les résidents polonais travaillant en Allemagne, puis les français vers le Luxembourg.

2. La mobilité professionnelle

- La **mobilité professionnelle** d'un individu représente les changements de professions qu'il effectue à différents moments de sa vie active. On la qualifie aussi de **mobilité intragénérationnelle** (à l'intérieur d'une même génération).
- **La mobilité professionnelle augmente avec le temps.** Jusqu'aux années 1980, la norme était d'occuper la même profession tout au long de sa vie, souvent dans la même entreprise. Depuis les années 1980, il est de plus en plus courant de changer d'entreprise, mais aussi de métier, au cours de sa vie active. Cette évolution s'accompagne d'un développement de la formation continue, permettant les reconversions.
- Si l'individu bénéficie d'une promotion sociale (lorsque son statut social s'améliore), il bénéficie d'une **mobilité professionnelle verticale ascendante**. **La mobilité est descendante en cas de déclassement** (baisse du statut social ou chute sociale).

• La **mobilité professionnelle** peut être **horizontale** : l'individu change de profession en conservant le même statut. Par exemple, un boulanger qui devient chauffeur de taxi.

Sachez que...

Pitirim Sorokin (1889-1968), sociologue américain d'origine russe, a mené les premières études sur la mobilité sociale, et en a défini les principaux concepts.

3. La mobilité intergénérationnelle

C'est le type de mobilité le plus étudié en sociologie.

• **La mobilité intergénérationnelle** est la mobilité entre les générations. Il y a **mobilité sociale** lorsqu'un individu occupe une position différente de celle de ses parents. Lorsque l'individu occupe la même position, on parle **d'hérédité sociale** ou **d'immobilité sociale**.

• Les sociologues privilégient l'étude de la mobilité intergénérationnelle **verticale**, qui mesure le poids de la **reproduction sociale** (la transmission du statut social d'une génération à l'autre).

B Utiliser les tables de mobilité

Les tables de mobilité mesurent la mobilité intergénérationnelle.

1. Les principes de construction

• La **table de mobilité brute** compare la position sociale observée d'un individu (mesurée par le groupe socioprofessionnel) par rapport au groupe socioprofessionnel de son père ou de sa mère. On interroge des hommes (ou des femmes) actifs ayant entre 30 (ou 35) et 59 ans, âge où l'on considère que la position sociale atteinte est plus stable.

Doc. Table de mobilité brute en 2015, pour les hommes comparés à leur père (en milliers)

GSP du père / GSP du fils	Agricult.	Art., commerç., chef d'entre.	Cadre et prof. intellect. sup.	Prof. interm.	Employé	Ouvrier	Ens.
Agricult.	186,8	8,1	3,4	5,6	3,9	14,3	222,1
Artisan, commerç., chef d'entre.	63,3	211,9	91,4	87,8	52,8	223,3	730,5
Cadre et prof. intellectuelle sup.	75,1	234,5	448,4	297,1	130,9	293,3	1479,8
Prof. interm.	97,7	195,8	210,2	297,3	166,4	604,5	1572,1
Employé	50,2	77,2	80,0	112,2	101,5	316,9	738,0

Ouvrier	227,9	215,0	97,0	197,1	201,3	1231,4	2169,6
Ensemble	701,2	942,4	930,5	997,0	656,7	2684,3	6912,1

(Lecture de 8,1 (première ligne) : En 2015, 8,1 milliers d'agriculteurs âgés de 30 à 59 ans ont un père qui était artisan, commerçant, ou chef d'entreprise.)

Insee, enquête FQP de 2014-2015

- La transformation des données brutes en données relatives, exprimées en pourcentage, permet de construire deux tables de mobilité : la **table de destinée** et la **table de recrutement**.

Doc. **Table de destinée et de recrutement, pour les hommes comparés à leur père (en %)**

GSP du père / GSP du fils	Agricult.	Artisan, commerç., chef d'entre.	Cadre et prof. intellect. sup.	Prof. interm.	Employé	Ouvrier	Ensemble
Agricult.	27*(84)*	1*(4)*	0,4*(2)*	1*(3)*	1*(2)*	1*(6)*	3*(100)*
Artisan, commerç., chef d'entre.	9*(9)*	22*(29)*	10*(13)*	9*(12)*	8*(7)*	8*(31)*	11*(100)*
Cadre et prof. intellect. sup.	11*(5)*	25*(16)*	48*(30)*	30*(20)*	20*(9)*	11*(20)*	21*(100)*
Prof. interm.	14*(6)*	21*(12)*	23*(13)*	30*(19)*	25*(11)*	23*(38)*	23*(100)*
Employé	7*(7)*	8*(10)*	9*(11)*	11*(15)*	15*(14)*	12*(43)*	11*(100)*
Ouvrier	32*(11)*	23*(10)*	10*(4)*	20*(9)*	31*(9)*	46*(57)*	31*(100)*
Ensemble	100(10)	100(14)	100(13)	100(14)	100(10	100(39)	100

Insee, enquête FQP de 2014-2015

La table de destinée mesure ce que deviennent les fils ou les filles issus d'un groupe social donné.

Par exemple, ici : en 2015, 11 % des pères agriculteurs ont un fils cadre ou profession intellectuelle supérieure (11 % ; première colonne) et 3 % des fils sont agriculteurs (3 % ; dernière colonne).

La table d'origine ou de recrutement mesure de quelle PCS viennent les individus qui occupent aujourd'hui une position sociale donnée. Ici, ce sont les chiffres entre parenthèses. Par exemple : 11 % des ouvriers ont un père agriculteur (11 % ; première colonne) et 39 % des pères sont

Sachez que...

Pour ne pas confondre la table de destinée et celle de recrutement, il suffit de regarder où se trouve le « 100 ». S'il est au bout d'une ligne, ou d'une colonne de fils, il s'agit d'une table de recrutement. S'il est au bout d'une ligne, ou d'une colonne de pères, il s'agit d'une table de destinée.

ouvriers (39 % ; ligne du bas).

2. La lecture des tables

- **Les tables servent à mesurer le poids de l'origine sociale dans les trajectoires professionnelles des individus.** La reproduction sociale s'observe dans les cases situées sur la diagonale descendante des tables (chiffres en rouge). On constate que ces chiffres sont les plus élevés de chaque ligne. Il y a donc une **forte immobilité sociale :** les fils ont tendance à rester dans le même groupe socioprofessionnel que leur père. Ainsi, dans la table de recrutement, 84 % des agriculteurs ont un père qui était lui-même agriculteur. 57 % des ouvriers ont un père du même groupe.

- Pour les groupes en déclin, la reproduction est plus forte dans la table de recrutement. Cet écart est particulièrement fort pour les agriculteurs. Seulement 27 % des pères agriculteurs ont un fils exerçant le même type d'activité (contre 84 % dans la table de destinée). Pour les groupes en expansion, elle est plus forte dans la table de destinée : 48 % des pères cadres et professions intellectuelles supérieures (CPIS) ont un fils qui appartient au même groupe socioprofessionnel. Ce poids est moins fort dans la table de recrutement (30 %) car la génération des pères cadres est moins nombreuse que celle des fils cadres : c'est un **effet de structure**.

- On peut observer un poids non négligeable de trajectoires ascendantes. Ces trajectoires ascendantes traduisent l'essor de la classe moyenne au cours des Trente Glorieuses. Ainsi, 19 % des cadres ont un père ouvrier (table de recrutement).

- **Cette mobilité touche particulièrement les trajectoires courtes, ou de proximité.** Par exemple, 21 % des cadres ont un père exerçant une profession intermédiaire (table de recrutement); 34 % des fils exerçant une professions intermédiaires ont un père ouvrier.

- Il y a une faible mobilité entre classes extrêmes (exception faite des ouvriers) : 9 % des cadres ont un père employé, 5 % ont un père agriculteur.

- **Les trajectoires descendantes, mesurant le déclassement, sont moins fréquentes.** Seulement 15 % des fils exerçant une profession intermédiaire et 8 % des employés avaient un père cadre.

3. L'évolution de la mobilité

À partir des tables, on peut observer l'évolution de la mobilité ascendante, de la reproduction sociale, et du déclassement.

- En 2015, 65 % des hommes appartiennent à une catégorie socioprofessionnelle différente de celle de leur père : 23 % ont connu une mobilité horizontale,

28 % une mobilité ascendante et 15 % une mobilité descendante.

- On constate que le poids de l'immobilité sociale s'est réduit de 1977 à 1993, mais augmente depuis. Le poids de la mobilité horizontale a diminué d'un tiers sur la période. La part des hommes ayant connu une mobilité ascendante a augmenté jusqu'en 2003, mais diminue depuis. La mobilité descendante augmente depuis 1977, avec une accélération depuis 2003.

C Les limites des tables de mobilité

Il faut distinguer la **mobilité formelle,** observée dans les tables, de la **mobilité réelle**, représentant l'évolution de la position sociale vécue par les individus.

1. Le degré de découpage des strates

- Plus les groupes sociaux pris en compte dans les tables de mobilité sont larges, plus la mobilité observée est faible. Plus le découpage est fin, plus la mobilité est forte. Par exemple, un agriculteur travaillant sur une grande exploitation, fils d'agriculteur de petite exploitation, connaît une ascension sociale, mais est considéré comme immobile dans une table de groupes socioprofessionnels.
- L'utilisation des PCS conduit à ranger dans la même catégorie des individus aux professions dissemblables. Par exemple, un fils de directeur des ressources humaines devenant artiste peintre est considéré comme appartenant au même groupe social que son père.

2. Des informations partielles sur les trajectoires

- La mobilité sociale est mesurée en comparant les PCS. Or il existe d'autres critères de structuration de l'espace social : le revenu, le prestige, le pouvoir, etc.
- Le fait de mesurer les trajectoires sociales à deux points précis ne permet pas de prendre en compte les évolutions intermédiaires. Par exemple, un fils d'artisan peut, après avoir été cadre, devenir à son tour artisan.
- La plupart des mesures portent sur les hommes. Durant les Trente Glorieuses, une part significative des mères n'exerçait pas d'activité professionnelle. Il était donc plus commode de prendre comme référence le père. Or, la position sociale de la mère est elle aussi prépondérante : le père peut être ouvrier, mais la mère, médecin. Cependant, les tables de mobilité récentes prennent en compte les mères.
- Le rôle des autres membres de la famille peut aussi être important. Par exemple, le grand-père, ou l'oncle, peut bénéficier d'un **capital social** permettant au fils ou à la fille d'avoir un accès plus aisé à certains postes.

3. Les effets de structure

- Les effets de structure existent lorsqu'une population n'évolue pas dans le même sens que la totalité dont elle fait partie.
- Ainsi, en 2018, 76 % des employés (groupe en expansion) sont des femmes, et 80 % des ouvriers (groupe en régression) sont des hommes. Un changement de PCS peut faussement faire croire à une mobilité : une fille d'ouvrier devenant employée change de PCS, mais en fait ne change pas vraiment de position sociale.
- Certains groupes ont vu leur **prestige social** évoluer entre les générations. Par exemple, le groupe des employés a connu un **déclassement** par rapport aux générations précédentes, du fait de sa féminisation et de l'augmentation de la part des employés peu qualifiés.
- Selon l'Insee, en 2017, en dépit d'un emploi de plus en plus qualifié, le **sentiment de déclassement** concerne un quart des personnes qui appartiennent à la même catégorie que leur père. Ce sentiment est plus fort en haut de l'échelle sociale, et plus faible chez les agriculteurs (16 % seulement se sentent déclassés).

L'ESSENTIEL

Définir et mesurer la mobilité sociale → 3 types de mobilité

- La mobilité sociale correspond à la mobilité intergénérationnelle. Elle est à distinguer de la mobilité géographique et de la mobilité intragénérationnelle.
- Elle s'observe dans les tables de mobilité (de destinée ← ce que devient le fils/fille ou de recrutement). ← ce que le père fait
- On constate une augmentation de la mobilité verticale ascendante, mais aussi descendante (depuis les années 1980). La reproduction sociale, après s'être réduite jusqu'en 1993, augmente depuis.

↑ changement de PCS mais pas de classe

2 Les composantes de la mobilité sociale

A La composante structurelle de la mobilité

1. Définir la mobilité structurelle

- **La mobilité structurelle résulte de l'évolution de la structure des emplois.** C'est la part de la mobilité effective qui résulte de la transformation de la population active.

- L'augmentation de la part des emplois qualifiés dans la population active totale explique ainsi que la génération des fils soit plus nombreuse dans le groupe des cadres et des professions intermédiaires. Il est donc normal que ces groupes socioprofessionnels « aspirent » davantage les fils issus de groupes différents.
- Au contraire, les fils issus de groupes en déclin, comme les agriculteurs, les artisans, commerçants, chefs d'entreprise, et les ouvriers, se dirigent vers d'autres groupes.

2. Mesurer la mobilité structurelle

- Dans la table de mobilité brute, on calcule d'abord les effectifs des **immobiles** (ceux qui n'ont pas connu de mobilité), puis de ceux qui ont connu une mobilité sociale (la **mobilité observée**). Dans la table ci-dessus, les **immobiles** apparaissent dans la diagonale :

2477 mille immobiles = 186,8 agriculteurs + 211,9 ACCE + 448,4 CPIS + 297,3 PI + 101,5 employés + 1231,4 ouvriers.

On en déduit les effectifs de mobiles :

4435 mille mobiles = 6912 mille individus – 2477 immobiles.

- La **mobilité structurelle** se calcule en **comparant les marges de la table de mobilité brute,** faisant apparaître **l'évolution des emplois entre la génération des pères et celle des fils.**

On compare les marges entre la génération des fils et celle des pères. Par exemple, il y a 701,2 mille pères agriculteurs, et 222,1 mille fils, ce qui fait un écart de 479 mille.

On additionne les valeurs absolues des différences pour chaque groupe puis on divise par deux (pour ne pas compter les flux deux fois).

Mobilité structurelle = (479 + 212 + 549 + 575 + 813 + 515) / 2 = 1 206 mille

- On calcule ensuite la part des individus qui ont connu une mobilité structurelle, ainsi que la mobilité nette.

Part de la mobilité structurelle = 1206 / 4435= 27,2 %

La mobilité structurelle explique 27,2 % de la mobilité sociale en 2015.

La mobilité nette est la part de la mobilité observée qui n'est pas due à la mobilité structurelle.

Mobilité observée = mobilité structurelle + mobilité nette
Part de la mobilité nette = 100 – 27,2 = 72,8 %

La mobilité nette, qui est un indicateur (de moins en moins utilisé) de **l'égalité des chances**, explique 72,8 % de la mobilité observée.

B La fluidité sociale

1. Sociétés démocratiques et individualisation des trajectoires sociales

Alexis de Tocqueville distingue, dans son ouvrage *De la démocratie en Amérique* (1835), les sociétés aristocratiques et les sociétés démocratiques.

- La France de l'Ancien Régime constitue une **société aristocratique**. Les individus ne sont pas égaux en droit, et ne peuvent pas choisir librement leur profession. La mobilité sociale est très faible, et les positions sociales sont héritées de génération en génération.

- Dans les sociétés démocratiques, comme les États-Unis, les positions peuvent évoluer, ce qui augmente la **fluidité sociale**. **Les trajectoires sociales s'individualisent** : les individus peuvent connaître une ascension sociale, ou une chute. Généralement, même s'il existe toujours des différences entre les individus, celles-ci ont tendance à se réduire, ce qui mène à une **égalisation des conditions de vie** (ou une moyennisation).

2. L'égalité, ou l'inégalité, des chances

- La **méritocratie** désigne une forme de société où les différentes positions sociales, dans l'idéal, sont distribuées exclusivement en fonction du mérite individuel. Pour qu'il y ait **égalité des chances**, chaque individu doit avoir la même possibilité de gravir l'échelle sociale.

- **L'égalité des chances** correspond à une **mobilité parfaite** : la probabilité d'accéder à un groupe socioprofessionnel doit être la même pour tous, et égale à la part du groupe dans la population. Par exemple, si les cadres représentent 13 % de la population (table de recrutement), 13 % des fils d'ouvriers, comme 13 % des fils d'agriculteurs, devraient accéder à ce groupe.

3. La mesure de la fluidité sociale

- **Les « odds-ratios »** mesurent la **fluidité sociale** de manière **relative**, indépendamment des différences de structure entre origine et position sociales.

- Par exemple, sur 100 fils de cadres en 2015 (table de destinée), 10 sont devenus ouvriers et 48 sont devenus cadres ou professions intellectuelles supérieures. Les fils de cadres ont 4,8 fois (48/10) plus de chance de devenir cadres qu'ouvriers.
- En revanche, 46 % des fils d'ouvriers sont devenus ouvriers, et 11 % d'entre eux sont cadres. Les fils d'ouvrier ont donc 4,2 fois plus de chance de devenir ouvriers que cadres. En inversant le ratio, ils ont 0,24 (11/46) fois plus de chances de devenir cadres qu'ouvriers.
- On calcule la fluidité en faisant le rapport entre les deux ratios précédents.

Odds-ratio cadre/ouvrier = 4,8/0,24 = 20

Cela signifie que les chances de devenir cadre plutôt qu'ouvrier, sont 20 fois plus élevées pour un fil de cadre, que pour un fils d'ouvrier.

4. Fluidité et mobilité

- Une société plus mobile n'est pas nécessairement plus fluide. Si la mobilité est essentiellement due à des évolutions de structure, cela ne signifie pas qu'il y ait forcément davantage d'égalité des chances. Selon l'Insee, la fluidité diminue depuis 1977 pour les hommes, tandis que la mobilité a globalement augmenté.
- D'autre part, la fluidité n'évolue pas de la même manière pour tous les groupes. Elle se réduit sans cesse entre les cadres et les employés et les ouvriers non qualifiés (-79 % entre 1977 et 2015). La baisse est plus faible entre les cadres et les professions intermédiaires (-34 %), et entre les cadres et les employés et les ouvriers qualifiés (-57 %).

L'ESSENTIEL

Les composantes de la mobilité sociale

- La mobilité s'explique en partie par l'évolution des structures de l'économie.
- Elle s'explique aussi par la fluidité sociale, qui mesure l'égalité des chances guidant en principe nos sociétés démocratiques.
- Or on constate que la hausse de la mobilité ne s'accompagne pas forcément d'une société plus fluide.

3 Les facteurs de la mobilité sociale

A L'évolution de la structure socioprofessionnelle

L'évolution de la structure des emplois est à la source de la mobilité structurelle.

1. L'ascension de la classe moyenne durent les Trente Glorieuses

- L'augmentation des postes de cadres, de professions intellectuelles supérieures, et de professions intermédiaires s'explique par une **tertiarisation** de l'économie (hausse de la part des emplois de services), et une augmentation des besoins en emplois qualifiés.
- L'essor de la **classe moyenne** durant les Trente Glorieuses s'est traduit par une augmentation des flux de mobilité ascendants des fils d'employés et d'ouvriers vers les professions intermédiaires, et des professions intermédiaires vers les cadres.
- Cet **ascenseur social** concerne surtout les hommes non immigrés. La féminisation des emplois et l'arrivée de vagues d'immigration sur le marché du travail, dans les années 1960-1970, a facilité cette ascension. Les femmes ont surtout occupé, dans un premier temps, des postes d'employés, peu à peu laissés vacants par les hommes. Les hommes immigrés ont majoritairement occupé des postes d'ouvriers non qualifiés.

2. Des flux plus faibles vers les groupes en déclin

- La baisse du poids des indépendants (agriculteurs et artisans, commerçants, chefs d'entreprise), est liée à un phénomène de **concentration** des entreprises, et à la **salarisation** de la population active.
- La baisse du poids des ouvriers à partir des années 1970 est liée à la **désindustrialisation**.
- Elles expliquent la mobilité plus faible vers ces professions, ainsi que la plus faible reproduction sociale dans les tables de destinée.

B L'évolution des niveaux de formation

1. Le rôle de démocratisation de l'école

- **En principe, l'école est le vecteur de l'égalité des chances, et donc de fluidité sociale.** Les lois visant à **démocratiser** l'accès au système éducatif (égalisation des chances de réussite) ont pour objectif de substituer une « élite méritocratique » aux anciennes élites recrutées selon l'origine familiale ou la fortune. L'élite est l'ensemble des positions les plus élevées dans la hiérarchie sociale, qu'elles soient économiques, politiques, administratives ou culturelles.

- L'école a ainsi connu une **massification** (augmentation des effectifs). En 1950, 1 jeune sur 20 décrochait son baccalauréat, et 80 % d'une classe d'âge (appartenant essentiellement aux classes moyennes et populaires) voyait son horizon borné au certificat d'études primaires ou au CAP. En 2015, la proportion de bacheliers atteint 78 %. De même, la part des diplômés du supérieur a augmenté.

- **Christian Baudelot et Roger Establet** ont montré, en 1989, que le niveau d'éducation augmente. Au fil des années, de plus en plus de jeunes savent de plus en plus de choses. Les enfants issus des classes populaires ont tiré profit de la démocratisation pour améliorer leurs performances scolaires. Ceci explique que la **fluidité sociale** ait augmenté durant les Trente Glorieuses.

2. La démocratisation remise en cause

- La **massification de l'enseignement** s'est notamment faite par le développement de filières technologiques et professionnelles, moins valorisées en France que les filières générales. Ainsi, l'essentiel de l'augmentation de la part des bacheliers dans une génération, depuis la fin des années 1980, s'explique par celle des baccalauréats professionnels.

- Les acteurs du système éducatif ont su recréer des distinctions à travers les choix d'options, de langues vivantes, d'établissements, de filières, etc. L'échec scolaire prend de nouvelles formes : redoublements, relégation dans des filières dévalorisées, octroi de diplômes dévalués sur le marché du travail.

- Les jeunes issus de classes populaires s'orientent vers des formations supérieures courtes ou certaines filières de l'université ayant moins de débouchés. Les grandes écoles, quant à elles, pratiquent toujours un recrutement fermé, ce qui signifie qu'elles accueillent peu d'étudiants issus de milieux défavorisés, en dépit de la politique d'ouverture de certains établissements.

3. La dévalorisation des diplômes

- Le **paradoxe d'Anderson** montre que l'acquisition d'un diplôme supérieur à celui de son père ne garantit pas au fils une position sociale plus élevée. Ce paradoxe s'explique par la dévalorisation des diplômes, qui affecte en premier lieu les jeunes de classes populaires.

- **Raymond Boudon, en 1973,** explique ce paradoxe en termes **d'inégalité des chances**. Les acteurs du système éducatif adoptent une conduite rationnelle, consistant à prolonger la durée de leurs études pour gravir les échelons de la hiérarchie sociale. Mais au niveau collectif se produit un **effet pervers de dévalorisation des diplômes** : il y a plus de diplômes du supérieur que de postes de cadres. D'autres critères que le mérite scolaire interviennent donc dans les choix de recrutement opérés par les entreprises. À diplôme égal, les positions sociales supérieures sont davantage attribuées aux enfants d'origine sociale élevée, qui disposent de relations sociales : il s'agit d'un **effet de dominance**.

- **Camille Peugny** montre que les trajectoires descendantes deviennent plus courantes pour les enfants de cadres nés à partir de la fin des années cinquante, du fait de la dégradation du marché du travail et de la dévalorisation des diplômes. Les plus concernés sont les enfants de cadres dont le père a lui-même connu une ascension sociale durant les Trente Glorieuses. Le risque est plus faible pour ceux dont le père est lui-même un « héritier ».

Sachez que...

L'enquête PISA de 2018 montre que la France est l'un des pays de l'OCDE où le lien entre le statut socio-économique et la performance dans PISA est le plus fort.

C Le rôle de la famille

1. Les configurations familiales

- **L'homogamie** (le fait de choisir son conjoint dans un milieu social semblable au sien) des parents renforce l'inégalité des chances et les inégalités de **capital culturel** entre les enfants. L'influence des grands-parents est aussi très importante.
- À milieu social identique, les enfants des familles peu nombreuses réussissent mieux que ceux de familles nombreuses. Dans une même famille, les aînés sont avantagés par rapport aux cadets. La faible fécondité des classes moyennes traduit ainsi leur surinvestissement dans la réussite de leurs enfants.

2. Les ressources familiales

- Les familles disposent de **capitaux,** identifiés par **Pierre Bourdieu,** qu'elles peuvent mobiliser pour assurer la **reproduction ou l'ascension sociale de leurs enfants.** Celles des classes dominantes en sont largement dotées et pratiquent des **stratégies de conversion du capital.**
- L'hérédité est particulièrement forte pour certaines familles pouvant se transmettre un **capital culturel**, défini comme l'ensemble des ressources culturelles légitimes. Les familles des classes dominantes possèdent cette culture légitime, valorisée à l'école, et la transmettent pas le biais de la **socialisation**.

- La transmission du **capital économique** explique davantage la reproduction sociale des indépendants (héritage de l'entreprise familiale) et des cadres. Les familles aisées peuvent supporter plus facilement certains coûts : écoles privées, voyages linguistiques… Le capital économique peut ainsi se convertir en capital culturel. Un diplôme élevé légitime ensuite la domination économique.
- **Le capital social** peut aussi être mobilisé, par contact avec des personnes utiles, pour obtenir certains stages ou certains postes valorisés.
- Les **stratégies familiales** varient en fonction du milieu social. **Raymond Boudon** montre que dans les classes supérieures, on a tendance à maintenir les enfants dans l'enseignement long même s'ils ont de mauvais résultats. Dans les classes populaires, on tend à sous-estimer les avantages futurs d'un **investissement scolaire** (dépenses engagées par les parents pour les études de leurs enfants), et à en surestimer les risques (de ne pas pouvoir aller jusqu'au bout). Quand le niveau est bon, quasiment tous les élèves continuent leurs études. C'est quand le niveau est moyen ou faible que les différences deviennent sensibles.

L'ESSENTIEL

Les facteurs de la mobilité sociale

- La mobilité structurelle s'explique par l'évolution de la structure professionnelle.
- L'augmentation des niveaux de formation expliquent l'augmentation de la fluidité sociale pendant les Trente Glorieuses, mais ce rôle est en régression depuis.
- Les configurations et les ressources familiales jouent un rôle non négligeable.

ZOOM SUR...

Les spécificités de la mobilité sociale des hommes et des femmes

→ Une étude de l'Insee de 2019 met en évidence les caractéristiques de la mobilité chez les hommes et les femmes.

1 Une mobilité verticale différente

→ Depuis la fin des années 1970, la mobilité sociale des hommes est relativement stable, et concerne environ deux tiers d'entre eux. Les mouvements ascendants sont plus fréquents que les mouvements descendants.

→ La mobilité sociale des femmes a progressé. L'augmentation est deux fois plus forte si on les compare à leur mère que si on les compare à la position de leur père. Ceci s'explique par la réduction des inégalités de genre en termes d'accès à l'emploi.

→ Par rapport à leur mère, les femmes connaissent davantage de trajectoires ascendantes que de trajectoires descendantes. En revanche, par rapport à leur père, elles connaissent davantage de mouvements de déclassement que de mobilité ascendante.

→ Chez les hommes, la reproduction sociale est plus forte pour les cadres, les employés et les ouvriers qualifiés. Chez les femmes, elle est plus forte parmi les professions les moins qualifiées. Les inégalités sont donc toujours présentes.

2 Un rapprochement chez les salariés

→ Entre 1977 et 2015, parmi les hommes salariés, la mobilité ascendante s'est accentuée en bas de l'échelle sociale. Parmi les groupes les plus élevés, on assiste à une augmentation des forts déclassements.

→ Les femmes ont connu une forte croissance des ascensions sociales et un recul des déclassements, quel que soit le groupe salarié dont elles font partie.

→ Les inégalités sociales de genre se sont donc fortement réduites en termes de trajectoires intergénérationnelles chez les salariés. Cependant, les inégalités restent fortes pour l'accès aux postes les plus qualifiés.

Mots clés

■ **Déclassement :** mobilité verticale descendante.

■ **Effet de structure :** évolution divergente d'une ou de plusieurs composantes d'une population. Cela s'explique par le fait que les effectifs de certaines composantes augmentent alors que d'autres diminuent.

■ **Fluidité sociale :** mesure de l'égalité des chances à partir de rapports de chances relatifs (« *odds ratios* »).

■ **Méritocratie :** société reposant sur le principe d'égalité des chances, chacun pouvant occuper la position sociale correspondant à ses aptitudes personnelles, ses qualifications, et son travail.

■ **Mobilité brute :** mobilité totale observée à partir des tables de mobilité.

■ **Mobilité horizontale :** changement de profession mais conservation du même statut.

■ **Mobilité intergénérationnelle :** mobilité d'une génération à l'autre.

■ **Mobilité parfaite :** mobilité reposant sur l'égalité des chances, chaque individu ayant la même possibilité de gravir l'échelle sociale, selon son mérite personnel.

■ **Mobilité professionnelle ou intragénérationnelle :** mobilité en cours de la vie active d'un individu.

■ **Mobilité sociale :** changement de position sociale d'un individu ou d'un groupe d'individus, au cours de sa vie ou par rapport aux générations précédentes ; dans le cas d'immobilité on parle de reproduction ou d'hérédité sociale.

■ **Mobilité verticale :** changement de position dans la hiérarchie sociale. Elle peut être ascendante (promotion sociale) ou descendante (déclassement ou chute sociale).

■ **Reproduction sociale :** immobilité sociale intergénérationnelle.

REPÈRES

Les auteurs importants

Alexis de TOCQUEVILLE (1805-1859)

Issu d'une famille d'aristocrates française, a fait des études de droit avant d'embrasser une carrière de député. Dans le cadre de ses missions, il effectue un voyage aux États-Unis entre 1831 et 1832 afin d'étudier le système pénitencier américain, périple qu'il transforme en voyage d'étude sur le fonctionnement démocratique américain. Il rédigera alors l'ouvrage qui l'a rendu célèbre et qui le place parmi les sociologues français : *De la démocratie en Amérique,* dans lequel il analyse les enjeux sociaux de la démocratie à travers le mouvement d'égalisation des conditions.

Camille PEUGNY (né en 1981)

Sociologue français, il étudie l'évolution de la mobilité sociale. Il s'intéresse particulièrement à la reproduction sociale et au déclassement, et analyse les effets du sentiment de déclassement, en contradiction avec l'augmentation de la qualification, sur les individus.

Document majeur

Doc. Mobilité sociale et passion pour le bien-être matériel

Chez les nations où l'aristocratie domine la société, et la tient immobile, le peuple finit par s'habituer à la pauvreté comme les riches à leur opulence. Les uns ne se préoccupent point du bien-être matériel parce qu'ils le possèdent sans peine ; l'autre n'y pense point parce qu'il désespère de l'acquérir et qu'il ne le connaît pas assez pour le désirer. Dans ces sortes de sociétés, l'imagination du pauvre est rejetée vers l'autre monde ; les misères de la vie réelle la resserrent ; mais elle leur échappe et va chercher ses jouissances au dehors. Lorsque, au contraire, les rangs sont confondus et les privilèges détruits, quand les matrimoines se divisent et que la lumière et la liberté se répandent, l'envie d'acquérir le bien-être se présente à l'imagination du pauvre, et la crainte de le perdre à l'esprit du riche. Il s'établit une multitude de fortunes médiocres. Ceux qui les possèdent ont assez de jouissances matérielles pour concevoir le goût de ces jouissances, et pas assez pour s'en contenter. Ils ne se les procurent jamais qu'avec effort et ne s'y livrent qu'en tremblant.

Alexis de Tocqueville, *De la démocratie en Amérique*, 1835 (tome II, Pagnerre éditeur, 1850).

Exercice

Vérifiez vos connaissances

Répondre Vrai ou Faux aux assertions suivantes :

1. L'immobilité sociale signifie que la mobilité est horizontale.
2. Pour les femmes, depuis les années 1970, les trajectoires ascendantes sont plus nombreuses que les trajectoires descendantes.
3. On assiste à un renforcement de la reproduction sociale depuis les années 1990.
4. La reproduction sociale des agriculteurs est plus forte dans la table de destinée que dans la table de recrutement.
5. Les Trente Glorieuses se caractérisent par une plus forte mobilité ascendante, en termes de mobilité structurelle mais aussi de fluidité sociale.
6. Le capital culturel est prépondérant pour expliquer la reproduction sociale.
7. L'école est un facteur d'égalité des chances, mais également de reproduction sociale.

Sujet de bac

Étude de document

Doc. 1 **Évolution des destinées sociales des salariés entre 1977 et 2015, pour les femmes comparées à leur mère (à leur père), en %**

		Catégorie socioprofessionnelle de la fille				
		1	2	3	4	Total
Catégorie socioprofessionnelle de la mère *(du père)*						
1. Cadres et professions intellectuelles	1977	40*(20)*	23*(40)*	15*(25)*	19*(8)*	96*(93)*
	2015	42*(35)*	32*(34)*	12*(18)*	10*(9)*	95*(96)*
2. Professions intermédiaires	1977	13*(5)*	39*(28)*	31*(37)*	9*(17)*	92*(87)*
	2015	29*(20)*	38*(34)*	19*(24)*	10*(18)*	96*(96)*
3. Employés et ouvriers qualifiés	1977	3*(2)*	20*(14)*	43*(37)*	25*(37)*	91*(90)*
	2015	15*(8)*	30*(23)*	33*(36)*	17*(29)*	95*(96)*
4. Employés et ouvriers non qualifiés	1977	1*(1)*	9*(8)*	34*(30)*	47*(49)*	92*(88)*
	2015	8*(4)*	22*(19)*	34*(35)*	31*(39)*	95*(96)*

Insee, enquêtes Formation et qualification professionnelle 1977 et 2014-2015.

Questions :

1. Quelles sont les caractéristiques de la mobilité des femmes salariées ?

2. Comment a évolué cette mobilité dans le temps ?

POINT MÉTHODE

1 Compréhension du document

- Comme l'indique le titre du document, il s'agit d'une table de destinée. Il s'agit donc de répondre à la question : « Que deviennent les filles de… ? »
- La table ne concerne que les filles. La mobilité a donc des spécificités, du fait que les femmes sont entrées plus tardivement sur le marché du travail et subissent des inégalités.
- La table distingue le genre du parent de référence, pour tenir compte des effets de structure. Dans la génération des mères, beaucoup n'exerçaient pas d'activité professionnelle ou occupaient des emplois peu qualifiés, alors que les pères bénéficiaient d'un ascenseur social.
- La somme des chiffres de chaque ligne n'est pas égale à « 100 ». C'est parce que la table ne prend en compte que les salariés. Il manque donc les indépendants.
- Les chiffres situés sur la diagonale (cases bleutées) permettent de lire la reproduction sociale. Dans cette table, la mobilité ascendante se lit dans les cases situées à gauche de la diagonale, et la mobilité descendante, à droite.

2 Analyse des questions

- La première question porte sur l'année actuelle. Il faut donc illustrer chaque caractéristique par un exemple chiffré pris pour l'année 2015.
- Pensez à montrer au correcteur que vous savez lire les données, distinguer celles concernant les pères et celles des mères, mais aussi calculer des écarts.
- La deuxième question demande de montrer l'évolution des inégalités en termes de mobilité : il faut donc comparer 1977 et 2015.

Exercice

1 **Faux.** L'immobilité sociale signifie qu'il y a reproduction sociale, c'est-à-dire absence de mobilité.

2 **C'est vrai** si on les compare à leur mère, mais c'est l'inverse si on les compare à leur père.

3 **Vrai.**

4 **Faux.** C'est l'inverse, du fait d'un effet de structure lié au déclin du nombre d'agriculteurs.

5 **Vrai**, mais la fluidité diminue depuis, tandis que la mobilité augmente légèrement (ou reste stable, en fonction de la période retenue).

6 **Vrai.** Il explique notamment la reproduction des classes dominantes, mais il doit être articulé avec les autres dotations en capital (économique et social).

7 **Vrai.** L'école, en théorie, a une fonction méritocratique. Mais dans la réalité, elle tend à légitimer la reproduction sociale.

Sujet de bac

Étude de document

1. Les caractéristiques de la mobilité des femmes salariées

On constate une forte reproduction sociale des filles par rapport à leurs parents, les chiffres de la diagonale étant plus élevés.

Cette reproduction sociale est particulièrement forte en haut de l'échelle sociale. Ainsi, en 2015, 40 % des femmes de 35 à 59 ans dont les mères exerçaient une profession de cadre ou profession intellectuelle supérieure, font partie du même groupe.

La reproduction sociale des cadres est deux fois moins importante par rapport aux pères (20 %). L'homogamie des parents est donc prépondérante dans la reproduction sociale des cadres pour les filles.

Une part importante de filles ont connu une mobilité ascendante. Par exemple, 29 % des filles dont la mère était profession intermédiaire, sont cadres. 35 % des filles dont le père était employé ouvrier non qualifié sont employées ou ouvrières qualifiées.

Une proportion de filles connaît une mobilité descendante par rapport à leur père. 34 % des filles de père cadre exercent une profession intermédiaire.

2. L'évolution de la mobilité des femmes

La reproduction sociale des femmes a augmenté en haut de l'échelle sociale, mais s'est réduite an bas.

Ainsi, la reproduction sociale des filles cadres par rapport à leur père est passée de 20 % en 1977 à 35 % en 2015. En revanche, elle a diminué de 10 points chez les employés et ouvriers non qualifiés.

La mobilité ascendante des femmes s'est accélérée, notamment si on les compare au père. La part des flux de mobilité des filles de pères professions intermédiaires vers le groupe des cadres a été multipliée par quatre (elle passe de 5 % à 20 %).

Le déclassement social des filles s'est globalement réduit, notamment si on les compare à leur mère.

La part des filles de mères professions intermédiaires devenues employées et ouvrières qualifiées est passée de 31 % à 19 %. Cependant, il existe des exceptions. Le déclassement des femmes professions intermédiaires par rapport à une mère cadre a augmenté de 9 points, mais a diminué de 6 points si on les compare à leur père. On en conclut donc que les inégalités de genre en termes de mobilité sociale se sont réduites, mais n'ont pas pour autant disparu.

CHAPITRE 9

Les mutations du travail et de l'emploi

DE QUOI S'AGIT-IL ?

Pour produire leurs moyens d'existence, les humains s'organisent. Dans les sociétés contemporaines, ils travaillent majoritairement de façon salariée. Le travail s'achète et se vend. Alors que l'analyse économique a d'abord traité le marché du travail comme un marché comme les autres, il est aujourd'hui admis qu'il s'agit d'un marché particulier, soumis à des règles d'échange particulières. Plus profondément, le travail structure la société et détermine le rôle et la place des individus en son sein. Les modifications de l'organisation du travail, les mutations professionnelles, l'absence de travail enfin, c'est-à-dire le chômage, ont donc des répercussions importantes, au-delà de la modification ou de la perte de revenus.

1 Les mutations du travail : des frontières à définir

Depuis les années 1970, le monde du travail s'est transformé. De nouvelles formes d'emplois et de nouveaux statuts se sont développés rendant les frontières entre emploi, chômage et inactivité plus floues. Dans le même temps, les carrières stables et continues ont laissé place à des parcours professionnels plus individualisés et plus précaires.

A Travail, emploi, chômage et inactivité : des notions à distinguer

1. La population active

• **La population active (PA) constitue l'offre de travail.** Elle est formée de tous ceux qui « exercent ou cherchent à exercer une activité professionnelle rémunérée ». Les bénévoles ne sont pas « actifs », les chômeurs le sont. Ce qui partage actifs et inactifs, c'est la rémunération (salaire, honoraires, cachet, solde, etc.).

• **Le nombre d'actifs évolue en fonction de la démographie**. La transition démographique a été facteur de développement par l'augmentation de la force de travail en Europe. Le baby boom a généré, vingt ans après, une augmentation de la population active, et quarante ans plus tard, en 2010-2030, un accroissement des départs en retraite. Les flux migratoires, composés de davantage de jeunes actifs, s'ajoutent aux évolutions naturelles.

• Le nombre d'actifs est aussi fonction d'évolutions législatives. L'interdiction du travail des enfants, l'allongement de la scolarité obligatoire diminuent le nombre d'actifs. Mais il faut également tenir compte des comportements sociaux : **désir des femmes de travailler et allongement de la durée des études.**

• **En France, la population active est en croissance depuis les années 1970** après avoir longtemps stagné autour des 20 millions. Aujourd'hui, on compte 30 millions d'actifs en France métropolitaine, dont 27 millions sont occupés. Les qualifications évoluent et le secteur tertiaire est de loin majoritaire. Le travail féminin a progressé mais les jeunes ont du mal à s'insérer dans le marché du travail.

2. Du travail à l'emploi

• Au sens large, le travail correspond à **l'ensemble des activités humaines visant à l'élaboration d'un bien ou d'un service.** Il peut être bénévole, domestique ou professionnel. En économie, le travail désigne toute activité humaine rémunérée, productrice de biens et services. C'est un facteur de production au même titre que le capital.

- **On distingue d'abord deux statuts : le travail indépendant et le travail salarié.** Le travailleur salarié est soumis à un lien de subordination de la part de son employeur, formalisé dans un contrat de travail tandis que le travailleur indépendant n'est pas lié par un contrat de travail avec la personne pour laquelle il effectue sa mission.

> **Remarque**
> Les salariés, qui représentaient à peine 50 % des travailleurs à la fin du XIXe siècle, en représentent aujourd'hui 88 %.

- **Le travail s'inscrit dans un cadre social et juridique**, organisé au sein des entreprises ou des administrations avec des normes et des relations formelles et informelles. Le code du travail et les conventions collectives définissent le cadre légal (normes formelles garanties par l'État) dans lequel le travail doit s'exercer. La culture d'entreprise ou les traditions professionnelles correspondent aux normes informelles qui influencent les conditions de travail et les comportements.

- Au-delà du travail rémunéré, l'emploi correspond aux conditions dans lesquelles le travail s'exerce. **Le contrat de travail définit alors le statut et la place dans l'organisation**, fixe le temps de travail, la rémunération et les droits et avantages auxquels le travailleur peut prétendre.

> **Notez que...**
> Au niveau macroéconomique, l'emploi désigne l'ensemble du travail fourni pour l'ensemble de l'économie (l'ensemble des personnes ayant un emploi).

3. Chômage et inactivité

- Selon le BIT et l'Insee, le chômage est défini par trois conditions : être sans travail, disponible pour travailler et rechercher effectivement un emploi (*cf.* chapitre 2). Cependant, il recouvre des réalités sociales bien différentes.

- **Le chômage d'insertion touche essentiellement des jeunes**, nouveaux entrants sur le marché du travail. Il s'agit d'une période de chômage plus ou moins longue, parfois récurrente (allers-retours entre chômage et emploi), selon le niveau de formation initiale. Les alternances entre CDD, intérim, stages et chômage peuvent au final constituer une expérience rendant le jeune, même diplômé, plus employable.

- **Le chômage de conversion touche les travailleurs à des âges intermédiaires**, perdant un emploi dans une branche d'activité, ou disposant d'une qualification en déclin. Le progrès technique (« destruction créatrice ») et les restructurations industrielles (délocalisation, concentration) font naître un chômage de transition qui nécessite formations et mises à niveau pour assurer l'employabilité des travailleurs concernés.

- **Le chômage d'exclusion atteint les personnes dont la probabilité de retrouver un emploi est faible, voire nulle.** On retrouve ici les chômeurs de plus de 50 ans, les jeunes sans qualification vivant dans des régions sinistrées économiquement ou dans les quartiers de « relégation ». Il conduit souvent à l'inactivité (chômeurs « découragés »).

Sachez que...

Lorsqu'une personne se retrouve au chômage à plus de 50 ans, elle n'a en moyenne qu'une chance sur dix de retrouver un emploi.

- Au sens strict, **les inactifs correspondent à l'ensemble des personnes qui ne sont ni en emploi, ni au chômage**. Si l'on se base sur la population en âge de travailler (plus de 15 ans), les inactifs sont principalement des étudiants, des retraités et des personnes au foyer (essentiellement des femmes) mais les frontières entre ces différentes situations sont rendues floues par les évolution du monde du travail.

Remarque

Évitez de considérer les chômeurs comme des inactifs. Ils font partie des actifs. C'est une erreur fréquente de la part des (mauvais) élèves.

Doc. Statut d'activité au sens du BIT en 2018

	Ensemble		Sexe (en %)		Âge (en %)		
	en millliers	en %	Femmes	Hommes	15-24 ans	25-49 ans	50-64 ans
Actifs	24 438	71,9	68,2	75,8	37,7	88,0	66,5
Ayant un emploi	26 745	65,4	61,9	68,9	29,9	80,5	62,1
Chômeurs	2 693	6,6	6,3	6,9	7,8	7,5	4,4
Inactifs	11 486	28,1	31,8	24,2	62,3	12,0	33,5
Ensemble	40 924	100,0	100,0	100,0	100,0	100,0	100,0

Insee, enquête Emploi 2018

B Des distinctions difficiles à établir

1. Entre emploi et chômage : le sous-emploi

- Le développement des **emplois atypiques**, et notamment des **CDD**, ainsi que du **travail intérimaire a contribué à précariser les salariés** en les soumettant à des périodes récurrentes de chômage. La durée limitée des contrats fragilise l'intégration dans l'entreprise et le fait d'être utilisé comme « une variable d'ajustement » affaiblit le lien social et déconsidère le travailleur précaire.

- **Les emplois à temps partiel subi correspondent également à des situations proches du chômage.** Des salariés (en particulier les femmes) qui souhaiteraient travailler à temps plein se voient dans l'obligation d'accepter des contrats à mi-temps, tiers-temps ou toute autre proportion du fait de la pénurie d'emploi et des stratégie de gestion des ressources humaines de certaines entreprises.

2. Entre chômage et inactivité : des limites poreuses

● **Il existe une porosité entre les catégories « chômeurs » et « inactifs »** dont les comportements changent selon la conjoncture. Si celle-ci est favorable, une partie de ceux qui n'étaient pas en recherche d'emploi peuvent décider de retourner sur le marché du travail. Cet « effet d'appel » se traduira par l'arrivée d'actifs supplémentaires sur le marché du travail. À l'inverse, quand la conjoncture se détériore, d'autres sortent du marché du travail et deviennent « inactifs » (femmes au foyer, jeunes peu qualifiés vivant chez leurs parents).

● Entre le chômage et l'inactivité, on trouve des personnes en stage ou en formation à défaut d'avoir trouvé un emploi. D'autres connaissent des problèmes passagers d'ordre familial, de santé ou de transport et sont temporairement indisponibles et donc classés parmi les inactifs alors qu'ils souhaitent travailler. L'ensemble de ces situations correspond à la notion de « halo » du chômage décrite dans le chapitre 3.

Doc. Statut d'emploi et type de contrat en 2018

	Ensemble		Sexe (en %)		Âge (en %)		
	en millliers	en %	Femmes	Hommes	15-24 ans	25-49 ans	50 an ou plus
Non salariés	**3 168**	**11,7**	**8,4**	**14,8**	**2,4**	**10,5**	**16,5**
Salariés	**23 949**	**88,3**	**91,6**	**85,2**	**97,6**	**89,4**	**83,5**
Emploi à durée indéterminée	20 290	84,7	84,2	85,2	45,0	87,0	92,5
Contrat à durée déterminée	2 520	10,5	12,6	8,4	29,2	9,9	5,9
Intérim	707	3,0	1,8	4,1	8,2	2,8	1,5
Apprentissage	432	1,8	1,3	2,3	17,6	0,3	0,0
Ensemble	23 949	100,0	100,0	100,0	100,0	100,0	
Ensemble des emplois	27 122	100,0	100,0	100,0	100,0	100,0	100,0

Insee, enquête Emploi 2018

3. Une précarité qui nuit à l'intégration

● **Le travail structure la société.** Travailler occupe le tiers de la semaine, 47 semaines par an. Une fois retiré le temps de repos et le temps de transport, le temps libre se réduit à peu de choses dans la vie courante. **Le travail détermine aussi la place des individus, leur statut social**, la considération dans laquelle la société les tient. Plus le travail est indépendant, plus il prend de place : les artisans, commerçants, chefs d'entreprise travaillent plus de 55 heures par semaine, les cadres « au forfait » (dont les heures ne sont pas comptées) plus de 50 heures.

• En procurant des responsabilités et une considération que le cadre de travail ne fournit pas toujours, le syndicalisme, l'action politique ou associative peuvent constituer, pour les travailleurs, une sorte de revanche sociale. L'engagement (politique, associatif, etc.) est ainsi susceptible de redonner aux salariés un sentiment de dignité, une fierté.

• En plus du statut, le travail procure (directement ou indirectement) **des revenus nécessaires à l'intégration sociale**. Une part des revenus de redistribution est liée au travail : pension de retraite, indemnités chômage, indemnités d'accidents ou d'invalidité, maladie professionnelle, ouverture des droits à la sécurité sociale, mutuelle, etc. Or, La progression du salariat dans les années 1950 fut synonyme de protection sociale, de stabilité et de revenus garantis. Mais depuis les années 1980, le **développement de la précarité** s'est traduit par l'apparition de travailleurs pauvres (« *working poors* ») aggravant l'exclusion sociale liée à la perte de pouvoir d'achat (accès au logement, au confort, aux loisirs ou aux vacances)

• Le chômage récurrent lors de la phase d'insertion, la succession d'emplois précaires et mal rémunérés finissent par inciter certaines personnes à se retirer du marché du travail ou à « s'installer » dans une précarité qui les stigmatise (CV jugé trop instable par les employeurs qui écartent ces candidats de leurs embauches en CDI). C'est le **phénomène de la « galère »** évoqué par François Dubet pour les jeunes adultes des cités sensibles qui, après un parcours scolaire chaotique, enchaînent « petits boulots » et périodes de chômage. N'arrivant pas à intégrer le monde du travail, ils ne peuvent se constituer une identité sociale reconnue et nourrissent un sentiment « d'engluement » qui se traduit par de la colère.

• **Les victimes de licenciements technologiques ou de restructuration industrielle** peuvent, selon leur âge (plus de 45 ans), la région où elles vivent, leur niveau de qualification initial ou leur situation familiale se retrouver très vite exposées au chômage d'exclusion ou retourner dans le chômage d'insertion qui, à cet âge, est difficile à vivre.

• **Le chômage et la précarité peuvent conduire à une perte de sociabilité**, un sentiment d'inutilité provoquant ce que Robert Castel appelle la « désaffiliation ». Coupé du rythme social du travail et forcé de réduire ses loisirs (baisse des revenus), on s'isole progressivement de la société. Le processus d'exclusion s'accompagne alors de ce que Serge Paugam nomme la « disqualification ». Se définir sans cesse par l'étiquette « chômeurs » ou « demandeur » d'aides devient socialement stigmatisant, comme le sont les phénomènes de déviance (Howard Becker et Erving Goffman). L'exclusion agit doublement : le chômeur ou le précaire, en plus d'être pauvre et « inutile » économiquement, devient un « assisté », le discrédit finit par être intégré par la personne qui se dévalorise et s'isole, s'excluant elle-même.

Remarque
L'entrée dans le chômage est souvent à l'origine de la fragilisation d'autres dimensions d'ordre social ou familial, qui peuvent mener à l'isolement social puis psychologique.

L'ESSENTIEL

Travail, emploi, chômage : des frontières à définir

- Le travail structure la société. Il est aujourd'hui majoritairement salarié.
- L'offre de travail est le fait de la population active, dont le nombre évolue en fonction de paramètres démographiques et socio-institutionnels.
- Le travail s'inscrit dans un cadre social et juridique et l'emploi correspond aux conditions dans lesquelles le travail s'exerce.
- Le chômage revêt différentes formes selon qu'il soit lié à des problèmes d'insertion, de reconversion ou d'exclusion.
- Les évolutions du travail ont rendu les frontières poreuses entre emploi, chômage et inactivité, conduisant parfois à des difficultés d'intégration.

ZOOM SUR...

L'exclusion sociale

1 Qu'est-ce que l'exclusion ?

→ L'exclusion, au sens large, peut désigner l'éviction d'une partie de la population de la société en raison d'un caractère ethnique, sexuel (voir l'apartheid par exemple). L'exclusion sociale est un phénomène différent, qui se comprend à la lumière du modèle dominant que représente le travail comme valeur sociale au sein des sociétés modernes et comme vecteur principal d'intégration.

→ **L'exclusion est un terme récent qui décrit une réalité apparue dans les années 1980**, propre aux sociétés postindustrielles. Elle désigne le fait que le système social, par les mutations du marché du travail, semble exclure des individus de la participation économique et sociale. C'est un processus, c'est-à-dire qu'il ne s'agit pas d'un état, d'une fatalité (ce que peut laisser entendre l'expression « les exclus »), mais d'un risque, qui touche en général des personnes fragilisées sur le plan **des réseaux sociaux et familiaux**. La perte d'un emploi ne suffit donc pas à déclencher le processus, même si elle entraîne des difficultés d'accès au logement, aux soins médicaux, etc.

2 L'exclusion : un processus de désaffiliation selon Robert Castel

→ La désaffiliation est le terme utilisé pour désigner le processus qui peut toucher les salariés précarisés et qui constitue une perte progressive des liens sociaux : les carences dans l'intégration professionnelle des individus se conjuguent alors à d'autres carences dans la sphère socio-familiale. Castel définit ainsi trois « zones » que peuvent traverser les individus à partir de leur place dans les sphères professionnelle et relationnelle : la zone *d'intégration*, la zone de *vulnérabilité* et la zone de *désaffiliation*, proche de l'exclusion sociale.

Zone d'intégration	Zone de vulnérabilité	Zone de désaffiliation/exclusion
– Travail stable – Insertion relationnelle solide	– Travail précaire – Fragilité relationnelle	– Travail précaire – Fragilité relationnelle

→ **C'est la fragilisation d'une dimension du lien social, à un moment donné** (perte d'emploi, rupture familiale ou perte de logement par exemple), qui peut provoquer le basculement progressif de l'individu d'une situation de vulnérabilité vers une situation d'exclusion. Mais ce processus n'est pas inexorable : un travailleur précaire, divorcé, peut basculer dans la zone d'intégration s'il trouve un CDI. De même, le défaut d'intégration professionnel peut être compensé par la solidité des liens familiaux.

→ La **crise économique** augmente le nombre de personnes en situation de vulnérabilité sociale et donc **augmente le risque d'exclusion**. La cohésion sociale dépend donc des dispositifs, des liens qui « contiennent » les individus dans les premières zones (aide sociale, famille, école, etc.).

3 La thèse de Serge Paugam : la disqualification sociale

→ On retrouve chez Paugam l'idée de **cumul de handicaps** à partir de la perte d'emploi : celle-ci entraîne fréquemment des difficultés d'accès au logement et aux soins, un isolement relationnel puis une perte de capacité relationnelle qu'il qualifie de disqualification sociale. La perte d'identité sociale procurée par la perte d'emploi entraîne une détérioration des conditions de vie et bien souvent celle des rapports sociaux et familiaux.

→ Serge Paugam dresse une **typologie des identités professionnelles** à partir du rapport des individus au travail et du statut de leur emploi ; la disqualification sociale définit la situation négative d'un individu concernant son rapport au travail et le statut de son emploi.

	Rapport au travail	Statut de l'emploi
Intégration assurée	Investissement réussi dans le travail. Relations valorisantes avec les collègues et supérieurs hiérarchiques.	Sécurité de l'emploi. Élaboration de projets de carrière.
Intégration incertaine	Situation vécue comme moyen de s'affirmer dans le travail, de consolider sa formation, de faire ses preuves progressivement.	Emploi menacé soit du fait du statut de salarié, soit du fait de l'avenir incertain de l'entreprise.
Intégration laborieuse	Travail difficile ou pénible physiquement et moralement (relations tendues avec les collègues et les supérieurs hiérarchiques). Le salaire est le seul intérêt du travail.	Sécurité de l'emploi qui permet l'espoir d'amélioration par l'action individuelle ou collective.
Intégration disqualifiante	Statut inférieur à celui des autres salariés ou considéré comme indigne de soi. Sentiment de marginalisation et d'infériorisation.	Emploi menacé soit du fait du statut de salarié, soit du fait de l'avenir incertain de l'entreprise

D'après Serge Paugam, *Le Salarié de la précarité*, PUF, 2000.

Doc. **Une typologie des identités professionnelles**

ZOOM SUR...

Les indicateurs de la qualité de l'emploi

→ La thématique de la qualité de l'emploi et du travail fait l'objet d'un regain d'intérêt depuis la fin des années 1990, notamment à travers les efforts faits par certaines institutions internationales pour mieux promouvoir, parallèlement à la « quantité », la qualité des emplois.

→ Si les définitions de la qualité de l'emploi sont nombreuses, six critères principaux permettent néanmoins de la jauger.

1 La santé, la sécurité au travail et les conditions de travail

→ Ce sont les taux d'accidents du travail, de maladies professionnelles et la proportion de personnes soumises au stress qui sont ici pris en compte. On peut y ajouter des indicateurs liés aux discriminations selon le sexe, l'âge ou le groupe ethnique. On constate que le bâtiment connaît le taux d'accident du travail le plus élevé, que les salariés agricoles ou de l'industrie sont davantage exposés aux maladies professionnelles mais aussi que certains cadres souffrent davantage du stress et du burn-out.

2 Les rémunérations

→ On retient comme éléments le revenu mensuel moyen des personnes en emploi, l'existence de primes et d'intéressement aux bénéfices de l'entreprise, le pourcentage de « bas salaires ». Sont également pris en compte les avantages non financiers liés à l'emploi, comme les droits à des congés annuels, à des congés maladie, si le salarié bénéficie d'une assurance maladie complémentaire ou d'avantages en nature (véhicule ou logement de fonction, présence d'une crèche d'entreprise).

3 Le temps de travail et la conciliation vie professionnelle/vie familiale

→ On observe pour ce critère si les horaires sont décents (amplitude et/ou morcellement des horaires) et si l'équilibre entre vie professionnelle et vie privé est satisfaisant. Par exemple, on constate que les secteurs de la restauration et de la grande distribution proposent davantage de temps partiels aux horaires morcelés en fonction des heures d'affluence, augmentant l'amplitude du temps contraint pour le salarié.

4 La sécurité de l'emploi et la protection sociale

→ Il s'agit de connaître le niveau de stabilité de l'emploi à travers le risque de chômage pour telle ou telle catégorie ainsi que les possibilités de progression de carrière. On regarde également le taux de turn-over (renouvellement du personnel). Les emplois publics et ceux des grandes entreprises sont bien plus stables que les emplois des petites entreprises du secteur privé.

5 Le dialogue social et la représentation collective

→ Des éléments comme les droits des travailleurs, l'existence de représentations collectives (délégués du personnel, syndicats) et de temps consacrés au dialogue social permettent de mesurer l'environnement social de l'emploi. Bien que la loi fixe un cadre pour le dialogue social (Lois Auroux qui oblige à des négociations annuelles entre employeurs et employés) et l'existence d'instances comme les représentants du personnel, le climat social peut être très différent d'une entreprise à l'autre.

6 La formation tout au long de la vie

→ Selon l'emploi, le niveau de formation continue diffère. Ce critère permet de connaître la capacité pour un salarié de maintenir voire d'augmenter son employabilité et ses horizons professionnels. Les grandes entreprises offrent des perspectives professionnelles plus vastes du fait de leur taille et de l'existence de nombreux métiers et statuts. Par ailleurs, elles disposent de moyens humains et financiers plus importants pour offrir une formation continue à ses salariés. Ce sont les cadres et ingénieurs qui bénéficient le plus de la formation continue car ils sont considérés comme plus précieux par l'entreprise et sont davantage conscients, de part leurs études et leurs connaissances du marché du travail, de la nécessité de se former.

→ La qualité de l'emploi est très inégale. Globalement, ce sont les cadres et les professions intellectuelles supérieures des grandes entreprises ou des administrations des grandes villes qui disposent des emplois de meilleure qualité. Ils cumulent beaucoup d'avantages : rémunérations élevées, nombreux avantages en nature, moindre exposition au chômage et à la précarité, formations régulières et de qualité, plans de carrière stimulants, autonomie et reconnaissance plus importantes. À l'inverse, les travailleurs les moins qualifiés des territoires périphériques ou ruraux dans les petites entreprises sont ceux qui subissent les emplois de qualité bien plus faible.

2 L'évolution de l'organisation du travail

En 1776, Adam Smith décrivait dans son ouvrage, *La richesse des nations*, une manufacture d'épingles dans laquelle la division du travail permettait d'accroître la productivité. Depuis, l'homme n'a eu de cesse de penser et repenser l'organisation et les relations au travail afin d'en améliorer la performance.

A Du taylorisme au fordisme

1. Une double division du travail

- Frederick Winslow Taylor publie, en 1911, *L'organisation scientifique du travail* où il présente les grands principes d'organisation industrielle pour maximiser la productivité. Si l'histoire retient Taylor et son OST, ces méthodes furent appliquées à différents niveaux depuis le XVIIe siècle et se développèrent au XIXe siècle durant les différentes révolutions industrielles.
- Cette organisation repose tout d'abord sur **une double division du travail**. La division verticale correspond à la séparation entre le travail de **conception-direction des ingénieurs et managers** et celui **d'exécution des ouvriers spécialisés (OS)**. Taylor pense que les individus sont d'autant plus performants qu'ils ne se consacrent qu'à une seule fonction. Les ouvriers sont ainsi dépossédés de toute initiative et la direction (bureau des méthodes) définit dans les moindres détails la manière de procéder, c'est le « *one best way* ».

Remarque
Le terme d'ouvrier spécialisé n'est pas synonyme d'ouvrier qualifié, au contraire, il désigne simplement le fait que l'ouvrier est réduit à une seule tâche.

- **Parallèlement, la division horizontale repose sur une parcellisation extrême des tâches**. Les procédés de production sont divisés en tâches simples et répétitives, souvent réduites à quelques gestes que l'ouvrier doit scrupuleusement effectuer. Cette parcellisation des tâches permet de gagner en habileté et surtout de réduire les temps morts (la « flânerie » selon Taylor). De plus, l'industrie n'a plus besoin d'ouvriers qualifiés et peut recruter une main-d'œuvre bon marché qu'elle paie à la tâche (nombre de pièces réalisées) afin d'inciter l'ouvrier à produire davantage. Ainsi, l'industrie voit la productivité du travail fortement augmenter et les coûts de production baisser.

2. L'introduction de la chaîne de production

- S'inspirant des abattoirs de Chicago, **Henry Ford** introduit en 1908 le travail sur convoyeur **(travail à la chaîne).** Les cadences sont ainsi fixées par la machine ce qui permet d'accroître encore la productivité du travail.

- Cette méthode de production s'appuie sur une autre innovation dans l'automobile : **la standardisation**. En effet, le travail à la chaîne n'est réalisable qu'en développant des modèles identiques, produits en série comme la Ford T. L'ensemble de ces éléments permettra de réduire le prix de vente de la Ford T de 850$ à son lancement, à 290$ en 1927.

- Même s'il s'appuie sur la double division du travail du taylorisme, Ford rompt avec le paiement à la tâche et introduit le paiement forfaitaire de 5$ par jour (environ le double du salaire ouvrier de l'époque). En effet, il n'y a plus besoin de payer l'ouvrier à la pièce puisque le convoyeur impose le rythme. Il faut cependant, avec des conditions de travail extrêmement pénibles, attirer des ouvriers, les fidéliser et éviter les grèves. Ce salaire « généreux » répond à cette nécessité.

3. Des organisations du travail devenues des modèles socioéconomiques

- **C'est après la Seconde Guerre mondiale que le modèle du taylorisme-fordisme s'impose à l'ensemble de l'industrie mais également au secteur tertiaire** (pool de dactylos, centrales téléphoniques, etc.). L'OS (ouvrier spécialisé) devient la figure-type des Trente Glorieuses (1945-1975), imposant une représentation du monde du travail autour de l'opposition « cols blancs/cols bleus ».

- **Les économistes élargissent également la notion de fordisme au mode de régulation économique et social** du capitalisme de cette période. La chaîne de production et la standardisation permettent une production de masse à laquelle répond une consommation de masse rendue possible par la baisse des coûts unitaires couplée à des salaires en hausse.

> **À noter**
> Une fois définis, les termes de taylorisme et de fordisme peuvent être utilisés de façon similaire.

- Dans un contexte de croissance soutenue, de développement de « l'État Providence » et de syndicats puissants, le fordisme correspond également à l'idée d'un **compromis social** dans lequel les travailleurs acceptent des conditions de travail difficiles pour accéder au confort de la société de consommation.

- Si le taylorisme-fordisme constitue l'un des éléments déterminants du progrès économique et social des Trente Glorieuses, il finit par se heurter à de nombreuses limites. À partir des années 1960, les jeunes générations, plus éduquées et habituées à la société de consommation, **refusent les conditions de travail de la chaîne jugées physiquement pénibles et moralement déshumanisantes**. Les grèves sont nombreuses, le turn-over (renouvellement du personnel) augmente sous l'effet des contraintes mais aussi d'une société qui connaît une tertiarisation croissante et le plein-emploi, conduisant à un ralentissement de la productivité.

- Par ailleurs, la société de consommation, perçue jusque-là comme un progrès, est de plus en plus contestée du fait de produits standardisés peu innovants et du caractère aliénant qu'elle revêt pour certains (mouvements hippie).

- Des événements comme Mai 68 ou le choc pétrolier de 1973 ainsi que l'émergence de nouvelles organisations du travail et méthodes managériales marquent la fin du modèle tayloro-fordiste.

B Toyotisme et post-taylorisme

1. Une organisation du travail plus flexible

- Dans les années 1960, l'ingénieur japonais Taiichi Ohno élabore une nouvelle organisation du travail chez l'industriel Toyota. L'idée qui domine est de produire « **au plus juste** » (*lean production*) en réduisant au maximum le gaspillage et en produisant en fonction de la demande (« le juste à temps »).

- **C'est le modèle du toyotisme basé sur les « 5 zéro olympiques »** :

– zéro stock : production en flux tendus pour éviter les coûts de stockage en s'appuyant sur la méthode du « *kanban* » (système d'étiquettes ou de fiches qui indique le nombre de pièces à produire ou à livrer) en évitant ainsi toute production excédentaire.

– zéro délai : optimisation logistique.

– zéro panne : salariés sensibilisés et formés à la maintenance des outils de production et systèmes d'alerte afin d'éviter les ruptures de production liées aux pannes.

– zéro défaut : mise en place de « cercles de qualité » pour remplir l'objectif de qualité totale afin d'éviter les pertes de temps de correction des défauts ou le gaspillage des produits impropres à la vente.

– zéro papier : réduire les échelons hiérarchiques et les procédures bureaucratiques en rendant les salariés plus autonomes (le « *kaizen* »).

- Ces évolutions sont rendues possibles par **le développement de nouvelles technologies comme la robotisation et l'informatisation** qui font leur entrée dans les procédés industriels. Ces technologies permettent de répondre aux rigidités du fordisme et de s'adapter davantage à la demande.

- Débarrassés des tâches les plus physiques grâce aux robots, les salariés peuvent se concentrer sur la surveillance et la maintenance. Plus autonomes et polyvalents, les salariés voient leurs tâches s'enrichir rompant ainsi avec le travail parcellisé et répétitif du taylorisme. Ils sont par ailleurs davantage impliqués dans la production, améliorant ainsi la qualité et la productivité du travail.

2. Un management plus participatif

- Dès les années 1920, le psychosociologue Elton Mayo met en évidence **le rôle des relations humaines dans le rendement du travail**. Les sociologues se sont aperçus que le fait de modifier les conditions de travail (éclairage, pauses, autonomie, etc.) augmentait la productivité des travailleurs. On parle de l'« effet Hawthorne ». Plus généralement, le seul fait que les salariés se sachent observés, et donc considérés, les amène à s'impliquer davantage dans leur travail. Cette expérience pose les bases du rôle des relations humaines dans le fonctionnement des entreprises et notamment dans la productivité du travail.

- Ainsi, face au rejet croissant du travail taylorien qui élimine toute initiative individuelle et s'organise autour d'une hiérarchie omniprésente, les entreprises commencent à partir des années 1970 à introduire de nouvelles méthodes de management des ressources humaines dites « **management participatif** ». Ces méthodes viennent pour la plupart du Japon où domine un management « paternaliste » et des États-Unis où l'on retrouve une logique basée sur la « convivialité ».

- **Les salariés sont de plus en plus associés aux décisions de l'entreprise.** On met en place des « boîtes à idées » , des cercles de qualité. On développe, sous l'influence des travaux de Peter Drucker, le management par objectifs dans lequel les salariés organisent eux-mêmes leur travail à partir des objectifs fixés par l'entreprise. On stimule les échanges et la diffusion de l'information en multipliant les bureaux ouverts aux cloisons basses et adaptables dans leur configuration (*open space*).

- **On réduit les symboles de la hiérarchie** en unifiant les tenues ou les espaces de travail. On utilise le tutoiement, le terme de « collaborateur » remplace celui d'« employé » et on met en place des espaces communs de convivialité afin de renforcer les liens et la culture d'entreprise. Certaines entreprises organisent même des activités extraprofessionnelles comme des événements sportifs ou ludiques afin que les salariés se sentent liés à l'entreprise et coopèrent davantage entre eux. La gestion des relations humaines devient une affaire de spécialistes pour lesquels l'esprit d'équipe est déterminant pour l'entreprise (« *team building* »).

3. Post-taylorisme ou néo-taylorisme ?

- Si ces nouvelles formes d'organisation du travail ont nettement amélioré les conditions de travail, notamment la pénibilité physique, de nombreux sociologues préfèrent parler de **néo-taylorisme**, voyant dans ces évolutions un prolongement plus qu'une rupture.

- L'effacement des barrières hiérarchiques et l'autonomisation des salariés apparaît pour beaucoup comme un vernis social. **Les normes et les objectifs de production restent stricts et décidés par la hiérarchie, la participation des salariés n'est donc qu'apparente et limitée**. L'exigence du « juste à temps » et de « qualité totale » exerce une pression psychique sur les salariés, tout aussi nuisible pour la santé que la pénibilité physique qui, elle, est en déclin. De plus, la multiplication des activités censées renforcer les équipes révèlent parfois des logiques de compétition interne et de mise en concurrence des salariés qui nuisent à la coopération et s'avèrent contre-productive en matière de rendement du travail. L'open space, qui au départ était conçu pour rapprocher les équipes, devient un moyen d'auto-contrôle et d'auto-surveillance des salariés qui n'ont plus d'intimité.

- Par ailleurs, des secteurs autrefois épargnés par le taylorisme comme le tourisme, les loisirs ou la restauration intègrent désormais des logiques de division du travail et de standardisation (fast food, parcs de loisirs, clubs de vacances).

- Si les gammes de produits se renouvellent plus rapidement et se sont élargies, donnant l'impression d'une production qui s'adapte aux consommateurs, la société de consommation de masse demeure et « la filière inversée » théorisée par J. K. Galbraith place toujours le consommateur sous l'influence des entreprises. En effet, ce sont elles, par leurs stratégies marketing et de communication, qui créent les besoins chez les consommateurs.

C Le développement du numérique bouleverse le monde du travail

1. Le numérique brouille les frontières du travail

- Jusqu'aux années 1990 et l'arrivée d'Internet, les limites entre le temps professionnel et le temps privé pour les salariés étaient nettes. Le temps de travail était clairement défini dans le contrat de travail et le fait de quitter l'entreprise signifiait qu'on avait terminé sa journée de labeur.

- **Avec Internet, on assiste au développement du télétravail**, c'est-à-dire une organisation du travail exercée en dehors des locaux de l'entreprise sur la base du volontariat et rendue possible grâce aux nouvelles technologies de l'information et de la communication. Les ordonnances Macron, qui réforment le Code du travail en 2017, permettent la mise en place d'accords collectifs ou, à défaut, d'une charte élaborée par l'employeur, après consultation du CSE (comité social économique) pour encadrer le télétravail.

● **Le télétravail apparaît pour certains comme un moyen de mieux organiser son temps**, d'être plus autonome et permet de réduire les conséquences négatives des transports journaliers liés au travail. Cette façon de travailler attire cependant aussi les critiques : perte du lien social avec son équipe, redéfinition du management à distance, inconfort ou encore interférence entre la vie professionnelle et la vie personnelle. Se pose aussi la question **du droit à la déconnexion**, c'est-à-dire le fait de pouvoir (ou de devoir) ramener du travail à la maison augmente le risque de stress et de burn-out (état de fatigue intense et de grande détresse causé par le stress au travail).

2. L'uberisation du travail

● **L'explosion du numérique et des plateformes Internet a fait grimper en flèche le nombre de travailleurs indépendants**, d'auto-entrepreneurs et de free-lance. Certains avancent même l'idée de la fin du salariat ; nous deviendrions des fournisseurs de services payés à la prestation.

● Cette évolution a pour cause, mais aussi pour conséquence, une montée d'un rapport individualiste au travail et du désir d'indépendance totale : pas de contrat de travail, pas d'horaires, pas de transports quotidiens, une gestion autonome du temps de travail et de la vie privée. De plus, ces différents statuts permettent aux individus libérés de la contrainte du salariat de diversifier leurs activités.

● Cependant, loin de l'idéal de la « *start up nation* », **« l'uberisation » du travail présente un tableau plus sombre.** En effet, l'indépendance et la liberté du travailleur n'est bien souvent qu'une façade. Ce dernier est totalement dépendant des entreprises qui possèdent et développent les applications et les plateformes Internet (Uber, Deliveroo). De plus, du fait des commissions retenues par ces groupes, les prestataires de services indépendants doivent augmenter le nombre d'heures travaillées par jour pour gagner le même revenu.

Remarque

Une étude américaine de 2018 montre qu'en quelques années les chauffeurs Uber sont passés de 8 à 9 heures de travail par jour, à 12 voire 14 heures pour gagner l'équivalent du salaire minimum américain.

● Par ailleurs, les protections et les avantages qu'offre le salariat, comme un revenu fixe et garanti, des droits sociaux (assurance chômage, retraite), les conventions collectives ou les mutuelles de santé, se réduisent ou disparaissent avec le travail indépendant. Les individus ne bénéficient pas non plus de la force des liens collectifs, tant sur le plan de la défense des intérêts sociaux que du lien social qu'ils procurent. Le travailleur « ubérisé » se retrouve isolé, à la merci des grands monopoles de la nouvelle économie qui n'ont plus à gérer leurs salariés devenus sous-traitants.

3. De nouvelles inégalités au travail : l'emploi se polarise

- Au cours des trois dernières décennies, le travail a pris un nouveau tournant. Si l'après Seconde Guerre mondiale a vu les inégalités de salaire reculer, depuis les années 1980, les écarts se creusent continûment, que ce soit entre les bas et moyens salaires ou entre les moyens et hauts salaires. Dans des pays comme la France où les inégalités de salaires restent stables, c'est le risque de chômage et de précarisation qui frappe toujours davantage les moins qualifiés.

- **Aux inégalités de revenus s'ajoute une importante recomposition des emplois**. On peut distinguer trois grandes catégories : les emplois peu qualifiés, les emplois intermédiaires et les emplois très qualifiés. Si la part des professions intermédiaires se contracte, les parts des emplois peu qualifiés et très qualifiés sont en nette expansion. En France, ces deux groupes augmentent de manière parfaitement symétrique, d'environ 4 %. Ainsi, pour deux emplois intermédiaires qui disparaissent, un emploi qualifié et un emploi peu qualifié supplémentaires sont créés.

- L'introduction massive du numérique dans les entreprises a supprimé un grand nombre d'emplois dédiés aux tâches élémentaires et répétitives. La robotisation, l'informatisation et l'automatisation ont détruit des emplois d'opérateurs sur les chaînes des usines, d'employés de bureau ou de caissières. La « tempête de destruction créatrice » décrite par Schumpeter se poursuit dans le commerce de proximité ou l'hôtellerie sous la pression des sites de commerce en ligne ou des grandes plateformes comme Airbnb.

- Parallèlement, les progrès de l'informatique ont bénéficié aux emplois très qualifiés. Que ce soit directement par l'augmentation des besoins en salariés qualifiés dans les nouvelles technologies, ou indirectement par le fait que l'informatique facilite la tâche et augmente la productivité des plus qualifiés sans pour autant remplacer leur travail. Les travailleurs les plus diplômés sont ainsi les gagnants de cette évolution.

- Cependant, l'irruption d'une intelligence artificielle omniprésente et de plus en plus sophistiquée fait penser que même les salariés les plus qualifiés ne sont plus à l'abri, notamment dans le domaine médical, juridique ou dans les transports. D'autres vont jusqu'à parler de fin du travail et de la nécessité de réfléchir à un revenu de base ou universel pour pallier à la raréfaction inexorable des emplois. D'autres enfin voient dans ces évolutions un moyen d'approfondir encore la réduction du temps de travail permise par les gains de productivité.

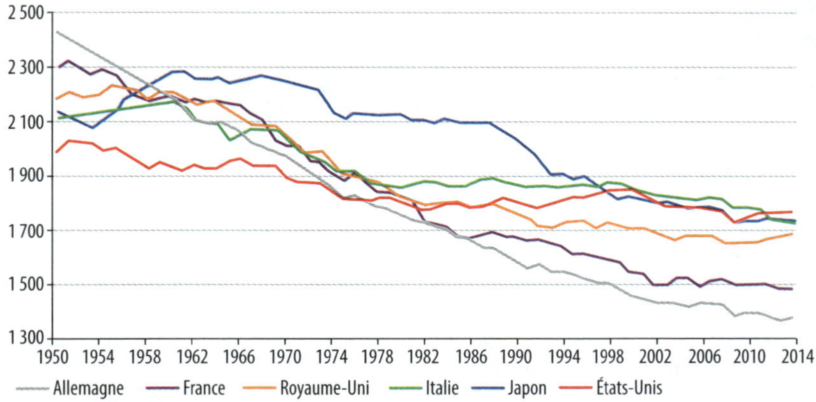

Base de données du Groningen Growth and Development Centre (GGDC)

Doc. **Les durées annuelles du travail entre 1950 et 2014 (heures par personnes en emploi)**

L'ESSENTIEL

L'évolution de l'organisation du travail

- L'organisation du travail est dominée jusqu'aux années 1960 par le taylorisme-fordisme qui repose sur une division verticale du travail et une parcellisation des tâches. Cette organisation est basée sur des produits standardisés et une hiérarchie très directive.
- Suite à la crise du fordisme dans les années 1970, se développent de nouvelles formes d'organisations du travail (post-taylorisme), comme le toyotisme, qui s'appuient sur le « juste à temps », l'autonomie des salariés et l'abaissement des barrières hiérarchiques.
- Cette évolution masque pour certains un prolongement du taylorisme (néotaylorisme) car la pression des objectifs et de la qualité remplace la contrainte de la chaîne.
- L'introduction des nouvelles technologies numériques transforme notre relation au travail (télétravail) et modifie les statuts (montée du travail indépendant). Au-delà de la liberté apparente procurée par ces nouvelles formes de travail se cachent de nouvelles contraintes et de nouveaux rapports de domination.

Mots clés

■ **Chômage d'insertion/d'exclusion** : alors que le chômage d'insertion touche les jeunes, le chômage d'exclusion touche des catégories peu ou plus employables, notamment âgées ou peu qualifiées.

■ **Désaffiliation** : terme utilisé par Robert Castel pour désigner le processus que connaît un individu du fait de sa précarité économique (perte d'emploi) et de son isolement social (non-insertion dans le tissu associatif, isolement familial, etc.)

■ **Disqualification sociale** : selon Serge Paugam, processus d'étiquetage, de stigmatisation de certains individus, qui sont éliminés de la vie économique, politique et sociale faute de ressources jugées indispensables aujourd'hui. Ce processus est intériorisé par les individus et mène à leur exclusion.

■ **Division du travail** : décomposition des tâches dans le processus de production qui donne lieu à une spécialisation des individus, sur un plan microéconomique (dans l'entreprise) et macroéconomique (dans la société).

■ **Exclusion sociale** : phénomène de rejet, de marginalisation de l'individu par la société du fait de la perte d'un emploi durable couplée à une perte de relations sociale. C'est un phénomène multidimensionnel.

■ **Fordisme** : système lié à l'industriel Ford, basé sur de forts gains de productivité issus d'un taylorisme poussé et sur la redistribution par le biais d'une politique de hauts salaires.

■ **Intégration sociale** : état ou processus d'insertion d'un individu ou d'un groupe dans un ensemble plus vaste (groupe, société). L'intégration suppose l'appropriation, par l'individu, des normes et des valeurs du groupe ou de la société et implique sa participation aux activités sociales (participation politique, économique, sociale et culturelle). Le contraire de l'intégration est l'exclusion sociale.

■ **Organisation scientifique du travail** : terme lié à F. W. Taylor, auteur d'une méthode scientifique déterminant la meilleure façon de travailler par l'étude systématique des gestes de l'ouvrier et la décomposition de ses tâches en tâches élémentaires. Division poussée du travail entre conception et exécution.

■ **Toyotisme** : système remplaçant le fordisme dans les usines Toyota après la Seconde Guerre mondiale, basé sur la polyvalence, l'adaptabilité, le stock zéro et le zéro défaut. Proche du lean management actuel.

■ ***Working poors*** : salariés restant dans la pauvreté bien qu'ayant retrouvé un emploi, mais précaire ou faiblement payé.

■ **Ubérisation du travail** : recours croissant à des prestataires de services indépendants sans passer par des contrats de travail.

Les auteurs importants

Robert CASTEL (1933-2013)

Agrégé de philosophie, sociologue français, a travaillé avec Pierre Bourdieu. Il s'intéresse à la question du travail dans les années 1980 et 1990. Il analyse comment la situation du salarié est devenue la référence, avant de constater l'effritement de la société salariale à partir du milieu des années 1970, avec les phénomènes d'exclusion (désaffiliation), de vulnérabilité et de fragilisation qui frappent les individus.

Peter DRUCKER (1909-2005)

Professeur de sciences politiques et de philosophie au Bennington College, il est recruté par General Motors où il passe deux ans à analyser les process et à interviewer les cadres supérieurs comme les ouvriers. De cette expérience, il publie en 1945 *Concept of the Corporation*, un livre qui pour la première fois décortique l'organisation managériale d'une entreprise.

Henry FORD (1863-1947)

Industriel américain qui fit appliquer de manière systématique les principes les plus poussés du taylorisme avec la création de la chaîne de montage. Favorable à une politique de hauts salaires pour réduire le turn-over et inciter les salariés à s'impliquer dans l'entreprise, son nom est associé au mode de régulation économique et social qui s'instaure durant les Trente Glorieuses.

Elton MAYO (1880-1949)

Psychologue et sociologue australien. Il est le père de la sociologie du travail et est à l'origine du mouvement de l'école des relations humaines qui montre que la performance des salariés dépend en grande partie des relations interpersonnelles dans l'entreprise.

Serge PAUGAM (né en 1960)

Sociologue français, connu pour avoir élaboré le concept de disqualification sociale dans *La disqualification sociale. Essai sur la nouvelle pauvreté* en 1991. Il a mené de nombreux programmes de recherche comparative, à la fois quantitative et qualitative, sur les formes de la pauvreté dans les sociétés modernes.

Documents majeurs

Doc. 1 Le « fordisme » n'est pas le « taylorisme »

Le système de production Ford n'a pas préexisté au décollage des ventes. En fait il a été progressivement inventé plus tardivement qu'on ne l'imagine. L'augmentation des volumes a buté rapidement sur la difficulté à recruter le personnel qualifié qui était alors nécessaire. Assez ignorant des méthodes de fabrication récentes, Henry Ford a su cependant s'entourer d'ingénieurs qui lui ont fait découvrir les possibilités des machines-outils spécialisées pour obtenir des pièces parfaitement interchangeables avec des ouvriers sans formation particulière et les gains de temps et de main-d'œuvre que procurait l'organisation de l'usine selon un ordre séquentiel de fabrication et de montage du véhicule. [...]

Le problème du rythme de travail des ouvriers non qualifiés recrutés en masse n'était cependant pas résolu pour autant. La méthode Taylor n'est pas apparue alors adaptée à l'échelle de production envisagée. S'inspirant d'exemples observés dans les conserveries, les ingénieurs de Ford firent des essais de travail à la chaîne en 1913. Ce n'est qu'en 1915 que cette organisation a été généralisée, alors que le volume de production atteignait déjà 395 000 véhicules et que le prix de vente de la Ford T avait déjà été abaissé à 490 $. [...]

Mais bien avant ses tentatives pour limiter les problèmes d'équilibrage des chaînes et de synchronisation des flux, Ford eut à faire face à une brutale augmentation du taux de démission des ouvriers dès l'introduction des premières chaînes. La solution qu'il trouva pour arrêter immédiatement l'hémorragie fut la journée de 8 heures payées à un tarif fixe de cinq dollars. Elle était triplement innovatrice et attractive : elle introduisait la journée de 8 heures, elle offrait un salaire à la journée fixe, et elle doublait le montant du salaire moyen. Elle était rendue possible aux yeux de Ford par la chaîne qui permet de prévoir le volume de production journalier, sans recourir aux heures variables, et d'imposer un rythme de production sans avoir à offrir des primes de rendement. Enfin, les économies d'échelles réalisées autorisaient une distribution des gains plus favorable aux salariés (Meyer, 1981).

Robert Boyer, Michel Freyssenet, *Les modèles productifs*, La Découverte, coll. « Repères », 2000.

Doc. 2 Travail et intégration

Dans nos sociétés, l'intégration professionnelle assure aux individus la reconnaissance de leur travail, au sens de leur contribution à l'œuvre productive, mais aussi, en même temps, la reconnaissance des droits sociaux qui en dérivent.[...] L'exemple des revendications récentes des professionnels des arts et du spectacle en faveur d'une meilleure protection sociale permet de comprendre à quel point l'intégration professionnelle ne passe pas uniquement par l'affirmation de soi dans l'univers du travail, mais qu'elle implique également la reconnaissance de droits dérivés de la logique protectrice de l'État-providence. [...]

On peut donc définir [...] l'intégration professionnelle comme la double assurance de la reconnaissance matérielle et symbolique du travail et de la protection sociale qui découle de l'emploi. On peut estimer que la première condition est remplie lorsque les salariés disent qu'ils éprouvent des satisfactions au travail [...]. La deuxième condition sera remplie si l'emploi exercé n'est pas aléatoire et qu'il implique une certaine durée, autrement dit, lorsqu'il permet au salarié de planifier son avenir. [...] Dans ce cas, les salariés peuvent élaborer des projets de carrière et s'investir dans le travail pour les réaliser. Les satisfactions qu'ils en retirent sont l'expression d'une intégration réussie dans l'entreprise, en particulier dans les relations avec les collègues et les supérieurs hiérarchiques.

Serge Paugam, *Le salarié de la précarité*, PUF, 2007.

Doc. 3 Effritement de la société salariale et lien social

R. Castel situe la question de l'exclusion dans le champ de la sociologie du travail. Selon lui, le travail « n'est pas envisagé comme un rapport technique de production mais comme le support privilégié d'inscription dans la structure sociale ». [...] Cette évolution [l'effritement de la société salariale] conduit R. Castel à analyser les différentes modalités d'intégration et d'exclusion sociale dans les sociétés contemporaines. Il distingue ainsi plusieurs « zones » dans lesquelles la cohésion sociale est d'intensité variable. Les individus sont susceptibles de traverser ces zones dès lors qu'ils entrent dans un processus d'exclusion. 1/ la zone d'intégration se caractérise par l'association « travail stable-insertion relationnelle solide » ; 2/ la zone de vulnérabilité correspond à une situation intermédiaire, instable, conjuguant précarité du travail et « fragilité des supports de proximité » (à ce niveau, la précarité du travail peut être compensée par une relative intégration dans le cercle familial par exemple) ; 3/ enfin, la zone de désaffiliation est la dernière étape du processus et se caractérise par une absence de participation à toute activité productive, sociale et à l'isolement relationnel. Certaines populations s'inscrivent ainsi dans un véritable processus d'exclusion pouvant conduire à un état de désaffiliation (grande pauvreté, sans domicile fixe, etc.). Dans cette approche, l'exclusion apparaît comme le résultat de la remise en cause du salariat en tant que mode d'organisation sociale.

Alain Beitone, *Sciences sociales*, Sirey, coll. « Aide mémoire », 2007.

Exercice

Vérifiez vos connaissances

Répondre Vrai ou Faux aux assertions suivantes :

1 Le salariat s'est imposé après la Seconde Guerre mondiale.
2 Les chômeurs sont des inactifs.
3 Le chômage est source de disqualification sociale.
4 Taylorisme et fordisme sont synonymes.
5 Le système du « juste à temps » est associé au fordisme.
6 Le toyotisme s'appuie sur le management participatif.
7 Les organisations tayloriennes et fordiennes du travail ont disparu.

Sujet de bac

Étude de document

Doc. 1 **L'évolution des contraintes sur le rythme de travail (en % de salariés)**

Rythme de travail imposé par...	1978	1984	1991	1998	2005	2013	2016
Déplacement automatique d'un produit ou d'une pièce	3	3	4	6	7	8	8
Cadence automatique d'une machine	6	4	6	7	7	7	7
Autres contraintes techniques	7	7	11	16	16	17	17
Dépendance immédiate vis-à-vis des collègues	13	11	23	27	27	30	29
Normes de production à satisfaire en une journée	21	19	38	43	42	46	48
dont : en une heure		5	16	23	25	27	29
Demande extérieure	34	39	57	65	65	69	70
dont : obligeant à une réponse immédiate		28	46	54	53	58	58

Contraintes ou surveillances permanents par la hiérarchie		17	23	29	30	31	31
Contrôle ou suivi informatisé					25	35	35

Dares, DGAFP, Drees, Insee, enquêtes Conditions de travail et risques psychosociaux (1978, 1984, 1991, 1998, 2005, 2013, 2016).

POINT MÉTHODE

- Pensez à rappeler la nature, la source, la période et l'unité du document. C'est un moyen de bien se mettre en tête le sens du document et de ne rien oublier.
- Triez et hiérarchisez les données. Il ne s'agit pas de faire une lecture de toutes les données présentes dans le document.
- Mesurez d'abord l'évolution générale à partir des deux périodes qui bornent le document puis relevez (s'il y en a) les périodes d'inflexion (si les évolutions changent). Faites de petits calculs pour donner plus de sens aux données fournies.
- Finissez par une conclusion générale qui résume les informations clés que donne le document.

Exercice

1 **Vrai.** Le salariat s'est imposé après la Seconde Guerre mondiale. C'est la généralisation du taylorisme et du fordisme dans l'industrie, le déclin de l'emploi agricole et du petit commerce ainsi que la concentration des entreprises qui réduisent le nombre d'indépendants au profit des salariés qui représentent aujourd'hui plus de 80 % de la population active.

2 **Faux.** Les chômeurs sont des actifs car ils souhaitent travailler et recherchent activement un emploi.

3 **Vrai.** Le chômage est source de disqualification sociale car il est porté comme une « étiquette » stigmatisante qui dégrade l'image du chômeur.

4 **Faux.** Même si le taylorisme et le fordisme sont souvent employés ensemble, ils se distinguent par l'usage de la chaîne (convoyeur) et le paiement forfaitaire des salariés dans le fordisme (paiement à la pièce pour le taylorisme).

5 **Faux.** Le système du « juste à temps » est associé au toyotisme (« zéro délai, zéro stock »).

6 **Vrai.** Le toyotisme s'appuie sur le management participatif à travers les cercles de qualité où les salariés sont invités à proposer des solutions pour améliorer les process de production.

7 **Faux.** Les organisations tayloriennes et fordiennes du travail, si elle sont moins présentes dans l'industrie, se sont développées dans certaines branches du tertiaire (hotline, restauration rapide, entrepôts de commerce en ligne).

Sujet de bac

Ce document est un tableau de données qui présente l'évolution des contraintes sur le rythme de travail pour les salariés de 1978 à 2016 en France. Ce tableau est publié par la Dares et l'Insee. On note une augmentation générale des contraintes liées au rythme de travail entre 1978 et 2016. Plus de 2,5 fois plus de salariés (3 % en 1978, 8 % en 2016) déclarent avoir un rythme de travail imposé par le déplacement automatique d'une pièce et 1 point de pourcentage de plus concernant les cadences automatiques (de 6 à 7 %). Les salariés sont plus de 2 fois plus nombreux en proportion à considérer qu'ils dépendent d'un collègue dans leur rythme de travail (29 % en 2016 contre 13 % en 1978) ou des clients (34 % en 1978 et 70 % en 2016 estiment que la demande extérieure impose leur rythme de travail). La part des salariés qui pensent que la surveillance hiérarchique détermine leur rythme de travail a presque doublé entre 1984 et 2016. Depuis 2005, la proportion de salariés qui déclarent que leur rythme de travail est imposé par une surveillance informatisée est passée de 25 à 35 % soit environ 40 % d'augmentation.

Nous pouvons donc conclure que, depuis 1978, la part des salariés se sentant soumis à un rythme de travail contraint a significativement augmenté. Ces évolutions peuvent nous conduire à penser que les caractéristiques de l'organisation tayloro-fordiste du travail n'ont pas disparu et que celles des organisations post-tayloriennes (toyotisme, informatisation, « juste à temps ») s'y sont ajoutées.

CHAPITRE 10

L'engagement politique dans les sociétés démocratiques

DE QUOI S'AGIT-IL ?

L'engagement politique peut prendre plusieurs formes. Le répertoire d'action politique désigne l'ensemble des types d'interventions que les acteurs peuvent mobiliser pour participer à la vie politique et se faire entendre. La forme la plus institutionnalisée est l'acte électoral, remis en cause aujourd'hui par une crise de représentativité. Mais il existe aussi d'autres formes de participation politique, dont la dimension peut être collective ou individuelle, mettant de plus en plus en scène la société civile.

Quelles sont les formes de l'engagement politique ? Comment les expliquer ? Comment évoluent les répertoires d'action collective ?

1 Les formes de l'engagement politique

A Le vote

La forme la plus traditionnelle et la plus institutionnalisée de l'engagement politique est l'acte électoral. Il est à la base de la **démocratie représentative**.

1. Un acte construit

- **Le droit de vote s'est acquis par étapes.** La **constitution de 1791** met en place un suffrage **censitaire** (réservé aux hommes de plus de 25 ans payant un impôt) et **indirect** (les députés sont élus par des électeurs de rang supérieur, payant un impôt plus élevé). **De 1799 à 1815**, le suffrage devient **universel** (accessible à tous les hommes de plus de 21 ans). De 1815 à 1848, le suffrage redevient censitaire. **Depuis 1848, le suffrage est universel**. Jusqu'en 1944, il est réservé aux hommes de plus de 21 ans. Le droit de vote des femmes est acquis en 1944, et celui des citoyens de 18 ans, en 1974. Depuis le traité de Maastricht en 1992, les citoyens européens peuvent voter aux élections municipales.

Sachez que...
La citoyenneté au sens strict est réservée aux détenteurs de la nationalité française, jouissant de leurs droits civils et politiques, comme le droit de vote. La citoyenneté au sens large reflète un engagement dans la vie civile.

- **La durée du mandat présidentiel ainsi que le mode de scrutin ont évolué.** Sous la Seconde République (1848-1852), le président de la République (Louis-Napoléon Bonaparte) est élu au **suffrage universel direct**. De la IIIe République (1870-1940) à la IVe République (1946-1958), il est élu par les députés et les sénateurs, au **suffrage indirect**, pour une durée de sept ans (septennat). Depuis 1962, sous la Cinquième République, il est élu au **suffrage direct**. Depuis 2000, il est élu pour cinq ans (quinquennat).

- **Les candidatures sont contrôlées.** Ainsi, depuis 1976, tout candidat aux élections présidentielles doit être parrainé par au moins cinq cents élus. Depuis 1988, il doit déclarer au Conseil constitutionnel sa situation patrimoniale, ainsi que celle acquise en fin de mandat. La loi du 6 juin 2000, sur la parité, rend obligatoire l'égal accès des femmes et des hommes aux fonctions électives.

- **Le déroulement des élections est institutionnalisé**. La **lutte contre la fraude** est une construction sociale. Par exemple, la mise en place de l'isoloir, garantissant le secret du vote, apparaît en France en 1795

Sachez que...
En France, le vote est un droit civique, mais pas un devoir civique au sens juridique. Il n'est donc pas obligatoire comme dans d'autres pays (Belgique, Grèce), où les abstentionnistes sont sanctionnés pénalement. Il reste en revanche un devoir moral.

et rendu obligatoire par la loi en 1913. La présence d'observateurs extérieurs, notamment pour le dépouillement, garantit le respect des règles.

2. Les différents modes de scrutin

- Le **scrutin majoritaire** consiste à élire le candidat (pour un scrutin uninominal) ou la liste (pour un scrutin plurinominal) qui a obtenu le plus de voix. Selon le chercheur **Maurice Duverger**, le scrutin à **un tour** (celui qui a le plus de voix remporte l'élection) renforce le **bipartisme** : la représentativité des deux premiers partis est renforcée, mais celle des autres partis est réduite. Par exemple, en Grande-Bretagne, il renforce l'alternance entre travaillistes et conservateurs. Dans un scrutin **à deux tours**, il faut soit avoir la majorité absolue au premier tour, soit obtenir la majorité relative au second tour, après élimination des candidats les moins représentatifs (par exemple, l'élection présidentielle en France). Ce mode de scrutin renforce la représentativité des petits partis, qui peuvent conclure des alliances avec les principaux partis, ainsi que la stabilité politique.

- Les **scrutins de liste** consistent en l'élection d'une liste de candidats. Dans la plupart des cas, la liste gagnante obtient tous les sièges. Par exemple, le président des États-Unis est élu par la liste majoritaire de grands électeurs.

- Les **scrutins proportionnels** attribuent les sièges selon le nombre de voix Il existe un seuil pour obtenir le droit à la répartition des sièges : plus il est élevé, plus la représentativité des petits partis est faible. En France, il est de 5 % (par exemple, aux élections européennes). Selon Maurice Duverger, ce mode de scrutin renforce la représentativité des petits partis, mais rend le système politique plus instable.

3. La signification du vote

- Le vote est le signe d'une orientation partisane, d'intégration, et d'appartenance à une communauté de citoyens. La symbolique du vote change en fonction de l'enjeu de l'élection.

- Le **vote sur étiquette** dépend de l'étiquette du parti du candidat, et non de la personnalité de ce dernier. Historiquement, certains partis disposent d'une légitimité déclenchant ce type de vote : le Parti communiste durant les Trente Glorieuses, ou le gaullisme après la Seconde Guerre mondiale. Aujourd'hui, le vote sur étiquette semble perdre du terrain, en faveur de la personnalité du candidat.

- Le **vote blanc** consiste à déposer une enveloppe vide ou un bulletin vierge. Il témoigne d'un désaccord vis-à-vis du scrutin en cours. Les bulletins blancs ou nuls (déchirés, annotés) ne sont pas retenus dans le décompte des suffrages exprimés.

• **L'abstention** consiste à ne pas participer au vote. Elle est le signe d'un désintérêt pour la vie politique, ou d'une opposition au scrutin. La montée de l'abstentionnisme (malgré quelques exceptions, comme l'élection présidentielle de 2007) et de la **non-inscription sur les listes électorales** montrent qu'une partie croissante de la population remet en cause l'efficacité de l'acte électoral, ainsi que la légitimité du pouvoir politique élu.

B L'engagement citoyen

La **démocratie participative** repose sur l'engagement des citoyens dans la vie civile et sur leur participation aux prises de décision politiques. Elle peut prendre plusieurs formes.

1. Le militantisme politique

• Un **parti politique** est une association de citoyens, unis par un projet politique commun dans le but de conquérir et d'exercer le pouvoir. Les partis sont apparus au XVIIIe siècle avec le développement du **parlementarisme**, et se sont depuis imposés comme des institutions essentielles au fonctionnement du régime démocratique favorisant le **pluralisme**.

• Maurice Duverger distingue différents types de partis. Les **partis « de cadres »** existent depuis le XIXe siècle. Ce sont des partis de notables se situant à droite ou au centre. Les **partis « de masses »** sont nés avec le développement du socialisme et du communisme. Ils ont une organisation hiérarchisée et un grand nombre d'adhérents. Le juriste allemand **Otto Kirchheimer** définit en 1966 les **partis d'électeurs**, ou partis « attrape-tout », dont l'objectif est de rassembler le plus grand nombre possible d'électeurs.

• En France, le rôle des partis politiques est inscrit dans la **Constitution de 1958** : ils **« concourent à l'expression du suffrage »**. Les programmes élaborés par les partis sont, en théorie, mis en œuvre par le gouvernement en cas d'élection. S'ils ne sont pas élus, les partis peuvent entrer dans l'opposition. Ils organisent la **mobilisation électorale**, c'est-à-dire une **offre politique** ayant pour objectif de rallier les électeurs.

• Les **adhérents** sont les personnes affiliées à un parti par le biais d'une cotisation. Selon l'Insee, en 2016, 1,2 % de la population française adhère à un parti politique. **Les militants participent activement à la vie du parti**. Ils participent aux réunions et aux débats, et mènent des actions de diffusion des idées du parti (distribution de tracts, vente de journaux, collage d'affiches, organisation de réunions). Le militantisme connaît cependant aujourd'hui une crise, dans la mesure où le nombre d'adhérents tend à se réduire.

2. L'engagement associatif

- Une association (régie par la loi de 1901) est un groupe de personnes réunies volontairement autour d'un projet commun. Les **partis** sont des associations. Les syndicats et les associations, hors partis politiques, forment la **société civile organisée**.

- Les associations peuvent jouer un rôle à destination exclusive de leurs membres (pratique d'un loisir, parents d'élèves, personnes atteintes d'une maladie…). Elles peuvent prendre la forme de **groupes de pression** (ou **lobbies**) visant à influencer les décisions politiques en faveur des membres qu'elles représentent.

- Elles peuvent également agir en faveur de l'ensemble de la société. Certaines ont un rôle caritatif ou humanitaire : les Restos du cœur, par exemple, distribuent des denrées alimentaires et des produits de première nécessité aux plus démunis. D'autres ont pour objectif la promotion d'idées : Oxfam mène des actions en faveur de la réduction des inégalités, Greenpeace, pour la défense de l'environnement.

- Les **syndicats** sont des associations assurant la défense des intérêts des salariés (syndicats de salariés) ou des dirigeants d'entreprise (syndicats patronaux). Ils sont autorisés depuis 1884 par la **loi Waldeck-Rousseau**. D'abord ouvriers, les syndicats de salariés ont ensuite gagné les autres groupes socioprofessionnels, mais ils connaissent aujourd'hui une crise de représentativité. Selon la Dares, 30 % des salariés étaient syndiqués en 1949, contre 11 % en 2013.

- L'engagement associatif revêt plusieurs formes. On peut participer à une association sans en être membre, par le biais de dons ou d'actions ponctuelles. Les adhérents, cotisant régulièrement, témoignent d'un soutien plus durable et du souhait d'être informés de la vie de l'association. L'engagement associatif peut être poussé jusqu'à occuper un poste de direction (président, secrétaire ou trésorier).

- **Alexis de Tocqueville** montre, en 1835, le rôle essentiel des associations dans la vie démocratique. Elles forment une protection contre le risque de **despotisme** : les individus, passionnés par la recherche du bien-être matériel, ont tendance à se replier sur leur sphère privée, à devenir égoïstes, et à se désintéresser de la politique. Ils délaissent alors leurs libertés publiques et laissent les élus politiques prendre les décisions. Les associations forment ainsi un corps intermédiaire entre l'individu et l'État, et favorisent sa participation à la vie civile.

3. La consommation engagée

- La **consommation engagée** progresse depuis les années 1990. Elle consiste à faire intervenir des critères éthiques, immatériels, dans les choix de consommation. Par exemple, certains achats soutiennent une cause humanitaire, d'autres soutiennent un mode de production agricole sans pesticides (le « bio »). La montée du végétarisme et du véganisme est le signe d'une préoccupation pour la défense de la cause animale et le réchauffement climatique. La consommation régionale vise à promouvoir les produits locaux face à la mondialisation.
- Elle s'oppose à la consommation matérielle héritée du modèle fordiste des Trente Glorieuses, basée sur une consommation de masse de produits standardisés. Elle rejette aussi le modèle développé à partir des années 1980, dans un cadre de ralentissement de la demande, de produits de consommation de courte durée et aisément remplaçables (l'ère du « jetable »).
- Dans ce cadre, on assiste à une multiplication des labels et des certifications visant à garantir le respect de certaines règles éthiques. Par exemple, les labels de commerce équitable garantissent une juste rémunération du producteur local.
- Les entreprises s'adaptent à cette évolution. Beaucoup développent une politique de « RSE » (responsabilité sociale et environnementale de l'entreprise) et communiquent sur certaines actions visant à protéger l'environnement, ou à respecter certains droits sociaux.

L'ESSENTIEL

Les formes de l'engagement politique

- Le vote est la forme de l'engagement politique la plus institutionnalisée. C'est un acte construit et signifiant, mais son efficacité est remise en cause.
- Le militantisme politique est une forme d'engagement citoyen qui s'est développé avec la démocratie représentative. Il est lui aussi en crise, tout comme le militantisme syndical.
- D'autres formes d'engagement sont en revanche en expansion (adhésion à des associations non syndicales, consommation engagée).

2 Les facteurs de l'engagement politique

A Engagement et coûts de l'action collective

L'action collective est l'action organisée et explicite d'un groupe dans le but de satisfaire des objectifs communs. Les hommes et les femmes s'engagent par solidarité, par loyauté, pour défendre une culture ou une idéologie... Mais le dévouement à une cause ne suffit pas à expliquer l'engagement politique.

1. Le paradoxe de l'action collective

Le modèle d'Olson permet d'expliquer la baisse de l'action collective par la montée de l'individualisme.

- **Mancur Olson** analyse, en 1966, la **logique de l'action collective**. Il raisonne à partir du **comportement utilitariste d'un acteur individuel rationnel**. Celui-ci agit en fonction des coûts et bénéfices que lui rapportera son action. En participant à une action collective, l'acteur supporte des coûts : adhésion syndicale, perte de rémunération liée à une journée de grève, risque de se retrouver sur une « liste noire », perte de temps… Mais il en retire de potentiels bénéfices : une augmentation de salaire, une amélioration de ses conditions de travail, etc.
- Les groupes menant des actions collectives mobilisent des ressources et s'appuient sur des organisations afin d'obtenir la satisfaction de leurs revendications. Ils produisent des **biens publics** qui sont **non exclusifs** (on ne peut pas empêcher un membre du groupe d'en profiter) et **non rivaux** (l'utilisation de ce bien par une personne ne réduit pas la consommation des autres membres du groupe). Par exemple, une augmentation de salaire sera appliquée uniformément à tous les membres du groupe.
- Au sein d'une classe sociale, d'une association de consommateurs ou d'un syndicat, les individus utilitaristes s'abstiennent souvent de participer à la réalisation de l'intérêt commun. Ce comportement de « **passager clandestin** » consiste à profiter de l'action des autres membres du groupe pour obtenir les avantages collectifs, sans avoir sacrifié de temps, d'argent, ni avoir pris de risques. Il paraît alors irrationnel qu'un petit nombre de membres du groupe supportent seuls les coûts de l'action collective.
- Si elle semble contradictoire avec la rationalité individuelle, l'action collective existe pourtant bel et bien : c'est le **paradoxe d'Olson**.

2. Les incitations sélectives et la taille des groupes

- Pour Olson, la participation de chacun est plus élevée au sein des petits groupes, car les coûts de non-participation sont plus importants (mise en quarantaine, perte de soutien de ses collègues…).

● Dans les grands groupes, la mobilisation n'est possible que par la **contrainte** (les syndicats états-uniens peuvent disposer du monopole de l'embauche, ou décider des promotions), ou par la distribution **d'incitations sélectives**, c'est-à-dire la distribution de biens individuels ou d'avantages personnels (accès à des biens ou à des services à des prix privilégiés).

3. Les rétributions symboliques

● **Pour Max Weber (1919), il existe des rétributions matérielles et symboliques à l'engagement.** Les rétributions matérielles peuvent prendre la forme d'une rémunération ou de l'obtention d'un poste à responsabilités (dans les partis ou dans l'administration). Les **rétributions symboliques**, ou immatérielles, désignent par exemple l'acquisition d'un capital culturel propre au militant, d'un réseau de relations (mobilisable pour en obtenir des avantages matériels), ou d'un prestige social.

● **Albert Hirshman met en avant, en 1983, le plaisir du militantisme,** qui fait partie des rétributions symboliques. Les militants, capables de se dévouer à une cause, profitent ainsi d'une solidarité militante, ou du sentiment d'avoir contribué au bien commun.

4. La structure des opportunités politiques

Le contexte local et l'environnement politique peuvent être déterminants dans l'émergence d'une action collective. En 1989, **Sidney Tarrow** identifie quatre facteurs pouvant faire augmenter, ou diminuer, le coût de l'engagement :

● **Le degré d'ouverture ou de fermeture des institutions**. En 1973, **Peter Elsinger** cherche déjà à expliquer les mouvements civiques des Noirs aux États-Unis à partir de ce facteur. L'ouverture du pouvoir local au mouvement (mesurée par la présence d'élus noirs ou la candidature de la ville à la réhabilitation de quartiers défavorisés) favorise la contestation. De manière générale, plus les institutions sont ouvertes, plus la réceptivité au mouvement est forte. Plus elles sont fermées, plus la répression du mouvement risque d'être importante et moins la mobilisation a de chances de se renforcer.

● **Le degré de stabilité des alliances politiques**. Plus les alliances sont stables, moins le mouvement peut espérer tirer avantage de la nécessité des partis à gagner de nouvelles alliances, ou de nouveaux électeurs.

● **La présence de soutiens influents au mouvement**. Ces soutiens peuvent permettre de constituer des alliances stratégiques.

● **L'existence de conflits entre les élites politiques**. Plus les divisions sont importantes, plus le mouvement peut espérer en tirer profit.

B Les facteurs sociodémographiques

1. Un poids déterminant dans l'engagement politique

- Le **groupe socioprofessionnel** est un marqueur important du comportement politique. Plus un individu s'élève dans la hiérarchie sociale, plus sa participation politique est importante. Ainsi, les professions les plus syndiquées sont les agriculteurs exploitants (9,5 % en 2016 selon l'Insee), les professions intermédiaires (9,4 %) et les cadres et professions intellectuelles supérieures (9 %). En revanche, seuls 2,2 % des artisans, commerçants, chefs d'entreprise, et 5,6 % des ouvriers sont syndiqués. 5,5 % des cadres adhèrent à une association de défense d'intérêts communs, contre 1 % des ouvriers.
- Le **diplôme** est également un facteur déterminant dans la participation politique. Plus il est élevé, plus les individus votent et participent à des associations. Ainsi, en 2018, 92,4 % des diplômés du supérieur sont inscrits sur les listes électorales, contre 76,5 % des personnes sans diplôme.
- Le **sexe** constitue un facteur ambivalent. Ainsi, en 2016, 1,6 % des hommes adhèrent à un parti politique, contre 0,8 % des femmes. 7,3 % des hommes adhèrent à un syndicat, contre 5,4 % des femmes. En revanche, les femmes adhèrent davantage aux associations de protection de l'environnement, ou caritatives. De même, elles sont davantage inscrites sur les listes électorales que les hommes en 2018.
- La participation politique croît avec **l'âge**, puis décroit à partir de 70 ans. Selon l'Insee, 62 % des 18-24 ans et 58 % des 25-29 ans ont voté aux deux tours de l'élection présidentielle de 2017, contre 81 % pour les 65-69 ans. Les trentenaires sont moins inscrits que les autres tranches d'âge sur les listes électorales en 2018.

2. Participation politique et inégalités

- En 1978, **Daniel Gaxie** définit le concept de **« cens caché »**. Selon lui, la société est divisée entre les citoyens, très minoritaires, qui participent à la vie politique, et ceux, majoritaires, qui s'en tiennent éloignés et subissent les décisions prises par une élite. La démocratie, tout en faisant croire que les citoyens sont universellement compétents sur tous les enjeux politiques, est en fait censitaire : la participation électorale est réservée à une élite qui a le pouvoir d'influencer les décisions politiques. Elle reproduit ainsi le fonctionnement de certains régimes (la République romaine de l'antiquité ou la France d'avant 1848) où la citoyenneté était réservée aux plus riches qui payaient le cens (impôt).
- **Le sentiment d'incompétence** des personnes écartées des décisions joue aussi un rôle très important. **Pierre Bourdieu** montre, en 1981, que les classes popu-

laires sont dépourvues de capitaux (économique, culturel, social). Ils peinent à comprendre le langage (spécialisé et abstrait) et les règles du champ politique. En revanche, les classes dominantes disposent de ces ressources, et développent une compétence politique, c'est-à-dire une aptitude à comprendre les différences entre les partis politiques, les programmes, ainsi que les enjeux des débats.

3. Volatilité électorale et vote sur enjeu

- Jusqu'aux années 1980, les variables sociodémographiques entre les individus sont relativement cohérentes avec le comportement politique de chacun d'entre eux. L'électeur « déterminé » fait preuve d'une certaine cohérence dans son engagement. On peut ainsi noter l'existence d'un « vote de classe ».
- Depuis les années 1980, la **volatilité électorale** s'est accentuée : alternance entre droite et gauche, vote par intermittence… Elle a longtemps concerné les groupes sociaux les **moins éduqués** (qui peuvent décider de se tourner vers tel candidat au dernier moment, voire dans l'isoloir), mais a gagné aujourd'hui les autres couches de la population.
- On constate ainsi le développement du **vote sur enjeu.** Selon cette théorie, le vote des électeurs très diplômés est de plus en plus influencé par l'adéquation entre **l'offre électorale** (les enjeux, les programmes de l'élection) et leurs intérêts personnels, et de moins en moins en fonction de leur appartenance sociale.
- Cette évolution peut être expliquée par le modèle d'**Anthony Downs (1957)**. Selon lui, l'électeur est un *homo politicus*, un consommateur rationnel dont le vote est orienté en fonction d'un calcul coût-avantage. Son choix électoral est orienté par les avantages que lui procurent les différentes offres du marché politique.

L'ESSENTIEL

Les facteurs de l'engagement politique

- Les principes d'un comportement individualiste rationnel devraient nuire à l'action politique et favoriser l'apparition de « passagers clandestins ».
- Cependant, les individus continuent de s'engager. Et bénéficient en retour d'incitations sélectives, de rétributions symboliques, ou de la structure des opportunités politiques.
- D'autre part, les comportements politiques sont fortement marqués par des facteurs comme les catégories socioprofessionnelles et le niveau de diplôme.
- Il existe ainsi de fortes inégalités, les individus les plus instruits étant les plus compétents pour participer à la vie politique.
- Le poids de l'appartenance sociale tend cependant à s'estomper au niveau électoral, au profit d'une hausse de la volatilité et du vote sur enjeu.

3 La diversité et les évolutions de l'action collective

A L'évolution des objets et des acteurs de l'action collective

1. Une diversification des enjeux

- Pour **Alain Touraine** (1978), un **mouvement social** se définit par trois principes. Le **principe d'identité**, selon lequel les acteurs du conflit sont orientés par des valeurs communes. Le **principe d'opposition** entre acteurs, où le rapport de domination est central. Et le **principe de totalité** : les enjeux de la revendication sont globaux et cherchent à transformer la société en profondeur.
- **La société industrielle** (où l'industrie occupait une place dominante dans l'emploi et la création de richesse) était gouvernée par des rapports de classes : les groupes en lutte étaient les ouvriers et le patronat. Les conflits portaient essentiellement sur le partage de la valeur ajoutée (entre profits et salaires), au nom de **valeurs matérialistes** (économiques, physiques).
- Le passage d'une société industrielle à une **société post-industrielle** (dans laquelle les services sont majoritaires) s'accompagne d'une transformation des valeurs. Les **valeurs post-matérialistes** (définies par **Ronald Inglehart**), centrées sur la valorisation croissante de l'autonomie de l'individu, deviennent dominantes.
- Dès la fin des années 1960, les mouvements traditionnels tendent donc à laisser la place à une multiplicité de **nouveaux mouvements sociaux**, dont les enjeux dépassent la sphère professionnelle : mouvements étudiant, féministe, anti-guerre, écologique, ou pour la reconnaissance de minorités.
- Dans la **société post-industrielle**, les conflits s'orientent autour d'une domination en termes de connaissance et de niveau d'éducation. Les acteurs sociaux cherchent à contrôler leur destin, ainsi que les phénomènes culturels. La consommation engagée illustre bien, en ce sens, la recherche d'une maîtrise de l'univers quotidien. Les mouvements féministes vise quant à eux à remettre en cause la domination symbolique masculine.

2. De nouveaux acteurs et de nouvelles pratiques

- Les mouvements sociaux traditionnels sont généralement portés par des hommes issus du milieu ouvrier. Les acteurs des nouveaux mouvements sociaux sont en revanche plutôt des individus issus des classes moyennes et supérieures, plus diplômées. La part des femmes y est plus importante.

- L'engagement s'individualise du fait de la hausse du niveau de vie et d'éducation des acteurs. La participation se fait à géométrie variable (elle est peu continue), dans le temps et dans l'espace, dans un souci de limiter la perte de soi dans le groupe.

- Ces nouveaux acteurs utilisent davantage les moyens modernes de communication médiatiques, par exemple les signatures de pétitions sur Internet. Ils ont besoin de publicité, et organisent des opérations symboliques pour se rendre visibles. « L'action de la rue » (comme la Gaypride ou la marche pour le climat) est dans ce cadre un moyen d'obtenir l'attention des médias, et d'influencer l'opinion publique. L'utilisation du numérique et d'Internet est aussi un moyen de participer au mouvement, tout en restant en retrait, en maintenant une distance, et en limitant l'implication physique.

B Les répertoires d'action collective

1. Le répertoire d'action collective selon Charles Tilly

- La notion de répertoire d'action collective a été élaborée par le sociologue américain Charles Tilly en 1986. Ce répertoire se définit en fonction d'un certain nombre de critères : l'espace (local, national), la nature de la revendication (résistance ou promotion), l'autonomie de la protestation (rituels existants ou nouvelles formes), la symbolisation, la violence (menaces et dégradations, ou pacification et institutionnalisation).

- En France, avant la révolution industrielle, le répertoire typique d'action collective est désigné sous le nom de « **modèle communal patronné** ». Les actions collectives se développent davantage dans l'espace local, au nom de la défense de la communauté. Le moyen d'action est souvent violent, et utilise le détournement symbolique de rituels : par exemple, la réquisition de grains, normalement détenus par les autorités, ou la lutte contre la clôture des terres. Le soutien (ou patronage) d'un notable local est recherché.

- De 1850 à 1980, le **modèle national autonome** devient dominant. Le cadre de la lutte est national, et cette dernière vise le pouvoir central. Les individus sont moins dépendants du pouvoir local, et organisent leur lutte dans le cadre d'associations. Les revendications deviennent plus abstraites, et les modes d'action moins symboliques (on utilise dorénavant la grève ou la manifestation). Le niveau de violence est faible et la protestation est ritualisée.

- À partir des années 1980, on assiste à un développement du **modèle national-international ou transnational-solidariste**. Le cadre devient global, comme en témoignent les sommets alter-mondialistes. Les motivations sont caractérisées par un argumentaire d'expertise juridique et scientifique, au nom d'intérêts universels et techniques. Les modes d'action sont plus symboliques (par exemple, le choix de lieux stratégiques). Le niveau de violence est faible.

2. « Exit, Voice, Loyalty »

- **Albert Hirschman** (1970) détermine trois types de comportement protestataires, à partir des comportements du consommateur.
- La loyauté (*loyalty*) consiste à apporter un soutien indéfectible au produit. Dans le cas d'une organisation politique ou syndicale, elle guide les comportements militants mais constitue parfois un obstacle à l'évolution de l'organisation.
- Le comportement de retrait (*exit*) consiste à se retirer, silencieusement. Dans le cas d'une organisation politique, ce comportement consiste, par exemple à ne pas renouveler son adhésion. Le fait de cesser de consommer de la viande pour soutenir la cause animale, sans en faire la publicité, est également une forme de retrait.
- La prise de parole (*voice*) consiste à exprimer de manière explicite son mécontentement. Les manifestations de rue entrent dans cette logique.
- **Erik Neveu** (1996) identifie dans ce cadre d'analyse les « **armes des faibles** ». Les « faibles » sont privés de la possibilité de s'exprimer (*voice*) : les travailleurs précaires peuvent difficilement protester, sous peine de perdre leur emploi, ou de figurer sur une liste noire. Ils sont contraints d'afficher une soumission (*loyalty*) feinte à l'entreprise qui les emploie. Ils vont alors développer des modalités spécifiques d'action, basées sur le détournement de biens, l'humour, la dévaluation symbolique des puissants…

L'ESSENTIEL

La diversité et les évolutions de l'action collective

- Avec le passage de la société industrielle à la société post-industrielle, les mouvements traditionnels, portant sur les valeurs matérialistes, se sont estompés pour laisser place à de nouveaux mouvements sociaux, portant sur des valeurs post-matérialistes.
- Cette évolution engage de nouveaux acteurs et de nouvelles pratiques.
- Ainsi, le répertoire d'action politique a évolué. Il est aujourd'hui plus global, plus symbolique. Mais cela ne signifie pas que les autres modes d'action aient disparu.

ZOOM SUR...

La socialisation politique

1 La finalité de la socialisation politique

→ La **socialisation politique** peut être définie comme le processus de transmission des valeurs et des normes, déterminant une **culture politique,** c'est-à-dire un ensemble d'attitudes et de croyances politiques.

→ Au cours de la **socialisation primaire**, la famille joue un rôle essentiel dans l'attitude politique de l'enfant.

→ La **socialisation secondaire** peut aussi influencer les comportements politiques. L'école, le groupe de pairs, la génération, les médias, le groupe professionnel peuvent faire évoluer les valeurs et les normes acquises par l'individu durant l'enfance.

2 Les modalités de la socialisation politique

→ **La sociologue Anne Muxel** montre que la transmission des valeurs est essentielle dans la socialisation politique.

→ Elle détermine une permanence dans le clivage gauche-droite, qui structure et stabilise la vie politique. Il a cependant tendance à s'estomper.

→ Il existe ainsi des « affiliés » : c'est-à-dire des enfants qui reproduisent le modèle culturel de leurs parents. Les affiliés de droite ont des parents de droite. Il existe aussi des affiliés de gauche et des affiliés apolitiques. Leur part a tendance à décroitre.

→ Les désaffiliés sont ceux dont les choix politique divergent par rapport à ceux de leurs parents. La désaffiliation est le signe d'un désir d'autonomie par rapport à la famille. Son poids a tendance à augmenter.

→ En ce qui concerne le comportement politique (participation électorale, comportements de protestation), le rôle de la famille est beaucoup plus faible. L'influence des pairs est en revanche déterminante.

Mots clés

Action collective : ensemble des actions mises en œuvre par un groupe dans le but de satisfaire un objectif commun.

Citoyenneté : statut garantissant la jouissance de droits civiques et politiques.

Corps électoral : ensemble des personnes ayant un droit de vote lors d'une élection (politique, associative...).

Démocratie censitaire : système attribuant le droit de vote aux citoyens acquittant un impôt au-delà d'un certain seuil.

Démocratie participative : système reposant sur la participation des citoyens à la vie politique.

Démocratie représentative : système de représentation politique du peuple au sein d'une assemblée.

Mode de scrutin : système de désignation des élus à partir du décompte des voix.

Nouveaux mouvements sociaux : mouvements émergeant dans les années 1960, dont les enjeux et les formes de mobilisation se distinguent des mouvements ouvriers traditionnels.

Parti politique : association de personnes partageant un projet politique commun.

Passager clandestin : comportement rationnel consistant à laisser supporter aux autres membres d'un groupe le coût d'une action.

Répertoire d'action collective : ensemble des types d'interventions que les acteurs peuvent mobiliser pour participer à la vie politique et se faire entendre.

Société civile organisée : ensemble des associations (hors partis) et syndicats.

Système électoral : ensemble des déterminants de l'élection et des conséquences des modes de scrutin.

Les auteurs importants

Albert HIRSCHMAN (1915-2012)

Économiste hétérodoxe, spécialiste d'économie du développement. Son modèle « *Exit, Voice, and Loyalty* » a été élaboré à partir de l'étude du comportement du consommateur, mais est aujourd'hui utilisé pour expliquer les comportements de protestation de manière générale.

Mancur OLSON (1932-1998)

Économiste américain, membre de l'école des choix publics (*Public Choice*), appartenant au courant néoclassique. Cette école applique le modèle de *l'homo economicus* (individu rationnel et égoïste) aux phénomènes sociaux, et notamment politiques. Son analyse du paradoxe de l'action collective est très célèbre.

Charles TILLY (1929-2008)

Sociologue, historien et politologue américain. Sa méthodologie consiste à articuler les faits historiques à l'approche sociologique interactionniste. Il est connu en France pour avoir développé le concept de répertoire d'action collective, et avoir appliqué son évolution à l'histoire de la France.

Alain TOURAINE (né en 1925)

Sociologue français, directeur d'études à l'École des hautes études en sciences sociales au sein de laquelle il fonde en 1981 le Centre d'analyse et d'intervention sociologique (CADIS). Il pratique une sociologie de l'action : d'abord intéressé par la sociologie du travail (études de terrain en Amérique latine notamment), il va par la suite travailler sur la thématique des nouveaux mouvements sociaux, et plus largement, jusqu'à aujourd'hui, sur l'action des individus, en tant que sujet (les femmes en particulier).

Document majeur

Doc. Les paradoxes de l'action collective

[L']absence [de conflits de classes] est due à un type de comportement utilitaire et rationnel. Car les actions de classes n'auront pas lieu dès lors que les individus qui les composent agissent rationnellement. Car une bourgeoisie a beau désirer un gouvernement qui serve sa classe, il n'est pas forcément dans son intérêt de voter pour ce type de gouvernement ; que celui-ci arrive au pouvoir, il en profitera de toute manière puisque la théorie marxiste nous apprend que l'État œuvrera au bénéfice de la classe entière. Et de toute manière, un bourgeois isolé ne sera guère en mesure d'avoir une influence décisive sur le choix du gouvernement ; si bien que la raison exige d'un membre de la bourgeoisie qu'il ignore ses intérêts de classe et s'attache à son seul intérêt personnel. De même, le travailleur qui trouvera son bénéfice dans un gouvernement « prolétarien » jugera irrationnel de risquer sa vie et ses moyens de subsistance dans une entreprise révolutionnaire contre le pouvoir bourgeois ; l'hypothèse contraire sera aussi déraisonnable que celle d'une classe laborieuse acceptant volontairement de réduire ses heures de travail en vue d'améliorer sa rémunération. Car dans les deux cas l'individu profitera du mouvement, qu'il y ait ou non participé. On comprend ainsi que les révolutions « marxistes » aient été le fait d'une petite élite de conspirateurs venant à bout d'un gouvernement faible à des périodes de désorganisation sociale. Les théoriciens de ce type de révolution sont Lénine et Trotski, et non Marx. Le *Que faire* de Lénine se réfère à la nécessité pour les communistes de s'appuyer sur une minorité choisie, disciplinée et prête à tous les sacrifices, plutôt que les intérêts de masse du prolétariat.

Mancur Olson, *Logique de l'action collective*, Paris, PUF, 1978, p. 133.

Exercice

Vérifiez vos connaissances

Répondre Vrai ou Faux aux assertions suivantes :

1. Les partis sont représentatifs de la société civile.
2. La volatilité électorale concerne les moins diplômés.
3. Les nouveaux mouvements sociaux sont symboliques de la société post-industrielle.
4. Pour Mancur Olson, il est irrationnel de participer à une action collective.
5. Pour Pierre Bourdieu, la faible participation politique des classes populaires s'explique par un sentiment d'incompétence.
6. Selon la théorie de la structure des opportunités politiques, plus les institutions sont fermées, plus l'action collective a de chances de se développer.
7. Pour mener une action collective, il suffit d'avoir une cause commune.

Sujet de bac

Épreuve composée

1 Mobilisation des connaissances

En quoi les nouveaux mouvements sociaux se différencient du conflit social traditionnel ?

2 Étude d'un document

Doc. Vote aux élections de 2002, 2012 et 2017 (en %)

Année	Vote systématique			Vote intermittent			Abstention systématique		
	Sans diplôme	Bac	Supérieur au bac	Sans diplôme	Bac	Supérieur au bac	Sans diplôme	Bac	Supérieur au bac
2002	46,5	51,9	53,8	37,6	40,0	40,3	15,9	8,1	5,9
2012	43,9	48,5	54,0	37,2	42,7	40,6	18,9	8,8	5,4
2017	29,3	34,9	41,9	46,3	53,3	50,1	24,4	11,8	8,0

Champ : inscrits âgés de 25 ans ou plus et résidant en France métropolitaine.

Source : Insee, enquêtes sur la participation électorale de 2002 à 2017.

Question 1. Quel est le poids du diplôme dans le comportement électoral ?

Question 2. Comment évolue la participation électorale entre 2002 et 2017 ?

POINT MÉTHODE

1 Mobilisation des connaissances

- Il faut définir les termes clés : « nouveaux mouvements sociaux » et « conflit social traditionnel ».
- Pensez à toujours structurer votre réponse : ici, il est important de distinguer les enjeux des acteurs et des modes d'action.

2 Étude d'un document

Compréhension des termes

- 2002, 2012, et 2017 sont des années d'élections présidentielles et législatives, ayant toutes deux un scrutin à deux tours.
- Le vote systématique signifie que les électeurs ont participé à tous les tours de l'élection. Le vote intermittent concerne ceux qui n'ont pas voté à tous les tours. L'abstention systématique représente ceux qui n'ont participé à aucun vote.

Utilisation des données

- Il faut faire attention au champ : la population prise en compte est celle des personnes inscrites sur les listes électorales de plus de 25 ans.
- Il faut penser à articuler une lecture simple des données, et à calculer des écarts (absolus en points, ou relatifs en pourcentage).

Exercice

1 **Faux.** Les partis sont bien des associations, mais ils sont en position intermédiaire entre la démocratie représentative et participative.

2 **Vrai.** Mais elle gagne de plus en plus les plus diplômés.

3 **Vrai.** Ils se caractérisent par de nouveaux enjeux, de nouveaux acteurs et de nouveaux moyens d'action.

4 **Vrai,** en l'absence de contrainte ou d'incitations sélectives.

5 **Vrai.** Ces classes sont moins bien dotées en capital économique, culturel, et social.

6 **Faux**. Les institutions fermées augmentent le risque de répression du mouvement.

7 **Faux.** Il faut que les intérêts soient explicites et que l'action soit organisée.

Sujet de bac

1 Mobilisation des connaissances

En quoi les nouveaux mouvements sociaux se différencient du conflit social traditionnel ?

Les nouveaux mouvements sociaux se différencient du conflit social traditionnel par leurs acteurs, leurs enjeux et par leurs modalités d'action. Alors que le conflit social traditionnel mobilisait la classe ouvrière contre la classe bourgeoise (contre les patrons), les NMS sont plutôt animés par les classes moyennes, qui s'expriment souvent au nom de leur identité (de genre, d'origine, d'âge par exemple) et s'élèvent contre les élites, contre un modèle de société ; par ailleurs, le travail était l'enjeu majeur : salaires, conditions de travail, qualifications, autant de revendications matérielles qui caractérisaient les conflits traditionnels. En revanche, les enjeux des NMS sont tournés vers des valeurs postmatérialistes (l'égalité, la qualité de l'environnement, etc.) ; enfin, les modalités d'action traditionnelles lors des conflits du travail sont la grève et la lutte syndicale, alors que celles des NMS sont la manifestation, les pétitions, et la communication (médias, Internet).

2 Étude d'un document

Question 1. Quel est le poids du diplôme dans le comportement électoral ?

Le diplôme est une variable lourde du comportement électoral. En 2017, 29,3 % des inscrits de 25 ans ou plus sans diplôme ont participé à tous les tours des élections nationales (vote systématique), 46,3 % ont participé à une partie des tours (vote intermittent), et 24,4 % se sont abstenus à tous les tours (abstention systématique). En 2017, la part des diplômés du supérieur ayant effectué un vote systématique est de 12,6 points supérieure à celle des personnes sans diplôme, celle de ceux qui ont effectué un vote intermittent est de 13,8 points supérieure. En revanche, la part des abstentionnistes systématiques est trois fois inférieure.

Question 2. Comment évolue la participation électorale entre 2002 et 2017 ?

Le vote systématique baisse pour tous les niveaux de diplôme. Entre 2002 et 2017, il a diminué d'un peu plus d'un tiers (- 36 %) pour les personnes sans diplôme, et d'un peu plus d'un cinquième (- 22 %) pour les diplômés du supérieur.

Le vote intermittent, symbole de la volatilité électorale, a augmenté d'un quart environ, pour les personnes sans diplôme, comme pour les diplômés du supérieur.

L'abstention systématique a augmenté d'un peu plus de la moitié (53 %) pour les personnes sans diplôme, et d'un peu plus d'un tiers (35 %) pour les diplômés du supérieur. C'est le signe d'un désintérêt croissant pour la démocratie représentative, ou d'une remise en cause de sa légitimité.

CHAPITRE 11

Les inégalités et les différentes conceptions de la justice sociale

DE QUOI S'AGIT-IL ?

Si les sociétés démocratiques sont d'abord portées par un idéal de liberté, le principe d'égalité s'impose très vite. Les inégalités revêtent des formes multiples aux causes et aux conséquences différentes. Bien que ces inégalités se soient partiellement réduites, leur persistance pose la question de la justice sociale, enjeu central de l'idéal démocratique aujourd'hui. Mais il existe différentes conceptions de l'égalité et de la justice sociale et de ces différentes approches découlent des politiques publiques dont la légitimité et l'efficacité font l'objet de vifs débats.

1 Des inégalités multiformes et cumulatives

Si les inégalités économiques sont les plus visibles, les inégalités sociales, culturelles et politiques participent également au creusement des écarts entre les individus ou les groupes sociaux.

A Des inégalités multiformes

1. Les inégalités économiques

- Les inégalités se définissent par une différence d'accès à des ressources matérielles ou symboliques socialement valorisées. Ce sont donc des différences qui procurent un avantage, un privilège ou au contraire un handicap.
- L'étude des inégalités se fonde en premier lieu sur une analyse des inégalités économiques. Celles-ci se mesurent en comparant les niveaux de revenus (issus de la répartition primaire et secondaire) et de patrimoine (actifs financiers et non financiers) des individus ou des groupes au sein d'une société. On compare également les niveaux de vie par ménage (par unité de consommation) mesurés par le niveau du revenu dit « disponible » : c'est la somme des revenus du travail et du capital (salaire, intérêt issu de l'épargne, dividende provenant d'actions, etc.) et des revenus de transfert (prestations sociales), diminuée des cotisations sociales et des impôts.

Remarque

Les unités de consommation (UC) s'établissent à 1 pour un adulte, à 0,5 pour le 2e adulte et les autres membres de plus de 14 ans et à 0,3 pour les moins de 14 ans.

- Les écarts de revenus sont principalement liés à des différences de qualification (diplôme, expérience) mais aussi à l'existence d'un patrimoine important qui procure des flux financiers comme les intérêts, les dividendes ou les loyers (patrimoine immobilier).
- Les inégalités de patrimoine sont d'abord le produit de niveaux d'épargne différents qui dépendent principalement du revenu mais sont aussi la conséquence de transmissions familiales (héritage et donations) renforcées par le caractère homogamique des alliances matrimoniales (les conjoints sont souvent issus du même groupe social). Ainsi, les familles les plus richement dotées en patrimoine sont celles dont les parents détenaient déjà un patrimoine important.

2. Les inégalités sociales, culturelles et politiques

• Les inégalités sociales se retrouvent dans différents domaines comme l'accès à l'emploi, la santé ou la réussite scolaire et se déterminent en fonction de variables telles que la catégorie socioprofessionnelle (CSP), le sexe ou l' âge.

Doc. **Les inégalités entre les femmes et les hommes en France**

	Femmes	Hommes
Part des emplois à temps partiel parmi les personnes en emploi en 2016, en %	30,1	8,2
Part du sous-emploi parmi les personnes en emploi en 2015, en %	9,8	3,8
Part des personnes de 20 à 69 ans ayant déclaré avoir été victimes de violences sexuelles au cours de leur vie en 2015, en %	14,5	3,9
Espérance de vie à la naissance en 2014, en années	85,3	79,5
Part parmi les députés en 2017 en %	39	61
Part parmi les réalisateurs de longs métrages en 2016, en %	21	79

D'après *Vers l'égalité réelle entre les femmes et les hommes, chiffres clés*, Secrétariat d'État chargé de l'égalité entre les femmes et les hommes, 2018.

• On observe par exemple qu'en 2019 le taux de chômage des 18-25 ans est quatre fois plus élevé que celui des plus de 50 ans (20 % contre 5 %). L'espérance de vie en bonne santé des cadres et professions intellectuelles supérieures est de dix ans plus élevées que celle des ouvriers. À statut et qualification égale, les femmes gagnent en moyenne 13 % de moins que les hommes.

• Sur le plan culturel, on constate des différences de pratiques importantes entre les groupes sociaux. Le taux de fréquentation des musées, du théâtre, la fréquence de lecture, les heures passées devant la télévision sont autant d'éléments qui distinguent les individus en fonction de leur milieu social.

• Enfin, on note également des différences importantes dans les pratiques et la représentation politiques. Plus on monte sur l'échelle sociale et en âge moins l'abstention est importante et plus le taux d'engagement au sein des partis politiques ou des associations est élevé. De plus, les catégories populaires, les jeunes et les femmes sont moins représentés dans les différents niveaux de pouvoir.

Remarque

Même si la proportion de femmes élues à l'Assemblée nationale a fortement augmenté ces dix dernières années, elles ne représentent que 38 % des députés en 2019.

B Des inégalités cumulatives

1. Les inégalités économiques à l'origine des inégalités sociales

- Les inégalités scolaires proviennent en grande partie de l'inégale possession de capital économique. Le fait de disposer de revenus élevés permet de choisir un lieu de résidence privilégié donnant accès à des établissement scolaires renommés et à un environnement propice à l'entre-soi, des services publics plus proches et plus abondants, des équipements culturels variés et de qualité. De hauts revenus permettent également de voyager davantage, d'améliorer le confort domestique et de profiter de plus de loisirs ce qui favorise la réussite scolaire.

- Les inégalités économiques sont aussi à l'origine d'inégalités en matière de santé. Le fait de pouvoir habiter une grande ville permet de disposer plus facilement de ressources médicales importantes (densité de médecins, hôpitaux, cliniques…), de s'offrir des complémentaires santé (mutuelles) plus généreuses et de couvrir des soins plus onéreux ou moins remboursés par la sécurité sociale.

- Plus indirectement, les plus hauts revenus peuvent consacrer davantage de moyens à une nourriture équilibrée, à des soins ou des activités de confort (salle de sport, diététicien…). Surtout, du fait de leurs statuts professionnels élevés, les conditions de travail des plus riches sont souvent les moins exposées à la pénibilité physique ou aux substances dangereuses. Tous ces éléments expliquent les écarts notables en matière d'espérance de vie.

2. Les inégalités sociales et culturelles engendrent des inégalités économiques

- Les individus ou groupes sociaux faiblement dotés en capital culturel du fait de leur milieu social réussissent moins bien à l'école, dégradant de fait leur insertion et leur trajectoire professionnelle. Les faibles revenus qu'ils en tirent réduisent leur possibilité de constituer un patrimoine.

- Les inégalités scolaires sont également à l'origine d'écarts importants dans la maîtrise des informations. Les moins diplômés développent un rapport défaillant vis-à-vis de leur santé (hygiène de vie, équilibre alimentaire, fréquence des consultations médicales) responsable d'un plus grand nombre de maladies chroniques et d'invalidité qui les pénalise dans leur vie professionnelle entraînant, là-encore, un risque de voir baisser leurs revenus.

- On peut dès lors affirmer que les inégalités, bien que de nature différente, s'alimentent entre elles. Les inégalités économiques engendrent des inégalités sociales et culturelles qui à leur tour nourrissent les inégalités économiques.

Par ailleurs, on constate que les populations cumulant les handicaps sociaux votent de moins en moins. Les discours et les priorités politiques s'en détournent donc, ce qui les maintient dans une relégation sociale et économique. On dit alors que les inégalités font système.

L'ESSENTIEL

Des inégalités multiformes et cumulatives

- Les inégalités économiques sont relatives aux écarts de revenus et de patrimoine. Les inégalités de patrimoine sont bien plus importantes.
- Les inégalités sociales et culturelles touchent les domaines de la santé, de la réussite scolaire, de l'accès à l'emploi ou des pratiques artistiques et culturelles.
- Les inégalités font système : les inégalités économiques engendrent des inégalités sociales qui en retour alimentent les inégalités économiques.

ZOOM SUR...

La mesure des inégalités

1 La courbe de Lorenz

➜ La courbe de Lorenz représente la distribution des revenus ou du patrimoine. Elle trace dans un même cadre la répartition de la population (de 0 à 100 %, en abscisse) et la répartition de la masse à distribuer, comme des revenus ou du patrimoine (de 0 à 100 % également, en ordonnée). La diagonale correspond aux points de coordonnées égales (droite d'équirépartition) : le point (10, 10) signifie que 10 % de la population a eu droit à 10 % du revenu, le point (20, 20) signifie que 20 % de la population s'est partagé 20 % du revenu. La courbe présente la distribution réelle des richesses. Exemple de lecture : 50 % de la population possède 10 % de l'ensemble du patrimoine. Les 50 % les plus fortunés disposent donc de 90 % du patrimoine.

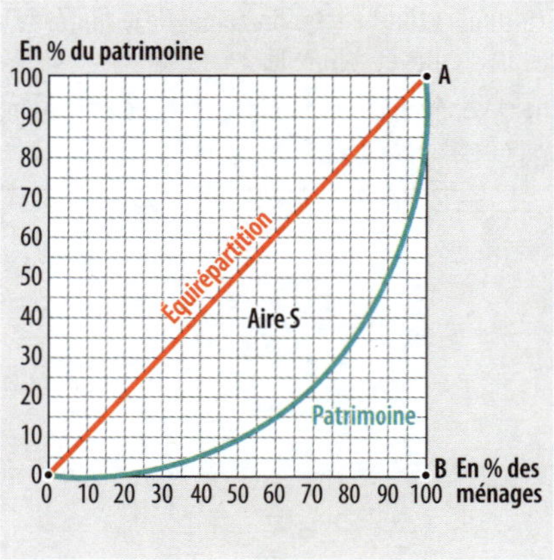

2 Le coefficient de Gini

➜ On mesure généralement les inégalités économiques et leur évolution avec le coefficient de Gini.

➜ L'indice de Gini correspond au rapport entre l'aire délimitée par la droite d'équirépartition et la courbe de Lorenz ; sur la figure « Aire S » et l'aire du triangle OAB. L'indice de Gini est un coefficient. Il est toujours compris entre 0 et 1 (il peut cependant être mesuré en %). Plus il est proche de 0, plus la situation est égalitaire, plus il est proche de l'unité, plus la situation est inégalitaire.

L'indice de Gini permet de comparer un même pays à des époques données, ou deux pays différents. En France, le coefficient de Gini qui mesure les inégalités de revenu disponible est de 29 % (ou 0,29) en 2018, ce qui situe la France dans la moyenne des pays de l'OCDE.

3 Le rapport inter-déciles

→ Les déciles et les centiles sont les bornes (les limites supérieures ou inférieures) d'une division de la population en 10 ou 100 parties égales. On note D1 pour les 10 % les plus bas (les plus faibles revenus par exemple), puis D2 pour les 10 % au-delà, et ainsi de suite jusque D9. Le décile D5 correspond à la médiane.

→ Sur le même modèle, on peut établir des centiles. Ainsi, les grandes fortunes sont données par C99, le dernier centile, plutôt que par D9. Le rapport interdécile établit le rapport entre D9 et D1. Il se calcule toujours dans le sens D9/D1 et jamais l'inverse.

→ Il faut noter que les inégalités de patrimoine sont toujours plus marquées que celles des revenus : en France, en 2017, les 10 % des ménages les mieux dotés en patrimoine détiennent près de la moitié de la masse totale de patrimoine, tandis que les 10 % les moins dotés n'ont presque rien. Elles ont aussi tendance à augmenter ces dernières années : entre 2010 et 2018, les inégalités de patrimoine se sont accrues, le rapport entre le patrimoine moyen des 10 % de ménages les mieux dotés et celui des 50 % les moins dotés ayant augmenté de près de 10 % (d'après l'Insee).

4 Corrélation de revenu parents-enfants

→ Par antithèse au roman de Fitzgerald, *Gatsby le magnifique*, l'économiste américain Alan Krueger a fait de Gatsby un concept économique à travers la courbe du même nom. Il s'agit de montrer la corrélation entre les inégalités et la faible mobilité sociale offerte aux individus. En clair : moins les fils ont de chances d'être plus riches que leurs pères, plus les inégalités constatées sont grandes. Et inversement.

Remarque

En 2013, aux États-Unis, si un père gagne 20 % de plus qu'un autre, le fils du premier gagne en moyenne 8 % de plus que celui du second. Plus cette élasticité est grande, plus la mobilité intergénérationnelle est faible.

→ De même, au sein des pays de l'OCDE, la France est le pays dans lequel l'origine sociale joue le plus dans la détermination de la réussite scolaire ; le système scolaire français est l'un des plus inégalitaires d'Europe (enquêtes Pisa de l'OCDE).

ZOOM SUR...

L'évolution des inégalités dans les pays occidentaux

1 Une réduction globale des inégalités dans les pays occidentaux

→ En effet, jusqu'à la fin des Trente Glorieuses, on assiste à une augmentation générale des niveaux de vie et à une transformation des modes de vie. L'augmentation des salaires, l'accès généralisé aux biens de consommation et d'équipement, la démocratisation de l'accès à l'éducation ont permis une diminution notable des inégalités économiques et sociales. La part des revenus avant impôts perçue par les 1 % les plus riches diminue par exemple de moitié dans la plupart des pays occidentaux, entre le début du siècle et l'après-guerre. Mais c'est surtout l'action redistributive de l'État-Providence qui agit le plus efficacement sur la réduction des inégalités. L'écart interdécile entre les revenus après redistribution se réduit de 30 %.

→ Cette évolution confirme la théorie énoncée par l'économiste américain Simon Kuznets : à partir de données empiriques, il montre que les niveaux des inégalités économiques et de développement d'un pays sont corrélés. En effet, les inégalités ont tendance à augmenter au début du processus de développement (l'enrichissement des innovateurs entraînant un fort décalage de revenus avec le reste de la population) pour ensuite diminuer à mesure que le développement touche l'ensemble des secteurs, et donc l'ensemble de la population.

2 Une légère hausse à partir des années 1970

→ Cette dynamique s'arrête cependant entre la fin des années 1970 et le début des années 1980. L'évolution des inégalités, en particulier économiques, subit les effets de la crise économique du milieu des années 1970 (fin des Trente Glorieuses, choc pétrolier, etc.) : l'OCDE constate en effet que le fossé entre les riches et les pauvres se creuse dans la plupart des pays membres durant ces deux dernières décennies.

→ Notons que la crise économique et financière de 2008, débutée aux États-Unis, a globalement accéléré le mouvement de reprise des inégalités au niveau mondial, même si chaque pays présente une situation spécifique. La mondialisation joue également un rôle important dans le renforcement des inégalités :

pendant que les plus qualifiés bénéficient de hausses de salaires et de biens moins chers, les moins qualifiés perdent leur emploi ou voient leurs salaires stagner.

→ Si les écarts mesurés en termes relatifs stagnent depuis les années 1980, les inégalités augmentent en valeur (en euros) : ainsi, le revenu des 10 % les plus pauvres a augmenté de 1 760 euros entre 2007 et 2017 contre 5 867 euros pour les 10 % les plus riches. On observe donc un enrichissement net du haut de la distribution. Cet enrichissement provient essentiellement de l'augmentation des revenus du patrimoine (augmentation freinée après 2008, à cause de la crise financière), très inégalement répartis : en effet, ces revenus (dividendes, intérêts, etc.) ont augmenté plus vite que les salaires à partir des années 1980 (boom des marchés financiers, c'est-à-dire des placements et des rendements), ce qui a accru les écarts entre les revenus du travail et du patrimoine. De plus, la forte augmentation des prix de l'immobilier à partir du milieu des années 1990 (à peine freinée par la crise de 2008) a permis un enrichissement considérable des détenteurs d'un patrimoine immobilier.

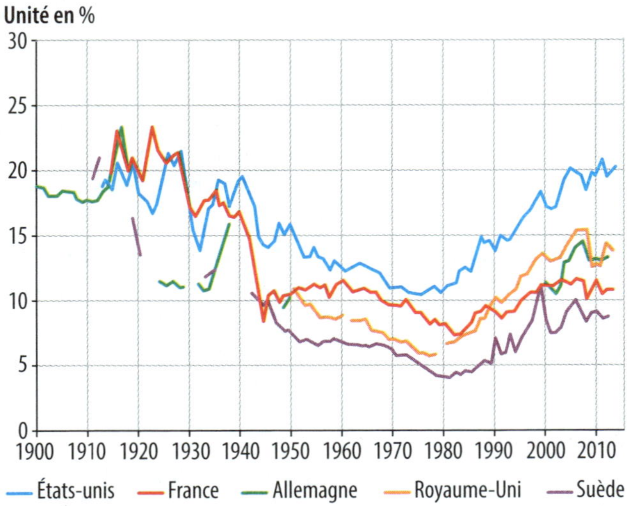

Source : *World Wealth & Income Database* – © Observatoire des inégalités

Doc. Évolution de la part des 1 % les plus riches dans le revenu national

2 Les différentes conceptions de la justice sociale

Après avoir conquis la liberté politique, les sociétés démocratiques s'engagent dans un processus de lutte contre les inégalités. Mais toutes les inégalités sont-elles injustes ? Les différentes formes d'égalités conduisent à proposer des modèles de justice sociale distincts voire opposés.

B Les différentes formes d'égalité

1. L'égalité de droit

● La démocratie est un régime politique qui assure l'égalité des droits : elle consiste en une égalité de droits civils et politiques. C'est une égalité de nature juridique, donc formelle, à la différence d'une égalité dite réelle, c'est-à-dire une égalité des situations, dans laquelle les individus auraient des conditions de vie économique et sociale semblables.

● L'égalité des droits a été instituée dans les pays occidentaux par les révolutions américaine et française au XVIIIe siècle. Il s'agit de dispositions générales et théoriques, compatibles avec de fortes inégalités sociales.

Sachez que...
Karl Marx critique la Révolution française en la qualifiant de « révolution bourgeoise », car elle n'a mis en place selon lui qu'une égalité formelle et non réelle.

● Cette égalité des droits assure cependant l'égalité des statuts : les privilèges liés à l'appartenance à un groupe (les ordres sous l'Ancien Régime en Europe), et qui se transmettaient de génération en génération, sont abolis. Alexis de Tocqueville vante les mérites de cette « égalité des conditions » au XIXe siècle. Elle constitue la forme d'égalité préalable à toutes les autres.

2. L'égalité des situations

● L'égalité des situations (autrement appelée « égalité réelle » ou « égalité des résultats ») est une situation sociale dans laquelle les individus possèdent les mêmes conditions de vie, les mêmes ressources économiques, les mêmes ressources sociales ou culturelles.

● Les penseurs socialistes voient dans l'égalité des situations (ou la tendance au rapprochement des conditions matérielles et sociales des individus) la seule voie possible vers l'égalité des chances.

3. L'égalité des chances

- L'égalité des conditions suppose que tous les individus disposent des mêmes chances à la naissance : c'est le principe de l'égalité des chances, qui consiste à établir une même situation de départ pour chaque individu afin que sa destinée sociale ne dépende pas de son origine. Quel que soit le groupe d'appartenance de l'individu, il doit bénéficier des mêmes probabilités qu'un autre d'accéder à toutes les positions sociales.
- L'égalité des chances implique un système de distribution méritocratique des positions sociales : c'est le mérite individuel qui dicte la distribution des positions sociales au sein d'une société et non l'appartenance à un groupe assignée à chacun. Dans cette conception, les inégalités, et donc la hiérarchie sociale, résultant des degrés divers de mérite des individus, sont considérées comme légitimes et justes.
- L'égalité des chances est donc au cœur de la conception actuelle de la justice sociale : nos sociétés estiment que la destinée individuelle ne doit pas être dictée par l'origine sociale tout en admettant que l'égalité des droits ne suffit pas à atteindre une parfaite justice sociale.
- L'équité peut conduire à mettre en œuvre des inégalités destinées à corriger des situations initiales trop éloignées. C'est le principe de la discrimination positive, qui vise à corriger les inégalités initiales héritées : donner plus à ceux qui ont moins.

B Les différentes conceptions de la justice sociale

1. Qu'est-ce que la justice sociale ?

- Les inégalités salariales sont-elles justes ? Jusqu'à quel point un patron peut-il gagner x fois le salaire de ses ouvriers ? L'existence d'inégalités dans les sociétés démocratiques pose la question de la justice sociale. Les inégalités sont-elles injustes par définition ? Quelles sont celles que la société doit combattre, lesquelles peut-elle tolérer et lesquelles doit-elle encourager ?
- La justice sociale définit ce qui doit être considéré comme juste du point de vue de la répartition des ressources, matérielles et immatérielles, au sein d'une société. C'est un idéal globalement porté par les sociétés démocratiques même si la définition des modalités de cette justice est ouverte.
- La justice sociale est une construction morale et politique résultant de choix collectifs orientés par des valeurs. La société détermine ainsi les formes de solidarité collective à instituer. Certains préfèrent par exemple mettre en place une justice sociale commutative, assurée par le principe de l'égalité arithmé-

tique, c'est-à-dire l'équivalence entre ce qui est donné et ce qui est reçu (comme dans l'échange marchand). La justice commutative ignore les différences entre les individus et donne à chacun les mêmes droits, la même part. D'autres considèrent la justice distributive, proportionnelle, comme préférable : chacun reçoit selon son mérite. Si ce principe semble plus juste, il se heurte cependant à une limite : jusqu'à quel point l'individu est-il seul responsable du mérite qu'on lui attribue ? Celui qui obtient la meilleure note de la classe est celui qui a produit le meilleur travail mais sûrement aussi celui qui est issu d'un milieu culturellement plus favorisé.

- La justice corrective consiste à agir sur la répartition existante au nom d'une norme morale ou politique. La mise en place du revenu de solidarité active (RSA) ou de la couverture maladie universelle relève de la justice corrective. Lorsqu'on s'interroge sur le caractère juste ou injuste des inégalités, il est donc important de préciser à quelle conception de la justice on se réfère.

2. Utilitarisme et libertarisme

- Les penseurs libéraux, d'Adam Smith à Vilfredo Pareto, justifient les inégalités par la loi du marché. Pour Pareto, les inégalités sociales reflètent les inégalités de productivité ou de mérite des individus. En cela, elles sont parfaitement justes puisqu'elles résultent du libre fonctionnement du marché et qu'elles permettent une allocation optimale des ressources ; c'est pourquoi elles ne doivent pas être combattues.

- Si l'existence d'inégalités permet d'accroître le bien-être général, on les considère comme légitimes (paradoxe de la « main invisible » d'Adam Smith). Ce raisonnement s'inspire de la doctrine utilitariste qui estime que le degrés de moralité d'une action est seulement déterminé par ses conséquences.

- L'économiste et philosophe autrichien Friedrich Von Hayek considère que les inégalités, en orientant la conduite des acteurs, améliorent l'information et donc participent à l'efficacité de la société. Pour Hayek, corriger ces inégalités serait socialement contre-productif. Par ailleurs, redistribuer les richesses des riches aux plus pauvres constitue une atteinte à une liberté fondamentale : la propriété privée. Le courant libertarien, incarné notamment par le philosophe américain Robert Nozick, rejette toute intervention de l'État visant à réduire les inégalités au nom du principe selon lequel tout individu possède un droit absolu sur sa personne, son talent ou le fruit de son travail (l'impôt est ainsi considéré comme un vol ou du travail forcé).

3. Différents degrés d'égalitarisme

- Depuis la seconde moitié du XIXe siècle et surtout l'après Seconde Guerre mondiale, les sociétés industrialisées ont adopté une conception de la justice sociale fondée sur des critères d'égalité entre les citoyens et sur la mise en place de moyens d'action pour lutter contre les inégalités. Il existe donc un relatif consensus sur la nécessité de corriger certaines inégalités, mais la question du degré et des principes de cet interventionnisme fait encore débat aujourd'hui.

- Dans sa *Théorie de la justice*, le philosophe américain John Rawls dégage les principes qui régissent une société juste. Il cherche à réconcilier deux principes souvent opposés, mais qui sont au cœur de l'idéal démocratique : la liberté et l'égalité. Les démocraties libérales ont privilégié le respect des libertés, parfois au détriment de l'égalité, tandis que les régimes socialistes ont restreint les libertés au nom de l'égalité. Pour résoudre ce dilemme, Rawls considère qu'une société juste doit s'appuyer sur des principes qui garantissent la liberté et l'équité (égalitarisme libéral). Il critique la philosophie utilitariste qui raisonne sur la somme des bien-être individuels pour mesurer le bonheur collectif. Pour lui, la société doit s'occuper de maximiser l'utilité des plus désavantagés. Ainsi, le législateur doit par exemple prendre ses décisions sous un « voile d'ignorance », en occultant sa propre position sociale. Ce faisant, il fera en sorte d'établir les règles les moins défavorables aux plus désavantagés, étant lui-même conscient de pouvoir potentiellement se retrouver dans cette position.

- Rawls estime que les institutions doivent instaurer et garantir deux principes de justice :

- le principe de liberté : chaque citoyen doit avoir accès aux mêmes libertés, et la liberté de chacun doit être compatible avec la liberté des autres membres de la société.

- le principe de différence, selon lequel certaines différences peuvent être tolérées, à une double condition. 1) les fonctions qui procurent des avantages doivent être accessibles de la même manière à tous les membres de la société (égalité des chances) : « il doit être indifférent de naître avec telles caractéristiques plutôt que telles autres ». 2) les inégalités doivent permettre d'améliorer la situation des plus désavantagés. Ce principe justifie les aides accordées aux plus pauvres, mais aussi certains écarts de salaires (« une personne talentueuse aura […] droit légitimement aux revenus plus élevés que lui vaut son talent si la collectivité en profite aussi »).

- Amartya Sen prolongera la pensée de Rawls en soulignant qu'il faut également se préoccuper d'égaliser les capacités des citoyens à profiter de biens et des services tels que la santé, l'éducation, une longue espérance de vie, etc.

- Pour les partisans d'un égalitarisme strict, l'égalité des chances et l'équité passent par une répartition égalitaire des richesses matérielles. La lutte contre les inégalités de toute nature suppose de s'attaquer à la racine du problème : les inégalités économiques. Tous les individus devraient disposer de revenus similaires, d'un accès égal à la santé, à l'éducation ou au logement (pas de système privé) et l'héritage, s'il n'est pas totalement exclu, doit être largement réduit par les droits de succession. L'économiste français Thomas Piketty défend plutôt cette approche dans une vision sociale-démocrate et non communiste : l'économie de marché et la propriété privée sont maintenues mais l'État opère de fortes corrections dans la distribution des richesses à travers la fiscalité.

L'ESSENTIEL

Les différentes conceptions de la justice sociale

- L'égalité des droits assure l'égalité des statuts (pas de privilèges institués). L'égalité des situations correspond au fait que les individus vivent dans des conditions similaires. L'égalité des chances vise l'équiprobalité pour tous d'atteindre les mêmes ressources, les mêmes statuts.
- À partir de ces différentes formes d'égalités émergent plusieurs conceptions de la justice sociale. Les libéraux et libertariens voient dans les inégalités un facteur d'efficacité et de justice (produit de différents mérites) tandis que du côté de l'égalitarisme, on privilégie le principe de l'égalité des chances, soutenue par une redistribution plus ou moins importante des ressources.

3 L'action des pouvoirs publics en matière de justice sociale

Les individus sont soumis aux aléas de la vie qui les exposent à plusieurs risques sociaux (chômage, maladie, vieillesse). Sans protection, ils peuvent sombrer dans la pauvreté et l'exclusion. Par ailleurs, certains groupes sociaux sont victimes de discriminations qui les pénalisent socialement et économiquement. Pour toutes ces raisons, l'État intervient afin de rétablir la justice sociale.

A Les fondements et les outils de l'action de l'État

1. L'État-providence

- Au lendemain de la Seconde Guerre mondiale, en Europe d'abord, s'impose la conception selon laquelle l'État doit jouer un rôle actif dans les domaines économique et social. Les pouvoirs publics développent alors un système collectif de prise en charge des conséquences économiques des risques sociaux. Ce système, appelé « sécurité sociale », organise la protection sociale de l'ensemble de la population. Il s'agit de verser aux individus des prestations financées par des prélèvements obligatoires ponctionnés sur la collectivité (cotisations sociales et impôts). La protection sociale française s'organise ainsi selon une logique d'assistance (les impôts financent une partie des prestations sociales) et d'assurance (les cotisations sociales financent les prestations).

Sachez que...
En anglais, l'État-providence correspond au « *Welfare State* », théorisé par le rapport Beveridge (Grande-Bretagne,1942) dont l'ambition était de lutter contre la misère.

- Dans un sens plus large, l'État-providence est un État interventionniste qui cherche à protéger la société des déséquilibres collectifs que les défaillances du marché engendrent, grâce à la mise en œuvre de politiques économiques de redistribution mais aussi par la production de services publics. Parmi les pays occidentaux, les États-providence des pays nordiques et de la France sont considérés comme les plus protecteurs.

2. Les politiques de redistribution

- Les politiques économiques des pouvoirs publics sont essentiellement financées par les prélèvements obligatoires sur les revenus des individus, sous forme d'impôts, de taxes et de cotisations sociales.

Remarque
En France, en 2019, le budget de l'État s'élève à près de 400 milliards d'euros et l'ensemble des prélèvements obligatoire à 1 038 milliards soit 45 % du PIB.

Ils financent l'ensemble de l'action de l'État et des collectivités territoriales, du budget aux dépenses de sécurité sociale.

- La redistribution consiste à effectuer des transferts de ressources (monétaires par le biais des prestations, ou en nature par l'offre de services collectifs) entre les ménages. Elle vise à couvrir des besoins sociaux en mutualisant les risques entre tous comme la maladie, le chômage et la vieillesse (redistribution horizontale) ou en réduisant les écarts de richesses entre riches et pauvres (redistribution verticale). C'est par ce mécanisme que l'État et les organismes de protection sociale modifient la répartition des revenus et agissent sur le niveau des inégalités et sur la pauvreté (passage du revenu primaire au revenu disponible).

- Les cotisations sociales sont des prélèvements effectués sur les revenus d'activité des individus donnant lieu à des contreparties, les prestations sociales. Ces dernières constituent des revenus de transfert pour les ménages et couvrent les conséquences économiques des risques sociaux : allocation-chômage en cas de perte d'emploi, pension de retraite, remboursement de soin médicaux, etc. Ces cotisations (salariales et patronales) sont versées par l'employeur à l'organisme qui gère la Sécurité sociale (Urssaf). Ce ne sont donc pas des impôts, car elles sont perçues dans un but prédéterminé, le financement de la sécurité sociale.

- Les impôts sont des prélèvements effectués directement ou indirectement sur le patrimoine et sur les revenus des ménages et des entreprises, sans contrepartie déterminée « en vue de la couverture des dépenses publiques et de la réalisation d'objectifs économiques et sociaux fixés par la puissance publique ». Collectés exclusivement par l'État, ils relèvent de la politique fiscale dont les choix permettent également d'agir, par un autre levier (à la source), sur les inégalités.

- La politique fiscale, comme toute politique économique, consiste à faire des choix : les pouvoirs publics peuvent choisir de baisser ou d'augmenter les impôts, de créer un nouvel impôt, de modifier le système d'imposition (changer de barème, créer une nouvelle tranche, etc.) afin d'agir sur la répartition du revenu au niveau national ou sur le montant des recettes fiscales perçues, qui financent les dépenses publiques.

- En France, l'impôt sur le revenu, payé par les personnes physiques sur l'ensemble des revenus perçus au cours d'une année, procède d'un principe de solidarité : il est un instrument de lutte contre les inégalités dans la mesure où il est calculé selon un barème progressif (plus les revenus sont élevés, plus le taux marginal d'imposition augmente).

Sachez que...

En 2019, 52 % des ménages français ne payent pas l'impôt sur le revenu du fait de revenus trop bas.

- De plus, il existe un seuil en dessous duquel les ménages ne sont pas imposables ainsi qu'un impôt sur la fortune immobilière (IFI) payé par les ménages disposant d'un patrimoine immobilier important (au-delà de 1,3 million d'euros).

3. Les autres outils d'intervention

- L'État-providence développe également un ensemble de services collectifs répondant aux besoins de la collectivité non satisfaits par le marché : soit parce qu'ils ne sont pas individualisables (comme l'éclairage public), soit parce qu'ils ne sont pas rentables pour une exploitation privée (la distribution du courrier sur l'ensemble du territoire). Considérés par les pouvoirs publics comme relevant de l'intérêt général, ils sont également considérés comme non rivaux et non excluables. Ils répondent donc à un objectif de protection des individus et de réduction des inégalités.

- Les services publics peuvent être financés par les prélèvements obligatoires, dans ce cas ils sont gratuits ou quasi gratuits : en France, c'est le cas de la justice, de l'éducation (publique) ou encore de la sécurité et de la défense (police, gendarmerie et armée). Mais ils peuvent aussi être payants, c'est-à-dire financés par les usagers, comme les transports en commun ou encore la collecte et le traitement des eaux usées.

- L'offre de services collectifs (publics ou non) aux ménages entre dans l'opération de redistribution des revenus : en effet, les ressources issues des prélèvements obligatoires permettent de financer la production de services collectifs qui contribuent à préserver une certaine cohésion sociale mais également à réduire les inégalités. Lorsque ces services profitent davantage aux plus démunis, alors qu'ils sont majoritairement financés par les ménages les plus riches par le biais de l'impôt sur le revenu, ils participent à une redistribution verticale.

- Enfin, parmi les moyens développés par l'État pour lutter contre les inégalités, on trouve les mesures de discrimination positive. Il s'agit de traiter différemment les individus victimes d'inégalités en raison de leur origine ethnique, sociale ou de leur sexe.

- Si les mesures américaines (« *affirmative action* ») consistent à mettre en place des quotas par groupe ethnique (dans les universités par exemple), ce qui correspond au modèle d'intégration communautariste, les mesures élaborées en France s'attachent davantage à aider des populations défavorisées en matière économique ou en matière d'accès à l'éducation : les moyens supplémentaires accordés aux établissements scolaires situés dans des quartiers défavorisés répondent au problème de l'inégalité des chances (éducation prioritaire), tout comme les quotas de boursiers dans les grandes écoles.

• Cependant, cette action des pouvoirs publics s'exerce sous contrainte : le déficit public et la dette publique de l'État limitent en effet la progression des dépenses publiques telles que les prestations sociales ou encore l'offre de services collectifs. Par ailleurs, l'efficacité de l'action de l'État en matière de réduction des inégalités est contestée.

B L'action des pouvoirs publics en débat

1. La remise en cause de l'État-providence

• Depuis la Seconde Guerre mondiale, l'État-providence s'est imposé dans les pays occidentaux comme une nécessité reconnue par la plupart des économistes, keynésiens comme libéraux. En revanche, le degré d'intervention et la légitimité de son action font toujours débat : l'efficacité du service public, la légitimité de l'ensemble des prestations sociales, la réforme du système des retraites sont des exemples de débat particulièrement brûlants depuis la fin des années 2000, dans la mesure où les États européens souffrent d'une grave crise de financement.

• Un certain pan de la théorie libérale considère l'action des pouvoirs publics comme responsable de déficits durables et structurels pénalisant l'activité économique (inflation, fuite des capitaux extérieurs). De plus, les dépenses publiques sont accusées de financer des politiques qui ont tendance à désinciter les agents économiques : les allocations chômage par exemple, les minima sociaux, sont dans cette optique considérés comme des revenus d'assistanat, n'encourageant pas les individus à chercher un emploi.

• Ces débats touchent tous les pays occidentaux, avec plus ou moins d'acuité. La crise mondiale financière et économique de 2008 a néanmoins relancé fortement les débats sur le déficit et sur la dette publique dans l'ensemble des pays, certains, comme la Grèce ou l'Irlande, étant menacés de faillite.

2. Des politiques sous contraintes

• La contrainte majeure qui pèse sur l'action des pouvoirs publics est la maîtrise des finances publiques, dans un contexte marqué par l'aggravation des déficits. Le déficit public représente le solde négatif entre les recettes et les dépenses des administrations publiques, alors que le déficit budgétaire ne concerne que le solde du budget de l'État.

• Le déficit public et la dette publique qu'il génère se sont considérablement alourdis depuis les années 1970, en France comme dans de nombreux pays industrialisés. Les dépenses publiques ont en effet augmenté plus vite que les recettes : les besoins sociaux sont en hausse (les pensions de retraites augmentent avec le vieillissement de la population, les montants des aides à l'emploi également avec la hausse du chômage par exemple) dans un contexte de crise économique qui pénalise les recettes.

- Depuis 1997, la politique budgétaire de la France, dans le cadre de l'UE, est contrainte par un accord politique, le Pacte de stabilité et de croissance (PASC) qui impose aux États de la zone euro d'avoir à terme des budgets proches de l'équilibre ou excédentaires : les États doivent maintenir un déficit public inférieur à 3 % du PIB et une dette publique inférieure à 60 % du PIB.
- En 2010, deux ans après le début de la crise, le déficit moyen dans la zone euro s'élevait à 6 % du PIB et la dette à 85 %. En France, ils s'établissaient respectivement à 7 % pour le déficit et à 82,3 % pour la dette. En 2019, le déficit moyen de la zone euro est revenu à 0,6 du PIB et la dette moyenne à 45 % (2,6 % et 97 % pour la France).
- L'action des pouvoirs publics est donc contrainte par son financement : pour réduire le déficit, les dépenses doivent être stabilisées, voire diminuées, et/ou les recettes doivent augmenter. En cas de crise sévère, comme en ont connu de nombreux États européens à la fin des années 2000, les gouvernements optent pour des politiques de rigueur. Il s'agit, par exemple, de baisser les dépenses de protection sociale (comme la baisse du niveau et de la durée des allocations chômage) ou les dépenses de fonctionnement des services publics (non-renouvellement du départ en retraite d'un fonctionnaire sur deux).
- Les pouvoirs publics peuvent être également contraints, en période de crise, de relever le niveau des impôts, donc des recettes, afin de couvrir les dépenses, difficiles à baisser (effet de cliquet).

L'ESSENTIEL

L'action des pouvoirs publics en matière de justice sociale

- L'État-providence réalise une redistribution horizontale et verticale des richesses afin d'assurer la population contre les risques sociaux et de réduire les écarts de richesse.
- Pour ce faire, il utilise les cotisations sociales des actifs et des entreprises ainsi que la fiscalité à travers la progressivité de l'impôt sur le revenu et l'impôt sur la fortune immobilière. Il fournit également des services collectifs et lutte contre les discriminations par la loi.
- Les libéraux accusent l'État-providence de creuser les déficits, de désinciter les agents économiques et d'alimenter l'assistanat.
- Ces politiques publiques se heurtent, notamment en période de crise, à la contrainte budgétaire (déficit et endettement publics).

Mots clés

■ **Discrimination positive :** fait d'établir une différence de traitement entre deux individus ou groupes. Elle est négative s'il s'agit d'attribuer un désavantage et positive s'il s'agit d'un avantage.

■ **Équité :** principe qui dépasse celui de l'égalité dans la mesure où il s'agit de tenir compte des spécificités des individus ou des groupes. L'idée est ici de donner plus à ceux qui ont le moins (et réciproquement). L'équité est une égalité « proportionnée ».

■ **État-providence :** forme d'État qui intervient activement dans les domaines social et économique en vue d'assurer des prestations aux citoyens.

■ **Fiscalité :** ensemble de la réglementation concernant les impôts.

■ **Justice sociale :** idéal qui se traduit par un ensemble de principes, considérés comme « justes », qui organisent la répartition des ressources entre les membres d'une société.

■ **Redistribution horizontale et verticale :** la redistribution verticale consiste à transférer des ressources monétaires ou en nature des ménages les plus riches vers la ménages les plus pauvres (logique d'assistance). Le prélèvement de l'impôt sur la fortune (ISF) en est un exemple. La redistribution est horizontale lorsque les transferts consistent à couvrir les risques sociaux, et ce quel que soit le niveau de revenu (logique d'assurance) : les cotisations retraites payées par les actifs qui financent les pensions de retraites versées aux retraités en sont un exemple. C'est donc la redistribution verticale qui a pour but explicite de réduire les inégalités.

■ **Risques sociaux :** événements de la vie (maladie, chômage, accident du travail, etc.) qui ne sont pas dus aux individus eux-mêmes et qui conduisent à une perte de revenus.

■ **Service public :** services collectifs jugés d'intérêt général par la puissance publique, qui en régule la production. Le producteur bénéficie de droits particuliers (subventions) et a des obligations à respecter (principes de continuité, d'égalité et d'adaptabilité). À distinguer du « secteur public » qui désigne l'ensemble des entreprises publiques, quelle que soit leur production.

■ **Services collectifs :** services assurés par les pouvoirs publics (services publics) ou non, qui répondent aux critères de non rivalité et de non excluabilité : la consommation du service par un ménage n'en prive pas un autre (exemple : l'éducation) et il est difficile (ou non souhaitable) d'en fixer un prix.

Les auteurs importants

Friedrich Von HAYEK (1899-1992)

Économiste et philosophe britannique, prix Nobel d'économie en 1974. Hayek défend le système de marché libre britannique et avertit des dangers du collectivisme. Pour lui, la conséquence ultime du planisme économique est le contrôle de l'univers politique et la disparition des libertés.

Simon KUZNETS (1901-1985)

Économiste et statisticien américain, prix Nobel en 1971, spécialiste des phénomènes de croissance et de développement. Il établit la corrélation entre le niveau de développement d'un pays et le degré des inégalités. En tant que statisticien, il est considéré comme l'inventeur du PIB ainsi que de la mesure de son évolution par son taux de croissance annuel.

John RAWLS (1921-2002)

Philosophe politique américain, il se distingue notamment avec son ouvrage *Théorie de la justice* (1971), dans lequel il s'interroge sur les principes de la justice sociale et sur sa mise en œuvre dans nos sociétés. Selon lui, il existe des inégalités justes dans la mesure où elles profitent aux plus démunis : l'État doit donc intervenir dans l'économie pour organiser la correction des inégalités considérées alors comme injustes.

Thomas PIKETTY (né en 1971)

Économiste français, spécialiste des inégalités économiques. Proche de la gauche, il montre dans *Le capital au XXIe siècle* que la réduction des inégalités après la Seconde Guerre mondiale provient essentiellement de la réduction des inégalités de patrimoine et du système d'imposition mis en place par les États. Piketty y affirme que le capitalisme, s'il n'est pas régulé, génère des inégalités grandissantes. Il suggère plusieurs mesures politiques pour limiter la hausse des inégalités comme la création d'un impôt mondial sur le capital. Il insiste aussi sur la nécessité de mettre en place des évaluations précises des hauts patrimoines.

Documents majeurs

Doc. 1 Montants moyens en euros des prélèvements et prestations par unité de consommation en 2017

	Décile 1	Décile 10
Niveau de vie avant redistribution (A)	**3 370**	**71 270**
Prélèvements	**-140**	**-15 510**
Financement de la protection sociale	-150	-5 310
Impôts directs	10	-10 200
Prestations	**6 630**	**240**
Prestations familiales	1 970	180
Aides au logement	2 060	10
Minima sociaux et RSA activité	2 600	50
Niveau de vie après prélèvements et prestations (B)	**9 850**	**55 990**
Taux de redistribution (B - A)/A (en %)	**192,3**	**-21,4**

France, portrait social, édition 2017, Insee, coll. « Insee, Références », 2017.

Doc. 2 L'égalitarisme libéral

Rawls part d'une idée simple : un système de règles équitables est un système auquel les contractants pourraient adhérer sans savoir à l'avance quel bénéfice personnel ils en retireront. [...] Comme on sait, Rawls fait l'hypothèse que, sous ce « voile d'ignorance », les participants sélectionneraient les deux principes suivants.

1. Toute personne a un droit égal à l'ensemble le plus étendu de libertés fondamentales égales qui soit compatible avec le même ensemble de libertés pour tous.

2. Les inégalités sociales et économiques doivent satisfaire deux conditions : elles doivent a) être attachées à des fonctions et positions ouvertes à tous dans des conditions de juste égalité des chances b) fonctionner au plus grand bénéfice des membres les plus défavorisés de la société.

Autrement dit, égale liberté pour tous, égalité des chances et application du fameux « principe de différence » : l'inégalité économique et sociale peut se justifier pour des raisons d'efficacité dans la coopération sociale et la production de richesses, mais elle n'est légitime que si elle améliore la position des plus défavorisés.

Amartya Sen, *L'économie est une science morale,* Paris, La Découverte, 1999, p. 26.

Exercice

Vérifiez vos connaissances

Répondre Vrai ou Faux aux assertions suivantes :

1. L'égalité des droits est compatible avec les inégalités de fait.
2. Les discriminations positives peuvent être justes.
3. L'égalité peut être injuste.
4. La Sécurité sociale est financée en France par les cotisations sociales.
5. Les cotisations sociales sont des impôts.
6. Les inégalités sociales engendrent des inégalités économiques.

Sujet de bac

Dissertation s'appuyant sur un dossier documentaire

L'action des pouvoirs publics en matière de justice sociale parvient-elle aujourd'hui à réduire les inégalités ?

Doc. 1 Part d'élèves en retard en CE2 (en %) selon la catégorie socioprofessionnelle de la personne responsable de l'élève

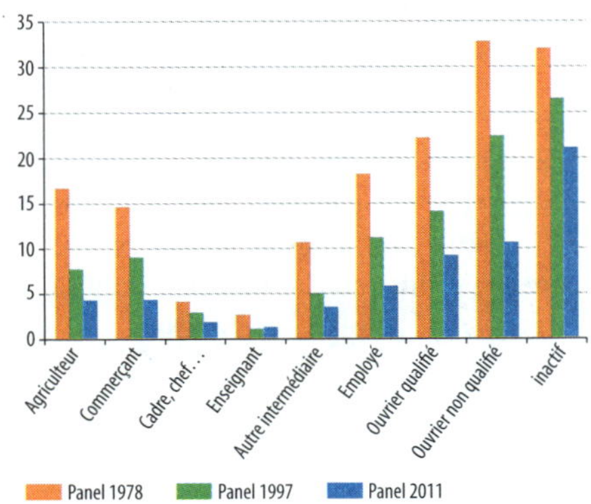

Source : Direction de l'Évaluation, de la Prospective et de la Performance, juillet 2016

Doc. 2 Taux de pauvreté à 60 % du niveau de vie médian en 2017

	Taux de pauvreté (en %)
Avant redistribution	22,3
Impôts directs	20,8
Prime pour l'emploi	20,6
Prestations familiales sans condition de ressources	19,2
Prestations familiales sous condition de ressources	18,3
Allocations logement	16,1
Minima sociaux	14,3
RSA activité	13,9
Après redistribution	13,9

Insee, 2018.

Doc. 3

La loi de financement de la Sécurité sociale pour 2015 module le montant des allocations familiales en fonction des ressources des familles. Proposée par les députés en remplacement d'autres mesures réduisant les dépenses de la branche famille, cette modulation met fin à l'uniformité des allocations familiales : à nombre d'enfants égal, les familles ne perçoivent plus le même montant selon leur revenu. Pour les familles avec deux enfants à charge, les allocations familiales sont désormais réduites de moitié quand les ressources annuelles dépassent 67 140 euros (soit 5 595 euros par mois) et divisées par quatre au-delà de 89 490 euros (soit 7 458 euros par mois).

Au-delà de son aspect symbolique en termes d'évolution du système social, cette mesure est aussi, parmi les mesures portant sur les prestations, celle qui a eu l'effet le plus massif sur les ménages en 2015. En effet, considérée en année pleine, elle diminue le revenu disponible total des ménages de 800 millions d'euros, soit une perte annuelle moyenne de 1 370 euros pour les 590 000 ménages concernés. Les ménages affectés sont essentiellement les 20 % les plus aisés : du fait de cette mesure, le niveau de vie annuel des ménages du neuvième décile baisse en moyenne de 71 euros et celui du dixième décile de 147 euros. Cela explique la contribution majeure de cette mesure à la réduction des inégalités opérée en 2015.

France, portrait social, édition 2017, Insee, coll. « Insee, Références », 2017.

POINT MÉTHODE

1 Analyse du sujet

- Ce sujet impose un plan « dialectique ». Il s'agit de débattre de l'efficacité de l'action des pouvoirs publics sur la réduction des inégalités. Pensez à bien définir la notion d'inégalité et d'en présenter toutes les facettes, c'est déterminant pour poser la problématiques.
- Veillez à rester dans le cadre du sujet qui stipule « aujourd'hui ». Ne perdez pas de temps sur l'évolution des inégalités et de l'action de l'État.

2 Étude des documents

- Le document 1 est un diagramme qui présente la part d'élèves en retard en CE2 entre 1978 et 2011, selon la CSP des parents. On note que cette part diminue nettement entre 1978 et 2011 mais que les enfants des catégories populaires (employés, ouvriers et inactifs) sont bien plus touchés par le retard en CE2 que les catégories moyennes et supérieures.
- Le document 2 est un tableau de données publié par l'Insee en 2018 qui présente le taux de pauvreté à 60 % du niveau de vie médian en 2017. On observe que le taux de pauvreté est nettement réduit par la redistribution. En passant de 22,3 % à 13,9 % il perd 8,4 points de pourcentage soit une baisse d'environ 40 %. Avec près de 14 % de la population considérée comme pauvre, ce taux reste élevé cependant.
- Le document 3 est un texte publié par l'Insee en 2017 qui montre les effets sur les plus hauts revenus de la baisse des allocations familiales dont la somme était jusque-là la même pour tous les ménages. Depuis 2015, on considère que les foyers les plus riches n'ont plus à bénéficier pleinement de cette aide financière, ce qui contribue à réduire légèrement les inégalités de revenus.

Exercice

1 **Vrai.** L'égalité des droits est de nature juridique, « formelle ». Elle pose le principe d'égalité mais n'assure pas l'égalité réelle, en termes de conditions de vie économiques et sociales (égalité des situations).

2 **Vrai.** C'est la conception de l'équité.

3 **Vrai.** Elle peut être considérée comme injuste puisque le principe suppose de donner la même chose à des personnes qui ont des ressources initiales inégales.

4 **Vrai.** Pour la plus grande partie (elle est aussi financée par deux impôts, la CSG et la CRDS).

5 **Faux**, car elles financent des dépenses ciblées, les prestations sociales, alors que les impôts financent des mesures non prédéterminées. Par contre, les deux sont des prélèvements obligatoires.

6 **Vrai.** Les individus issus des classes populaires bénéficient de moins de ressources culturelles ce qui les pénalise dans la réussite scolaire et donc dans leur trajectoire professionnelle qui sera moins rémunératrice.

Sujet de bac

L'action des pouvoirs publics en matière de justice sociale parvient-elle aujourd'hui à réduire les inégalités ?

Introduction

Le mouvement des « gilets jaunes » s'est largement construit autour du sentiment d'injustice, d'une France à plusieurs vitesses. Ce mouvement, auquel le gouvernement a dû répondre, montre bien l'exigence des sociétés démocratiques en matière de justice sociale.

Les pouvoirs publics ont organisé un système d'imposition dans le but premier de financer les dépenses publiques. Au cours du XXe siècle, l'objectif de justice sociale s'est imposé et le développement de l'État-providence a renforcé les moyens de lutte contre les inégalités, en France comme dans la plupart des pays développés. Mais les inégalités ne se limitent pas aux différences de revenus ou de patrimoine. Elles revêtent aussi un caractère social ou culturel. Quels moyens l'État met-il en œuvre pour lutter contre les inégalités ? Dans quelle mesure parvient-il à réduire les inégalités aujourd'hui ?

Nous verrons que si les pouvoirs publics réussissent à réduire en partie les inégalités, elles persistent néanmoins dans de nombreux domaines.

I. Des actions au service de la réduction des inégalités

1. La redistribution permet de modifier la répartition des revenus.

La fiscalité et les prestations sociales : des moyens au service de la justice sociale (**docs. 2 et 3**). La progressivité de l'impôt et le versement de prestations sociales permet de réduire les inégalités et de relever le niveau de vie des plus pauvres.

2. Les services publics réduisent les inégalités et renforcent la cohésion sociale (doc. 1).

En offrant un accès gratuit aux services publics comme l'éducation, la santé ou les transports, les pouvoirs publics permettent à toute la population de s'intégrer à la vie sociale et professionnelle. Cela améliore la « capabilité » des plus pauvres et participe donc à la justice sociale (amélioration de l'égalité des chances)

3. L'État fait voter des lois et mène des campagnes de sensibilisation contre les discriminations et en faveur de l'égalité de tous. Lois sur l'égalité hommes/femmes, lois contre les discriminations ethniques, religieuses ou sur les minorités sexuelles.

L'action des pouvoirs publics réduit très nettement les inégalités économiques, en permettant une hausse des niveaux de vie et une réduction de la pauvreté. Par son action, notamment législative, l'État lutte également contre les discriminations. Cependant, l'intervention de l'État s'effectue aujourd'hui sous des contraintes financières fortes qui constituent des limites aux effets de son action.

II. Une action limitée aujourd'hui

1. Une contrainte budgétaire qui pèse sur les dépenses publiques et freine la réduction des inégalités.

La protection sociale est affaiblie et les services publics sont menacés par les exigences de baisse de la dépense publique (critères européens en matière de déficit et de dette)

2. Les inégalités économiques persistent (doc. 2) avec des écarts de revenus mais surtout de patrimoine importants et une pauvreté qui ne se réduit plus.

Des inégalités sociales et culturelles qui se traduisent par des écarts de réussite scolaire (**doc. 1**) ou de santé (espérance de vie) conséquents entre les différents groupes sociaux.

3. L'inertie des mœurs et la difficultés de mettre en œuvre des procédures judiciaires font que les discriminations liées au sexe, à l'ethnie ou aux choix sexuels demeurent, malgré les lois en vigueur.

Conclusion

La justice sociale reste l'objectif des États démocratiques qui cherchent à corriger les inégalités considérées comme injustes. Si les politiques de redistribution et la mise en place de services publics ont permis, au cours des Trente Glorieuses et jusqu'à aujourd'hui, de réduire les inégalités économiques dans les pays occidentaux, ce mouvement semble freiné depuis la crise de 2008. D'autres inégalités, culturelles, scolaires, demeurent – certaines s'aggravant – et posent un réel défi aux sociétés démocratiques.

CHAPITRE 12

L'action publique pour l'environnement

DE QUOI S'AGIT-IL ?

La population mondiale, en augmentation constante, consomme de plus en plus. Depuis les années 1970, les alertes se multiplient : Consommons-nous trop ? Que faire face au réchauffement climatique, à la dégradation de l'environnement et à l'épuisement des ressources naturelles ? Les acteurs de l'environnement se mobilisent pour trouver de nouvelles formes de croissance, tout en préservant le capital des générations futures. Comment s'articulent leurs actions ? De quels moyens disposent-ils ? À quelles difficultés se heurtent-ils ?

1 Les acteurs des questions environnementales

A Les acteurs publics

1. Les pouvoirs publics

Les pouvoir publics jouent un rôle fondamental dans la protection de l'environnement.

- Le gouvernement oriente les **dépenses publiques** en faveur (ou non) de projets durables et peut proposer des lois sur les questions environnementales (votées par le parlement). Le ministère de la Transition écologique et solidaire mène la politique environnementale concernant la biodiversité, le climat, la qualité de l'air, la mise en place de normes anti-pollution, etc.
- Les collectivités locales jouent aussi un rôle important. Par exemple, la mairie de Paris a mis en place des restrictions de circulation pour les véhicules les plus polluants. Le développement des transports publics municipaux ou régionaux peut permettre de réduire la circulation automobile. L'entretien de parcs naturels régionaux permet de préserver les écosystèmes.
- Les pouvoirs publics doivent concilier les objectifs environnementaux et les objectifs de croissance économique et de baisse du chômage. Si les mesures publiques en faveur de l'environnement sont jugées trop contraignantes, certaines entreprises peuvent menacer de se délocaliser, d'autres mettre en avant la perte de compétitivité qui en résulte. Si les mesures sont au contraire jugées trop faibles, les dirigeants risquent de perdre une partie de leur électorat.

Sachez que...
La « mise à l'agenda politique » est le fait de faire passer un problème privé dans la sphère publique. La mise à l'agenda nécessite une réaction et une intervention des pouvoirs publics.

2. Les organisations internationales

- L'Organisation des Nations unies a créé, lors de la conférence de Stockholm (1972), le **Programme des Nations unies pour l'environnement (PNUE)**. Son but est de trouver des moyens d'articuler la croissance économique et la réduction des inégalités mondiales, tout en préservant l'environnement et les ressources naturelles.
- Certains pays, dont la France, plaident pour la création d'une **Organisation mondiale pour l'environnement**, dotée d'un pouvoir de sanction et de moyens financiers plus importants que ceux du PNUE. Mais cette proposition se heurte à de fortes réticences, notamment de la part des États-Unis.

3. Les groupes d'experts

● Les groupes d'experts réunissent des scientifiques spécialistes des questions environnementales. Ces groupes établissent des rapports et peuvent chercher à influencer les pouvoirs publics.

● Le **Club de Rome** réunit depuis 1968 des scientifiques membres de l'OCDE. Son premier rapport, le **rapport Meadows** (1972), alerte sur les limites de la croissance, que l'on devrait atteindre vers le milieu du XXIe siècle, menant à un « effondrement » combiné et rapide de la population, des ressources et de la production alimentaire et industrielle par tête.

● Un certain nombre de groupes d'experts internationaux sur l'environnement sont créés sous l'égide de l'ONU. L'**Organisation météorologique mondiale (OMM)**, créée en 1950, a pour fonction de standardiser les mesures météorologiques et de mener des études sur le climat. Le **Groupe d'experts intergouvernemental sur l'évolution du climat (GIEC)**, créé en 1988, évalue l'état des connaissances sur les changements climatiques, en analyse les causes et les conséquences, et élabore les stratégies à mettre en œuvre. **L'IPBES** (Plateforme intergouvernementale sur la biodiversité et les services écosystémiques), créée en 2012, étudie la biodiversité.

B Les acteurs privés

1. Les entreprises

● Les entreprises utilisent les ressources naturelles pour produire des biens et des services marchands, dans la perspective de faire des profits. Leur activité, par nature, est à l'origine d'externalités environnementales négatives, notamment dans l'agriculture et dans l'industrie : surexploitation des ressources, émission de gaz à effet de serre (GES), rejet de produits toxiques, dépense énergétique.

● Certaines entreprises sont parfois impliquées dans des scandales écologiques, notamment dans le cadre de la sous-traitance internationale : certaines firmes multinationales peuvent choisir « d'ignorer » les conditions de production de leurs sous-traitants locaux, qui échappent aux normes environnementales des pays développés.

● D'autres, au contraire, mettent en place une politique sociale et environnementale responsable : lutte contre le gaspillage, recherche de solutions de recyclage, réduction de l'utilisation de produits toxiques, gestion durable des forêts, etc. Ces politiques constituent un outil de communication important, l'image de l'entreprise jouant pour beaucoup dans les choix de **consommation engagée**.

- Certaines entreprises parviennent à mettre en place un mode de production durable, visant la neutralité carbone (les émissions de CO_2 sont compensées par les économies d'énergies réalisées), ou créent des produits totalement intégrés dans un circuit de recyclage.

Sachez que...

L'entreprise néerlandaise Fairphone est à l'origine du premier téléphone modulaire. Elle propose à la vente les pièces détachées, un mode d'emploi, et un remplacement aisé des pièces défectueuses.

2. Les partis et la société civile

- En France, les **partis écologistes** se sont développés en même temps que la société post-industrielle, à partir du début des années 1970. Leur fonction est de renforcer la représentativité des idées écologiques lors des élections, mais ils restent souvent minoritaires. Depuis les années 1990, et surtout les années 2000, les autres partis prennent également en compte l'aspect environnemental dans leur programme électoral.
- Les **ONG** (organisations non gouvernementales) sont des organisations de la société civile, privées, dont l'objectif est de protéger ou de restaurer l'environnement, de lancer des alertes, d'attribuer des certifications (les écolabels). Elles peuvent être locales, nationales, ou internationales. Par exemple, le **WWF** (ou Fonds mondial pour la nature) calcule **l'empreinte écologique** et mène des actions locales dans différentes régions du monde. Les ONG peuvent constituer des groupes de pression très influents sur la prise de décision des pouvoirs publics. Elles peuvent porter plainte contre certaines entreprises non respectueuses des normes environnementales.
- Les **mouvements de citoyens** jouent aussi un rôle important. Ces derniers se révèlent parfois très efficaces, utilisant des actions symboliques pour attirer l'attention les médias : sittings et manifestations (Greta Thunberg a ainsi fait la « grève de l'école » devant le parlement suédois en 2018), marches pour le climat, occupations de zones protégées (par exemple, de 2014 à 2018, la ZAD – zone à défendre – de Notre-Dame-des-Landes, destinée à empêcher la construction d'un aéroport), pétitions, etc.

L'ESSENTIEL

Les acteurs des questions environnementales

- Il existe une multiplicité d'acteurs sur les questions environnementales : pouvoirs publics, ONG, entreprises, mouvements de citoyens, partis politiques.
- Ces acteurs peuvent entretenir des relations de coopération, mais peuvent aussi entrer en conflit.

2 Les échelles de l'action publique pour l'environnement

A Accords internationaux et politiques nationales et locales

1. Les conférences des parties (COP)

- En 1979, la première conférence mondiale sur le climat, organisée à Genève, lance un programme de recherche climatologique mondial. En 1990, le premier rapport du GIEC confirme l'existence du réchauffement climatique. L'activité humaine est responsable de ce changement.

- En 1992, le **Sommet de la Terre de Rio** met en place la **Convention-cadre des Nations unies sur les changements climatiques**. Elle vise à mettre en place un partenariat mondial afin de rendre l'activité humaine moins dangereuse pour le climat et de stabiliser les émissions de gaz à effet de serre. En 2018, elle est ratifiée par 197 pays (plus ceux de l'Union européenne), appelés « parties ». Les **COP** sont les **Conférences des parties**.

- La convention-cadre met en œuvre les « **agendas 21** ». Ce sont des engagements à diverses échelles (locale, nationale, internationale) de mise en œuvre de stratégies de développement durable : amélioration de la gouvernance, lutte contre la pauvreté, préservation des ressources naturelles, gestion des déchets, assainissement, gestion des transports, etc. Ces engagements sont **unilatéraux** (chaque pays s'engage volontairement vis-à-vis de la convention) et généralement **non contraignants** (il n'y a pas de sanction en cas de non-respect de l'engagement).

- Les COP ont permis la signature d'un certain nombre d'accords internationaux :

- En 1997, la COP 3 met en œuvre le **protocole de Kyoto** (marché de quotas d'émissions de CO2, appliqué de 2005 à 2012).

- En 2009, la conférence de Copenhague (COP15) valide l'objectif de contenir le réchauffement climatique en dessous des 2°C par rapport à 1850 (ère préindustrielle), mais aucun accord contraignant n'est signé.

- En 2010, les **accords de Nagoya** (Japon) visent à étendre les aires protégées à 17 % de la surface totale des terres et à 10 % de celle des océans de 2014 à 2020, et à instaurer un partage juste et équitable des ressources génétiques.

- En 2015, la **COP 21 (accords de Paris)** affirme l'objectif de contenir la hausse des températures bien en-deçà de 2°C, et de s'efforcer de la limiter à 1,5°C. 190 pays ont soumis un plan d'action climat.

2. Les objectifs de développement durable (ODD)

• Depuis 2010, le **PNUD (programme des Nations unies pour le développement)** fixe des objectifs visant à « **remettre le monde sur la voie d'un développement inclusif, durable et résilient** ». Chaque objectif définit plusieurs cibles. Par exemple, pour l'objectif 15 (« Vie terrestre ») : promouvoir la gestion durable de tous les types de forêt, lutter contre la désertification et restaurer les terres et sols dégradés, etc. Les cibles de développement durable orientent le financement par le PNUD de programmes de développement nationaux et locaux.

• La lutte contre les dégradations environnementales dans les pays en développement est conditionnée par différents aspects du développement humain : éradication de la pauvreté, développement de l'éducation, d'une agriculture et d'une industrie durables, gestion durable de l'eau et des déchets, accès à des services énergétiques durables, etc.

3. Les politiques régionales

• L'Union européenne est très active en ce domaine, et établit des normes environnementales parmi les plus strictes au monde. Les **directives européennes** sont contraignantes pour les États membres, qui ont pour obligation de les transposer dans le droit national.

• Ainsi, la **stratégie « climat et énergie » pour 2030** vise à réduire les émissions de gaz à effet de serre de l'UE de 40 % par rapport à leur niveau de 1990, à porter la part des sources d'énergie renouvelables à 32 %, et à accroître de 32,5 % l'efficacité énergétique. **Pour 2050,** l'objectif européen est d'atteindre une politique neutre sur le plan des émissions de gaz à effet de serre.

Sachez que…

Les objectifs nationaux dépendent de l'avancée du pays dans le domaine écologique concerné. Ainsi, pour 2020, la part des énergies renouvelables doit être de 10 % à Malte (pays le moins avancé) et de 49 % en Suède (pays le plus avancé en matière de bioénergie et d'énergie hydraulique).

B Une gouvernance locale adaptée

1. Analyser les systèmes socio-écologiques

• Un « **système socio-écologique** » ou « **social-écologique** » est un système qui repose sur une **dépendance mutuelle entre le système humain et le système naturel**. Il s'agit de définir les écosystèmes en prenant en compte l'ensemble des acteurs.

• **Elinor Ostrom** (prix Nobel 2009) analyse les conditions de fonctionnement d'un système social-écologique soutenable.

- Un « système socio-écologique complexe » est composé de quatre sous-systèmes essentiels : un système de ressources naturelles (par exemple, la forêt), des unités de ressources (les arbres, les fleurs), des utilisateurs (les promeneurs, les exploitants forestiers, les populations locales) et un système de gouvernance (le gouvernement, les collectivités locales, les ONG, le système de droits de propriété).
- Il est important de définir quelles sont les interactions entre les utilisateurs : coopèrent-ils ? Quels sont les conflits qui les opposent ? Comment sont prises les décisions ?
- Il s'agit également d'identifier les résultats de la gestion des systèmes de ressources naturelles : Pourquoi sont-ils durables, alors que d'autres sont surexploités et pollués ? Quelles en sont les conséquences sociales et écologiques ? Les mesures prises sont-elles équitables entre tous les utilisateurs ?

2. Les principes de gouvernance

- Elinor Ostrom, en 1990, définit les **principes de gouvernance** nécessaires à la mise en place d'un système socio-écologique soutenable.
- Les choix de gouvernance sont spécifiques à chaque système, il n'existe pas de système idéal. Cependant, il est préférable de favoriser toutes les institutions (ONG, communauté de citoyens…) qui peuvent constituer une voie intermédiaire entre une privatisation totale des ressources (gestion du système par les entreprises) et une nationalisation totale des ressources (gestion par les pouvoirs publics).
- Les utilisateurs d'un même système de ressources ne doivent pas être trop nombreux, les interdépendances entre ces derniers devant être valorisées par les institutions pour pouvoir obtenir un consensus. Les coûts d'entretien de la ressource doivent être couverts par les bénéfices de son exploitation dans une proportion suffisante. Les droits de propriété sur la ressource, ainsi que les règles organisant son utilisation, doivent être clairement définis. Les usagers doivent être consultés sur l'élaboration des règles d'utilisation et être impliqués dans leur supervision. Les sanctions appliquées aux contrevenants doivent être adaptées au délit. Les institutions locales doivent être investies d'une autorité suffisante pour gérer les conflits.
- La gouvernance locale, pour être efficace, doit pleinement impliquer les usagers des ressources et son autorité être reconnue par les pouvoirs publics. C'est la condition d'une gestion durable du système socio-écologique.

L'ESSENTIEL

Les échelles de l'action publique pour l'environnement

- L'action publique pour l'environnement s'articule à différentes échelles.
- L'échelle internationale peut déterminer les grandes orientations, appliquées à des niveaux nationaux ou locaux.
- Il faut tenir compte de l'implication des acteurs locaux pour que les politiques soient efficaces.

3 Les instruments de lutte contre les externalités négatives

A La taxation et la subvention

1. Internaliser les externalités

- Les externalités sont les conséquences d'une action économique ne donnant pas lieu à une compensation monétaire. En 1920, l'économiste **Arthur Cecil Pigou** réfléchit à une solution optimale pour limiter les externalités négatives liées à l'activité humaine.
- La dégradation de l'environnement est une externalité négative de l'activité de production : le coût privé, supporté par le producteur, est inférieur au coût social, supporté par la collectivité. Le producteur a tendance à produire plus qu'il ne le ferait s'il supportait la totalité du coût de son activité.
- Il peut aussi exister des externalités positives, lorsque l'utilité sociale bénéficiant à la collectivité est supérieure au bénéfice privé du producteur. Dans ce cas, le producteur produit moins qu'il ne le devrait.
- **La solution est donc d'internaliser les externalités** : c'est-à-dire faire supporter au producteur la différence de coût, par le biais d'une taxe, en cas d'externalités négatives, et de bénéficier de la différence de gain (via une subvention) en cas d'externalité positive. Cette mesure entraîne une modification des incitations des agents économiques.

2. Les politiques de « pollueur-payeur »

- La mise en place d'une taxe (par exemple, sur les émissions de CO_2) impacte les décisions des agents économiques. Tant que le coût marginal de réduction d'une tonne de CO_2 est inférieur au montant de la taxe, les agents économiques ont intérêt à diminuer leurs émissions. S'il est plus élevé, ils ont plutôt intérêt à payer la taxe.

- La taxation environnementale peut entraîner un **double dividende** : en augmentant les recettes fiscales, elle permet de diminuer les taxes pesant sur les autres activités économiques, et ainsi favoriser l'emploi. Il faut cependant que ces effets positifs soient supérieurs aux effets négatifs : la hausse des coûts pour les entreprises polluantes induit une perte de compétitivité, et une dégradation de l'activité économique.

- Dès 1990, la Finlande et la Pologne mettent en place une « **taxe carbone** », consistant à taxer les entreprises utilisant des énergies fossiles, responsables de l'effet de serre. En 1991, elle est adoptée par la Suède et la Norvège. En Suède, les émissions de GES ont ainsi été réduites de moitié entre 1991 et 2018. L'exemple est rapidement suivi par d'autres pays comme le Danemark, la Slovénie et l'Estonie.

- En France, le **Grenelle de l'environnement** (2007) met en place le principe du bonus-malus écologique pour les automobiles et les appareils électroménagers. Les produits les plus énergivores sont taxés, les appareils peu consommateurs en énergie sont subventionnés.

- Le Grenelle développe par ailleurs le projet de taxe carbone, qui n'est pas mis en œuvre. Il est rejeté par le Conseil constitutionnel, le principe d'égalité des contribuables devant l'impôt n'étant pas respecté. La loi est abandonnée par le gouvernement en 2010, par crainte de faire perdre aux entreprises françaises leur compétitivité vis-à-vis de la concurrence européenne.

- En 2014, la France introduit une « contribution climat énergie » dans les taxes portant sur la consommation d'énergies fossiles, proportionnelle aux émissions de CO_2, ce qui revient à introduire une taxe carbone.

Sachez que...

Le prix de la tonne de CO_2 en France est de 44 euros en 2018, soit trois fois moins qu'en Suède, où elle est à 120 euros (prix le plus élevé au monde).

3. Les subventions à l'innovation verte

- La subvention incite les agents économiques à diminuer leur pollution, tant que le coût marginal des efforts de réduction est inférieur au montant de la subvention. S'il est plus élevé, l'incitation à réduire leur pollution est nulle.

- Les subventions environnementales accroissent les dépenses publiques. Elles nécessitent ainsi d'augmenter les impôts pesant sur les autres activités économiques et peuvent être, au final, défavorables à l'emploi.

- Le montant de la subvention doit donc être calculé de manière à ce qu'elle soit incitative, sans trop augmenter les dépenses publiques. Ce montant est parfois très difficile à évaluer dans la pratique. Par exemple, estimer la quantité de CO_2 qui aurait été émise si la subvention n'avait pas existé est très hypothétique. L'entreprise peut par ailleurs produire davantage et utiliser plus intensément les équipements subventionnés, parce qu'ils lui coûtent moins cher, ce qui annule les effets de la mesure.

- En janvier 2020, dans le cadre du **Pacte vert**, Ursula von der Leyen, présidente de la Commission européenne, a annoncé la volonté de consacrer 25 % du budget européen à l'environnement, ainsi que la création d'un Fonds de transition écologique de 7,5 milliards d'euros entre 2021 et 2027. Chaque région concernée doit compléter la subvention à hauteur d'au moins 150 %.

B Les marchés de quotas

1. Le marché pour internaliser les externalités

- En 1960, **Ronald Coase** explique que le moyen le plus efficace pour internaliser les externalités est de recourir au marché.
- Les acteurs économiques peuvent conclure un accord à partir du moment où les externalités sont individualisées. Par exemple, les externalités positives que se procurent mutuellement un apiculteur et un cultivateur peuvent être internalisées par la fusion des deux entreprises. Si l'externalité négative est accidentelle et qu'il est possible d'identifier les personnes lésées, l'internalisation consiste à verser des dommages et intérêts.
- Lorsque les externalités négatives sont plus globales (les émissions de CO_2 par exemple), il est nécessaire de créer des **marchés de quotas d'émissions**. Les quotas de droits à polluer sont des droits de propriété, répartis entre les émetteurs, que ces derniers peuvent échanger sur le marché. Dans un cadre de concurrence pure et parfaite, les prix établis sur le marché reflètent, en théorie, le coût social.

2. Les marchés de quotas d'émission de CO_2

- Signé en 1997 dans le cadre de la COP 3, le **Protocole de Kyoto** est en vigueur entre 2005 et 2012. Ratifié par 186 pays, dont 36 pays développés, à l'exception des États-Unis et de l'Australie, il est contraignant pour les pays développés, mais pas pour les pays en développement.
- Son objectif est de réduire les émissions de CO2 des pays développés de 5,2 % entre 2008 et 2012, par rapport à leur niveau de 1990, en instaurant un marché de quotas d'émissions de gaz à effet de serre (GES). Les quotas sont émis par les pouvoirs publics et soumis aux enchères. Les entreprises arbitrent entre l'achat de quotas (qui leur donnent le droit d'émettre une certaine quantité de GES) et l'investissement dans des technologies moins polluantes. Elles peuvent échanger ces quotas sur un marché, menant à la fixation d'un prix d'équilibre.

● Les résultats de cet accord sont très mitigés. Les négociations se sont avérées difficiles et l'absence de coopération a favorisé les comportements de passager clandestin. Après 2012, aucun nouvel accord n'a été signé.

● En 2005, l'Union européenne met en place un marché des quotas d'émissions de CO_2. L'objectif à long terme est de réduire, d'ici à 2050, les émissions de 80 à 95 % par rapport au niveau de 1990. Si ce marché a permis l'introduction de moteurs automobiles plus propres et une réduction des émissions CO_2 par véhicule, l'augmentation du trafic routier et aérien contrebalance ces résultats : on parle « **d'effet rebond** ». De plus, l'Union européenne émet trop de quotas, et le prix de la tonne de CO_2 est trop faible pour inciter les entreprises à investir dans des technologies plus propres.

Sachez que...

Il existe un effet rebond lorsque l'amélioration de l'efficacité énergétique d'une ressource est compensée par une utilisation accrue de cette ressource.

3. Les marchés de quotas d'eau

● L'Australie (à la fin des années 1980) et la Californie (au début des années 1990) ont mis en place des marchés de quotas dans la gestion de l'eau, suite à des épisodes de sécheresse. Ces marchés s'adressent essentiellement aux agriculteurs.

● L'objectif est d'augmenter la rentabilité économique de l'eau. Les agriculteurs peuvent s'échanger leurs quotas sur un marché, ce qui permet de fixer un prix à l'eau. En période de sécheresse, le prix augmente, en période de pluies, il diminue.

● Certaines associations écologistes y sont favorables car fixer un prix élevé à l'eau permet de lutter contre les gaspillages et de préserver les écosystèmes. D'autres s'y opposent, arguant que cela s'oppose au droit humain fondamental que constitue l'accès à l'eau.

● En Australie, les marchés ont d'abord amplifié la consommation d'eau et aggravé la salinisation des sols. À partir de 1995, le contrôle de l'État s'est renforcé, et les quotas ont été réduits, augmentant le prix de l'eau et provoquant la faillite d'exploitants agricoles. Les résultats sont donc ambivalents.

C La réglementation

1. Les principes

● L'approche réglementaire consiste à **fixer des normes**, dont le non-respect est passible de sanctions, administratives ou pénales.

● C'est l'instrument le plus utilisé, car les décisions sont faciles et rapides à prendre pour les pouvoirs publics : il suffit de publier un décret ou un règlement.

- Ces mesures ont un effet limité sur les budgets publics. Elles ne nécessitent pas d'augmenter les dépenses publiques, ni les impôts. Elles peuvent constituer un instrument de protectionnisme.
- Elles peuvent se heurter néanmoins à l'opposition de certains lobbies.

2. Les plafonds

- Il peut s'agir, par exemple, de **seuils à ne pas dépasser** (comme pour les émissions de CO_2).
- La difficulté est d'adapter la norme au coût marginal de dépollution. Si la norme est trop laxiste, les agents ne sont pas suffisamment incités à engager des coûts de dépollution. Si elle est trop stricte, le coût de dépollution est trop élevé, ce qui peut nuire à l'activité économique.
- Les plafonds doivent être fixés de manière à ce que le coût marginal d'une tonne de CO_2 soit identique pour tous les agents économiques. Or, les pouvoirs publics fixent souvent des plafonds uniformes : l'incitation à réduire les émissions de CO_2 n'est donc pas la même pour tous. Les plafonds peuvent être difficiles à respecter pour les entreprises qui ont déjà engagé des dépenses de dépollution et au contraire être peu contraignants pour celles qui engagent peu de dépenses.

3. Les normes de procédé

- Elles rendent obligatoires l'usage de certains équipements, ou spécifient certaines qualités. Par exemple, l'usage de pots d'échappement catalytiques, réduisant la nocivité des gaz émis par les véhicules automobiles, sont obligatoires dans de nombreux pays depuis la fin des années 1990. Depuis 1993, en France, toute entreprise qui vend des produits emballés doit pourvoir à leur recyclage.
- Les normes de procédé ne sont efficaces que si la puissance publique a la capacité d'en contrôler l'application. C'est un problème **d'aléa moral** : le pollueur peut être incité à ne pas effectuer les dépenses, si le coût anticipé de la sanction est inférieur au coût de la dépense de dépollution. Pour les pouvoirs publics, il est plus facile (et moins coûteux) de vérifier une norme de procédé qu'un plafond d'émission.

Sachez que...
Le groupe Volkswagen, actuellement en procédure judiciaire, est accusé d'avoir réduit artificiellement les émissions de certains de ses moteurs diesel lors des contrôles, de 2009 à 2015.

4. Les interdictions

- L'interdiction est très efficace pour les pollutions les plus dangereuses : il suffit d'interdire une activité ou l'utilisation d'un produit.

- Par exemple, 180 États ont interdit en 1987 (protocole de Montréal) les gaz de ChloroFluorocarbones (CFC) utilisés dans les bombes aérosols, la climatisation ou la réfrigération. Ces gaz avaient provoqué une destruction de la couche d'ozone, augmentant le passage des ultraviolets (UV), et les risques de cancer de la peau. Depuis, le « trou » de la couche d'ozone s'est refermé.
- Certaines mesures visent à limiter la consommation d'énergie, responsable d'émissions de GES. Ainsi, en France, depuis 2018, les ampoules halogènes sont interdites au profit des LED, moins énergivores.

L'ESSENTIEL

Les instruments de lutte contre les externalités négatives

- Les pouvoirs publics disposent d'un certain nombre d'instruments pour lutter contre les externalités négatives : marchés de quotas, taxation, subventions, réglementation.
- Chaque instrument présente des avantages et des limites, ce qui explique leur utilisation combinée.
- Leur mise en œuvre peut se heurter à des dysfonctionnements de l'action publique.

4 Bien commun et gouvernance internationale

A La tragédie des biens communs

1. Le modèle de Hardin

- **Garrett Hardin** décrit, en 1968, le mécanisme de la « **tragédie des communs** ».
- Hardin part du principe que les individus sont utilitaristes et rationnels, et qu'ils ne coopèrent pas entre eux. Il prend l'exemple d'un pâturage commun, dans lequel chaque villageois peut venir faire paître son troupeau. À chaque nouvel animal qui vient paître dans le champ, l'utilité totale de l'éleveur augmente, mais son utilité marginale, mesurée par la valeur du dernier animal ajouté, décroit. Le coût supporté par l'éleveur est celui de l'animal divisé par le nombre d'éleveurs ayant accès au champ, puisque tous les éleveurs participent à son entretien. Le bénéfice par animal est donc toujours supérieur au coût que l'éleveur doit supporter.
- En conséquence, il est rationnel pour chaque éleveur de faire paître le plus d'animaux possible, le plus rapidement possible, avant que les autres éleveurs ne fassent de même. Le pâturage devient alors rapidement inutilisable.

2. Le problème de l'exploitation des ressources communes

- La **tragédie des biens communs** concerne les ressources, généralement naturelles, librement accessibles à une communauté d'acteurs.
- Ces biens communs sont **non exclusifs** : il est soit impossible d'en interdire l'accès, soit coûteux et difficile d'établir des droits de propriété. L'océan en est un bon exemple : il est possible de délimiter des zones de pêche, mais pas toujours de contrôler l'activité des pêcheurs.
- Ce sont également des **biens rivaux**. L'utilisation de la ressource par un consommateur réduit l'utilité des autres consommateurs. Par exemple, la pêche réduit le nombre de poissons disponibles pour les autres pêcheurs.
- La croissance économique actuelle aboutit à une surexploitation et à une disparition des biens communs. Les ressources renouvelables sont consommées à un rythme plus rapide que celui de leur régénération, et le climat se dégrade. C'est une défaillance de marché.
- Le développement n'est durable que si le stock de capital est au moins constant. Les partisans de la soutenabilité forte défendent la mise en place de politiques de protection de l'environnement visant à maintenir le stock de capital naturel pour les générations futures. La thèse de la soutenabilité faible soutient que la baisse du stock de capital naturel peut être compensée par l'augmentation d'autres formes de capitaux (voir Zoom sur p. 285).

B Gouvernance internationale et comportements de passager clandestin

1. Les stratégies de passager clandestin

- En 2016, **Jean Tirole** explique l'inefficacité des politiques environnementales par l'**absence d'une autorité supranationale** capable de palier les failles des politiques unilatérales (nationales et non coordonnées au niveau mondial).
- Les comportements de **passager clandestin** constituent l'une de ces failles. Chaque pays agit d'abord dans son propre intérêt, tout en profitant des efforts des autres. En effet, à long terme, les efforts menés par certains pays pour réduire massivement les émissions de gaz à effet de serre devraient procurer des bénéfices importants à l'ensemble de la population mondiale.
- Mais les États sont peu enclins à supporter seuls les coûts d'une telle politique, la majorité des bénéfices profitant en réalité à d'autres pays. Un pays ne représentant que 1 % de la population mondiale et supportant 100 % des coûts d'une politique verte, n'en tirera que 1 % des bénéfices.

- De même, les générations actuelles sont relativement égoïstes vis-à-vis des générations futures et donc peu enclines à accepter une politique environnementale qui ne leur profitera pas directement.

- Les politiques visant à réduire les émissions demeurent donc insuffisantes, les États ne parvenant pas à en internaliser les bénéfices. Seul un **accord global** ou la mise en place **d'institutions supranationales contraignantes** peuvent résoudre la question du climat.

2. Fuites de carbone et incitations à retarder les réformes

- Pour Jean Tirole, le phénomène du passager clandestin est amplifié par le **problème des « fuites de carbone »**. Une politique unilatérale taxant les industries émettrices de carbone réduit la compétitivité de ces dernières. Soumises à la concurrence internationale, elles risquent de délocaliser leur production vers des pays plus pauvres et moins exigeants en termes de fiscalité et de normes anti-pollution.

- De même, augmenter le prix national de l'essence ou du fioul, dans le but de réduire la demande d'énergies fossiles, tend en réalité à faire baisser le cours mondial de ces énergies, entraînant une augmentation de la demande dans les autres pays. Le bénéfice écologique de cette mesure est donc limité.

- Enfin, il existe des **incitations à retarder les réformes**. Si un pays fait peu d'efforts aujourd'hui, il sera en position de force pour négocier un accord global dans le futur : dans la mesure où il aura beaucoup à perdre, il pourra exiger davantage de compensations (par exemple, des indemnités pour renoncer à l'exploitation d'une énergie fossile, plus rentable qu'une énergie verte).

Sachez que...

Donald Trump (président des États-Unis) et Jair Bolsonaro (président du Brésil) se sont retirés des accords de Paris (COP 21), respectivement en 2017 et 2019.

3. Les inégalités de développement

- Par ailleurs, les inégalités de développement entre les États constituent un obstacle important à la mise en place d'une politique commune.

- La plupart des pays pauvres ont pour priorité l'augmentation du niveau de vie de leur population. Elle peut entrer en contradiction avec les politiques de développement durable de la plupart des pays riches visant au contraire à réduire la croissance.

- Les politiques de préservation de l'environnement mises en place peuvent ainsi se heurter au comportement d'une population locale qui cherche à améliorer son niveau de vie : braconnage dans des zones protégées, déforestation, etc.

- La mise en place d'un mode de production durable et d'énergies propres peut être coûteuse : les pays pauvres n'ont pas forcément les moyens de la financer.

- La part des services étant plus importante dans les pays riches, il leur est plus facile de réduire leurs émissions de gaz à effet de serre que certains pays en développement, où le poids de l'industrie est plus important.

- Les pays en développement pèsent difficilement dans les négociations internationales. La COP15, par exemple, s'est avérée un échec pour les pays insulaires, le G77 (groupe de pays en développement), la Chine et l'Alliance bolivarienne pour les Amériques qui souhaitaient fixer à 1,5 degré le seuil de réchauffement climatique par rapport à 1850, et non à 2 degrés.

- Enfin, il est délicat, d'un point de vue politique, d'exiger des pays pauvres d'appliquer les mêmes mesures que les pays riches qui sont les principaux responsables des dégradations environnementales, du fait de leur mode de vie. Sur le plan historique, ils ont profité des effets de la révolution industrielle, tout en exploitant les ressources naturelles des colonies, avec parfois des effets dévastateurs sur leurs écosystèmes locaux.

L'ESSENTIEL

Bien commun et gouvernance internationale

- La défense de l'environnement comme bien commun mondial passe par la mise en place d'accords internationaux, pour lutter contre les comportements de passager clandestin.
- La mise en œuvre de ces accords se heurte elle-même à des stratégies de passager clandestin, et à des problèmes d'inégalités de développement entre pays.

ZOOM SUR...

Les soutenabilités faible et forte

1 Définition de la soutenabilité

➜ Le terme de développement durable, ou soutenable, remonte au **rapport Brundtland** rédigé par la Commission mondiale pour l'environnement et le développement de l'Organisation des Nations unies (1987). « Le développement durable est celui qui répond aux besoins du présent sans compromettre la capacité des générations futures à répondre à leurs propres besoins ».

➜ Cette définition répond à une **exigence d'équité** :

- **intragénérationnelle** : la distribution des biens essentiels doit être juste au sein de la génération actuelle. Elle nécessite de réduire les inégalités internationales (les pays les plus pauvres étant les premiers à subir les dégradations environnementales), et internes aux pays.

- **intergénérationnelle** : il faut réserver une partie de ces biens à la satisfaction des besoins des générations futures.

➜ La notion de « soutenabilité » entraîne un débat important dans la science économique.

2 La soutenabilité faible

➜ Les économistes néo-classiques estiment que la **croissance économique est non seulement compatible avec le développement durable, mais qu'elle lui est nécessaire**. Elle permet selon eux de transmettre aux générations futures un capital à l'identique, les capitaux étant supposés substituables.

➜ Si le capital est défini comme un bien permettant de produire d'autres biens, **tous les facteurs de production sont du capital** :

- **capital naturel** : ressources naturelles épuisables (par exemple, le pétrole) et ressources naturelles renouvelables (par exemple, les poissons) ;

- **capital physique** : machines, etc. ;

- **capital humain** : main-d'œuvre et ensemble des connaissances ;

- **capital social et institutionnel :** institutions et qualité relationnelle entre les membres d'une société participant au bon fonctionnement de l'économie.

➜ L'épuisement du capital naturel peut donc être remplacé par l'accroissement des autres types de capitaux, physique, humain et institutionnel. Il suffit que le niveau de capital global à la période t+1 soit au moins égal au niveau de la période t.

→ Le progrès technique peut, par exemple, permettre la découverte et l'utilisation d'énergies renouvelables peu polluantes : Li-Fi (transmission des informations numériques par la lumière), moteur à hydrogène, énergies photovoltaïques et éoliennes, etc.

3 La soutenabilité forte

→ Le courant de l'économie écologique estime au contraire que **la croissance économique et le développement durable sont incompatibles**. Selon lui, **les capitaux sont complémentaires** et ne peuvent donc pas se substituer les uns aux autres. **Les phénomènes naturels et économiques sont irréversibles**.

→ De plus, le capital naturel, spécifique car non produit par l'homme, n'est pas facilement remplaçable. Il existe indépendamment de son utilité économique et est interdépendant des systèmes humains. Par exemple, certaines zones sont devenues particulièrement sensibles aux tsunamis ou aux ouragans en raison de la déforestation.

→ Le capital naturel ne peut donc pas être traité comme les autres capitaux par l'analyse économique. Pour maintenir son stock à disposition des générations futures, il faut soit pouvoir le produire, soit ne pas l'utiliser (ce qui suppose une croissance nulle, voire une décroissance).

Mots clés

- **Aléa moral :** comportement opportuniste consistant à profiter d'une asymétrie d'information pour ne pas respecter un contrat.

- **Bien commun (ou ressource commune) :** bien rival (son utilisation par un consommateur réduit l'utilité des autres consommateurs) et non exclusif (on ne peut pas empêcher son utilisation). Le climat est un bien commun.

- **Capital naturel :** ressources naturelles disponibles.

- **COP :** conférence des parties, réunissant les États souhaitant mettre en œuvre une action coordonnée au niveau international afin de préserver l'environnement.

- **Développement durable ou soutenable :** développement cherchant à préserver le bien-être des générations futures en maintenant le stock de capital existant, tout en réduisant les inégalités actuelles.

- **Empreinte écologique :** elle mesure la quantité de ressources naturelles (exprimée en quantités de terres) utilisées par l'homme au cours d'une année.

- **Externalité :** effet d'une action économique, bénéfique ou néfaste, ne donnant pas lieu à une compensation monétaire.

- **Gouvernance :** mode d'organisation, de contrôle et de régulation entre différentes parties prenantes. La gouvernance mondiale de l'environnement dépend des relations entre les différents acteurs de l'environnement (pouvoirs publics, ONG, entreprises…).

- **Passager clandestin :** comportement opportuniste consistant à profiter d'avantages communs sans en payer le coût.

- **Système socio-écologique :** système défini en fonction des interrelations existant entre l'organisation humaine (système social) et l'environnement (système naturel).

- **Taxe carbone :** impôt proportionnel aux émissions de gaz à effet de serre émis, convertis en CO_2.

Les auteurs importants

Ronald COASE (1910-2013)

Fondateur de la théorie des coûts de transaction qui considère que tout échange sur un marché a un coût (information, prospection...). Il s'oppose à Pigou en contestant l'action de l'État pour lui préférer celle d'un marché des droits de polluer.

Arthur Cecil PIGOU (1877-1959)

Économiste britannique néoclassique, il publie *The Economics of Welfare* (« L'Économie du bien-être ») en 1920, qui fut l'un des ouvrages fondateurs de l'analyse des externalités, où il introduit le concept de pollueur-payeur et légitime l'intervention de l'État à ce niveau, malgré son attachement au libéralisme.

Elinor OSTROM (1933-2012)

Politologue et économiste états-unienne. Elle est la première femme à avoir obtenu le prix Nobel d'économie, en 2009. Membre du courant institutionnaliste, ses travaux portent sur l'analyse des biens communs et des systèmes de gouvernance.

Jean TIROLE (né en 1953)

Économiste français. prix Nobel d'économie en 2014, ses travaux portent sur l'économie industrielle. Il applique la théorie des jeux et la théorie de l'information à différents domaines d'étude.

Document majeur

Doc. Le problème du coût social

La conclusion à laquelle semblent avoir abouti la plupart des économistes [...] est qu'il serait souhaitable de rendre le propriétaire de l'usine responsable du préjudice subi par ceux que la fumée incommode, ou encore, d'imposer une taxe au propriétaire de l'usine, taxe qui varierait avec la quantité de fumée produite et équivaudrait en termes monétaires au préjudice causé. [...]

Une [...] raison pour laquelle on ne réussit pas à mettre sur pied une théorie satisfaisante pour traiter le problème des effets de nuisance provient de l'interprétation donnée au concept de facteur de production. On le considère généralement comme une entité physique que l'entrepreneur acquiert et utilise (un hectare de terre, une tonne d'engrais) au lieu de l'envisager comme un droit de réaliser certaines actions (physiques). Nous parlons d'une personne qui détient de la terre et l'utilise comme facteur de production, mais ce que le propriétaire terrien détient en fait, c'est le droit de se livrer à une liste d'actions limitées. Les droits d'un propriétaire terrien ne sont pas illimités . Il ne lui est pas toujours possible de déplacer la terre en y creusant des carrières (par exemple). [...]

Si les facteurs de production sont considérés comme des droits, il devient facile comprendre que le droit de faire quelque chose qui a des effets nuisibles (comme par exemple faire de la fumée, faire du bruit, des odeurs, etc.) constitue également un facteur de production. [...] Le coût d'exercice d'un droit (ou d'utilisation d'un facteur de production) équivaut toujours à la perte subie pour d'autres, en conséquence de l'exercice de ce droit – l'impossibilité de traverser un terrain, de garer une voiture, de construire une maison, de profiter d'une vue, d'avoir du calme ou de respirer de l'air pur. [...]

Lorsque nous préconisons certains aménagements sociaux, nous devons avoir en vue tous leurs effets possibles.

Ronald Coase « Le problème du coût social », *in* Robert et Nancy Dorfman, *Économie de l'environnement*, Paris, Calmann-Lévy, 1975, p. 129-167.

Exercice

Vérifiez vos connaissances

Répondre Vrai ou Faux aux assertions suivantes :

1. Les entreprises, par nature, polluent.
2. Pour les partisans de la soutenabilité forte, les capitaux peuvent se compenser entre eux.
3. Dans le cadre des marchés de quotas, l'État fixe le prix d'échange.
4. Dans le cas d'une externalité négative, le coût social est supérieur au coût privé.
5. Pour Arthur Cecil Pigou, il faut internaliser les externalités positives au moyen d'une taxation.
6. Pour Jean Tirole, la seule solution aux problèmes de climat est de mettre en place une taxation.
7. La réglementation est l'instrument le plus utilisé par les pouvoirs publics pour lutter contre les externalités.

Sujet de bac

Étude d'un document

Doc. **Écotaxes et émissions de gaz à effet de serre**

	Écotaxes, en % du produit total des impôts et des cotisations sociales	Émissions de gaz à effet de serre (unités équivalent CO_2 par habitant)
Année	**2018**	**2017**
Union européenne - 27 pays (à partir de 2020)	5,99	8,9
République tchèque	6	12,3
Allemagne (jusqu'en 1990, ancien territoire de la RFA)	4,45	11,3
Estonie	8,31	16
Irlande	6,91	13,3
Espagne	5,28	7,7

France	5,12	7,2
Italie	7,84	7,3
Luxembourg	4,36	20
Pologne	7,72	11
Roumanie	7,95	5,9
Suède	4,76	5,5
Royaume-Uni	6,95	7,7
Islande	3,45	17,2
Norvège	5,5	10,3

Eurostat, 2020

Question 1. Quelles sont les différences entre les pays européens en termes de fiscalité écologique ?

Question 2. Ces efforts sont-ils corrélés aux résultats en termes d'émissions de gaz à effet de serre ?

POINT MÉTHODE

1 Compréhension des termes

- Le terme « écotaxe » représente l'ensemble des recettes fiscales environnementales, c'est-à-dire la fiscalité écologique.
- Pour les émissions de gaz à effet de serre, on prend en compte différents gaz (dioxyde de carbone ou CO_2, méthane, oxyde nitreux, gaz fluorés), puis on convertit leurs effets en une unité de mesure unique (celle du CO_2).

2 Utilisation des données

- Pour la première question, il s'agit de comparer le poids de l'imposition entre les pays européens. Il faut donc faire des lectures en pourcentage et calculer des écarts (absolus et relatifs).
- Pour la deuxième question, il faut comparer des pays similaires en termes de développement et de fiscalité écologique, puis observer les similitudes, ou les différences, d'émissions de CO_2.

Exercice

1 **Vrai.** Elles utilisent les ressources naturelles pour créer des biens et des services dans la perspective de faire des profits. Cependant, certaines ont un comportement plus soutenable que d'autres.

2 **Faux.** Le capital naturel est spécifique. Les dégradations environnementales sont irréversibles, et ne peuvent être compensées par les autres capitaux.

3 **Faux.** L'État fixe les droits de propriété et détermine le montant des quotas, mais c'est le marché qui en fixe le prix.

4 **Vrai.** Le producteur ne paye que le coût privé, mais pas la différence entre le coût social et le coût privé.

5 **Faux.** Il faut utiliser la subvention.

6 **Faux.** Elle engendrerait des fuites de carbone. Il faut un accord international contraignant.

7 **Vrai,** mais elle peut se heurter à des dysfonctionnements.

Sujet de bac

Étude d'un document

1. Quelles sont les différences entre les pays européens en termes de fiscalité écologique ?

En moyenne, en 2018, la part des écotaxes dans le total des recettes fiscales des 27 pays de l'Union européenne est de 6 %. Certains pays comme la République tchèque, l'Espagne ou la France sont dans cette moyenne. D'autres sont bien en-deçà. Par exemple, seulement 3,45 % des prélèvements obligatoires en Islande sont composés de recettes fiscales environnementales.

D'autres enfin ont une fiscalité environnementale très au-dessus. Par exemple, la part des écotaxes en Estonie est de 2,3 points plus élevée que celles de la moyenne de l'UE. En Italie, elle est de 1,9 point plus élevée.

2. Ces efforts sont-ils corrélés aux résultats en termes d'émissions de gaz à effet de serre ?

On peut voir un lien entre la part des écotaxes et les émissions de gaz à effet de serre (GES). Les deux pays de l'échantillon les plus pollueurs sont ceux dont la part de fiscalité environnementale est la plus faible. Par exemple, un habitant du Luxembourg a émis 20 unités de CO_2 en 2017, alors que la part de la fiscalité environnementale est seulement de 4,4 % en 2018. De même, les émissions de GES sont de 17,2 unités de CO_2 par habitant en Islande, alors que les taxes environnementales ne représentent que 3,45 % des impôts et cotisations sociales.

Cependant, la corrélation est loin d'être systématique. En Suède, les émissions de GES par habitant sont les plus faibles (seulement 5,5 unités), alors que la fiscalité environnementale ne représente que 4,8 % des prélèvements obligatoires. Il s'agit peut-être d'un effet de structure, le poids des prélèvements obligatoires étant traditionnellement élevé en Suède.

En conclusion, le poids de la fiscalité environnementale est un indicateur de l'effort du pays en termes d'environnement, mais il est insuffisant pour l'expliquer, puisqu'il existe d'autres instruments à disposition des pouvoirs publics.

Fiches méthode

INDICES, TAUX DE CROISSANCE ET COEFFICIENT MULTIPLICATEUR

1 Comprendre

Il s'agit ici de chiffrer des écarts ou de mesurer des évolutions.

Mise en indice

■ Mettre en indice présente l'avantage de **rendre comparables deux phénomènes**, et de faire apparaître par simple lecture le taux de croissance.

■ **Pour transformer une série statistique en série en indice,** rapporter l'ensemble des données de la série à une donnée de base prise comme unité, et multiplier le tout par 100.

■ Si In est l'indice de l'année *n*, V_0 la valeur prise par le phénomène l'année de base, et V_n sa valeur l'année *n*, l'opération est :

$$I_n = \frac{V_n}{V_0} \times 100$$

Taux de croissance (ou taux de variation)

■ **Il mesure le pourcentage d'accroissement** d'un phénomène entre deux dates, de combien un phénomène a augmenté entre une date de départ et une date d'arrivée.

C'est le rapport : $$\frac{(\text{v. finale} - \text{v. initiale})}{\text{v. initiale}} \times 100$$

Comme les pourcentages, un taux de croissance n'a pas de signification en soi et il faut toujours dire quel phénomène a augmenté, et de quand à quand.

Coefficient multiplicateur

■ **Il permet de savoir par combien a été multipliée une valeur** entre deux périodes, ou de mesurer un écart entre deux grandeurs au même moment.

■ Il se calcule ainsi :

Pour une évolution : $$\frac{\text{Valeur finale}}{\text{Valeur initiale}}$$

Pour un écart : $$\frac{\text{Valeur donnée A}}{\text{Valeur donnée B}}$$

■ Si un document présente une série d'augmentations successives en pourcentages, se rappeler qu'elles ne peuvent pas s'ajouter. Mais les coefficients multiplicateurs, eux, peuvent être multipliés les uns par les autres.

On calculera une hausse successive de 3 %, 5 % et 7 % en transformant ces taux de variation en coefficient multiplicateur ainsi :

$$\left(1 + \frac{3}{100}\right) \times \left(1 + \frac{5}{100}\right) \times \left(1 + \frac{7}{100}\right)$$

2 Exercices corrigés

Doc. 1 PIB/hab. dans l'Union européenne

Indice 100 : Union à 28	2018
Allemagne	122
France	107
Luxembourg	261
Pologne	70
Union européenne à 28 pays	**100**

Eurostat (extraction 2019).

Questions

1. Faire la lecture de la donnée en rouge.

2. Chiffrez de façon appropriée l'écart entre la France et l'Allemagne en 2018, celui de la Pologne et du Luxembourg par rapport à l'Union à 28.

Corrigé

1. Selon Eurostat, le PIB par habitant de la France en 2018 est supérieur de 7 % au PIB par habitant moyen des 28 pays constituant l'Union européenne.

2. Selon Eurostat, en 2018, le PIB/habitant de l'Allemagne est de 15 points supérieur à celui de la France.

Le PIB/habitant de la Pologne en 2018 est inférieur de 30 % (100 – 70) à celui de la moyenne de l'Europe à 28.

Le PIB/habitant du Luxembourg est 2,61 fois (261/100) plus élevé que le PIB/habitant moyen de l'Europe à 28.

> Ne dites pas 11 %, puisque la lecture en % ne s'applique que pour une comparaison avec la valeur de référence (base 100).

> Ici, le coefficient multiplicateur s'avère plus parlant que les pourcentages.

Doc. 2 Taux de chômage depuis 1975

	Taux de chômage (en %)
1975	3,4
1981	6,3
1987	9,1
1999	10,0
2001	7,7
2008	7,4
2010	9,4

Insee, *Enquête emploi*.

Questions

1. Mesurez l'évolution du taux de chômage en France de la façon la plus appropriée entre 1975 et 1981, entre 1981 et 1987 et entre 1999 et 2001.

2. Faites une phrase avec les résultats trouvés.

Corrigé

1. Évolution 1975/1981 :

$$\frac{6{,}3}{3{,}4} = 1{,}85.$$

– Taux de variation 1981/1987 : $\frac{9{,}1 - 6{,}3}{6{,}3} \times 100 = 44{,}4\ \%$.

– Taux de variation 1999/2001 : $\frac{7{,}7 - 10}{10} \times 100 = -23\ \%$.

2. Selon l'Insee, entre 1975 et 1981, le taux de chômage a été multiplié par 1,85 en France.

Entre 1981 et 1987, le taux de chômage a augmenté de 44,4 %.

Entre 1999 et 2001 le taux de chômage a baissé de 23 %.

En points de pourcentage, l'évolution de 1975 à 1981 est similaire à celle de 1981 à 1987, alors que, en évolution relative, la première évolution est près de deux fois supérieure à la seconde.

FICHE 2

CROISSANCE CUMULÉE, TCAM ET GRAPHIQUE SEMI-LOGARITHMIQUE

1 Comprendre

Croissance cumulée

■ Additionner des taux de croissance pour déterminer un accroissement global est impossible. Il faut les multiplier.

■ On remplacera alors le taux de variation par un coefficient multiplicateur :

$1 + (\frac{\text{taux de variation}}{100})$ en cas de hausse ;

$1 + (\frac{\text{taux de variation}}{100})$ en cas de baisse.

• Exemple : supposons par exemple qu'un pays ait connu une croissance de 5 % une année, puis de 4 % la suivante. Quel sera son taux de croissance global sur deux ans ?

$(1 + \frac{5}{100}) \times (1 + \frac{4}{100})$ soit $1{,}05 \times 1{,}04 = 1{,}092$ soit **+ 9,2 %**.

Attention : une hausse n'efface pas une baisse. Un taux de croissance mesure un accroissement entre deux points. Si on part du haut pour aller vers le bas (d'une valeur supérieure pour aller vers une valeur inférieure), on n'aura pas le même taux que si l'on fait l'inverse, car la base de calcul aura changé.

■ **Dans le cas particulier où les taux sont constants,** la formule est celle des intérêts composés. Une somme S_0 placée durant (n) années devient :

$$S_n = (1 + i)^n$$

Taux de croissance annuel moyen

■ **Lorsqu'une série statistique connait plusieurs accroissements,** il est possible de calculer le taux d'accroissement global, et de calculer le taux d'accroissement qu'aurait connu la série chaque année si elle avait progressé au même rythme. Ce taux s'appelle le taux de croissance annuel moyen, TCAM.

■ **On ne demande pas aux élèves de calculer un TCAM au bac** mais ils doivent en comprendre le principe. Exemple : un pays a connu un taux de croissance de 5 %, puis de 4 %, puis de 3 %, de nouveau de 4 % et enfin de 5 %, déterminer son taux de croissance annuel moyen sur ces cinq années. Il n'est pas possible de faire la moyenne arithmétique des taux pour trouver le taux moyen. Si on appelle (r) le taux d'accroissement annuel moyen recherché, on peut écrire que :

$r = [(1 + 0{,}05)(1 + 0{,}04)(1 + 0{,}03)(1 + 0{,}04)(1 + 0{,}05)]^{\frac{1}{5}}$

$r = 0{,}0419731$ soit $r = 4{,}2$ %

Représentation graphique de l'évolution des variations relatives

■ **Un graphique logarithmique** (plus souvent, semi-logarithmique) transforme les coordonnées en coordonnées logarithmiques. Au lieu de représenter des écarts arithmétiques, il représente des évolutions relatives.

■ **Plus la pente d'un segment est verticale,** plus le taux de croissance de la grandeur correspondante est élevé. On en déduit que deux segments de droites parallèles correspondent à des taux de croissance identiques. Enfin, lorsqu'une grandeur croît selon un taux de croissance constant (un même taux de croissance plusieurs années successives), cela se traduit par une droite sur un graphique semi-logarithmique.

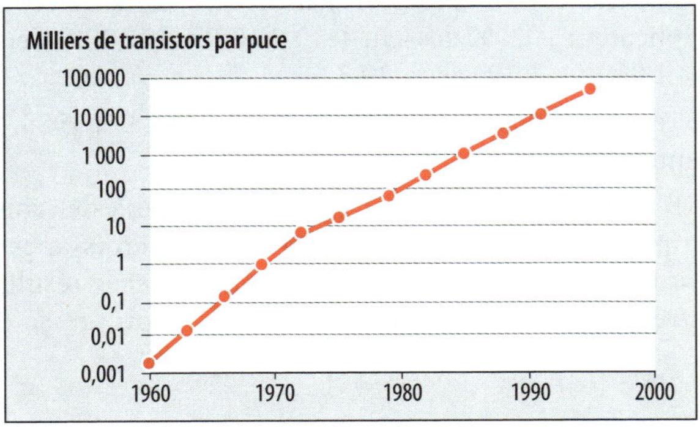

■ On remarque bien sur l'échelle des ordonnées que l'écart entre 0,001 et 1 est équivalent à celui entre 1 et 1 000 (tous les deux correspondent à × 1 000). La pente de la courbe reste dans l'ensemble constante car le rythme de progression est semblable sur toute la période, notamment 1975-1995, où le nombre de transistors sur une puce est multiplié par 10 tous les 5 ans. Avec une échelle arithmétique on aurait une progression « exponentielle ».

Exemple : sur une échelle logarithmique, une variation qui passe de 1 à 2 % aura la même représentation graphique qu'une variation passant de 10 à 20 % : même si la première ne gagne qu'un point de croissance et la seconde 19 points, les deux valeurs doublent.

Ne confondez pas ralentissement et baisse. Si le graphique représente des taux de croissance, une baisse signifie que le phénomène croît moins vite… mais qu'il continue à progresser.

Ce graphique illustre la loi de Moore (PDG d'Intell dans les années 1980) selon laquelle la puissance des processeurs informatiques doublait tous les ans. Elle vous servira à illustrer l'accélération du cycle de l'innovation (chapitre 1) à l'échelle de l'Histoire.

2 Exercices corrigés

Doc. 1 Taux de croissance annuels moyens du PIB et de la productivité horaire du travail en France (en %)

	1913-1950	1950-1973	1973-1980	1980-2007
PIB (en %)	**0,9**	5,3	2,9	2,1
Productivité horaire du travail (en %)	1,8	5,2	3,4	**2,2**

Insee, 2010

Questions

1. Faites la lecture des données en gras.

2. Quelle a été la croissance totale du PIB entre 1913 et 1950 ? Entre 1980 et 2007 ?

Corrigé

1. Selon l'Insee, entre 1913 et 1950, le PIB de la France a augmenté de 0,9 % en moyenne par an. La productivité horaire du travail a augmenté de 2,2 % en moyenne par an de 1980 à 2007.

2. Croissance du PIB.

- Croissance totale du PIB entre 1913 et 1950. Transformer le taux de croissance en coefficient multiplicateur : 0,9 % devient 1+(0,9/100) soit 1,009. Cette hausse a duré 37 ans donc $1{,}009^{37} = 1{,}393$; soit **39,3 %**.

Faites une phrase avec le résultat trouvé : selon l'Insee, entre 1913 et 1950, le PIB de la France a augmenté de 39,3 %.

- Croissance totale du PIB entre 1980 et 2007. Transformer les taux de croissance en coefficient multiplicateur : 2,1 % devient 1,021. Cette croissance a duré 27 ans donc $1{,}021^{27} = 1{,}752$ soit **75,2 %**. Faites une phrase avec le résultat trouvé : selon l'Insee, entre 1980 et 2007, le PIB de la France a progressé de 75,2 %.

DÉFLATER UNE SÉRIE – ÉVOLUTIONS EN VALEUR ET EN VOLUME

1 Comprendre

Évolution en valeur et en volume

■ **Une série non transformée est donnée dans la monnaie du moment.** Les séries du PIB aux prix de chaque année sont appelées des séries **en valeur**. Si le PIB a été déflaté, cela signifie que la variation du PIB ne doit plus rien à la hausse des prix. C'est le volume de biens produits qui a alors augmenté et il faut parler d'évolution en volume.

■ **L'expression « en valeur » est synonyme de** « en monnaie courante », « en valeur nominale » ou encore « en euros de telle année ». L'expression en volume est synonyme de « en monnaie constante » ou « en valeur réelle ».

■ Contrairement à ce que les mots pourraient laisser croire, en volume ne signifie pas en volume physique (en tonnes de blé, en sacs de ciment, en kilomètres d'autoroutes...). Les données sont toujours exprimées en argent.

Le bon candidat montrera sa compréhension de l'expression par une phrase du type : « En euros constants, c'est-à-dire hors inflation, les exportations ont crû (ou baissé) de x % ».

Remarque : en période d'inflation, tout ce qui n'augmente pas... baisse ! Quand tous les prix augmentent, le produit qui n'a pas subi d'augmentation a baissé en réalité.

Déflater une série

■ **Pour obtenir la valeur actuelle d'une somme du passé,** il faut lui appliquer le pourcentage de hausse des prix intervenu entre les deux dates. Il faut appliquer la formule des intérêts composés, en remplaçant le taux d'intérêt par le taux annuel moyen d'inflation (r). L'équivalent actuel d'une somme S_0 du passé est S_n tel que :

$$S_n = S_0(1 + r)^n$$

■ **Pour exprimer une valeur actuelle en monnaie du passé** (en monnaie constante ou en volume), on utilise la formule suivante :

$$\text{Donnée en volume} = \frac{\text{donnée en valeur actuelle}}{\text{Indice des prix}} \times 100$$

■ L'inflation n'explique pas tout ! Il ne faut cependant pas négliger les évolutions de prix. Les prix relatifs se modifient, certains produits bénéficient de gains de productivité et leur prix diminue par rapport aux autres. Le prix des matières premières (pétrole, café, etc.) subit de fortes variations, indépendamment de l'inflation.

2 Exercices corrigés

Doc. Évolution du PIB, des prix et du Smic horaire brut en France

	1980	1990	2000	2015
PIB (en milliards d'euros)	439	1 010	1 405	2 400
Smic horaire brut (en euros)	2,25	4,87	6,41	9,56
Indice des prix	100	184	218	250

Insee

Questions

1. Calculez le PIB en volume pour l'année 2015.
2. Faites une phrase avec le résultat trouvé.
3. Quelle est l'évolution du pouvoir d'achat du Smic horaire entre 1980 et 2015 ?
4. Que déduire de l'évolution réelle du PIB et du Smic horaire ?

Corrigé

1. Le PIB en euros courants en 2015 est de 2 400 milliards. Entre 1980 et 2015, l'indice des prix est passé de 100 à 250, soit une hausse de 150 % (les prix ont été multipliés par 2,5). J'applique la formule en posant :

PIB 2015 en monnaie de 1980 $= \frac{2400 \text{ milliards}}{250} \times 100 =$ **960 milliards d'€.**

2. D'après l'Insee, en 2015, le PIB de la France s'élevait à 960 milliards d'euros en monnaie de 1980.

3. Pour connaître l'évolution réelle du pouvoir d'achat du Smic horaire, je dois le déflater, c'est-à-dire exprimer sa valeur de 2015 en monnaie de 1980. Je pose donc :

Smic horaire de 2015 en monnaie de 1980 $= \frac{9{,}56}{250} \times 100 =$ **3,82 €.**

Pour mesurer l'évolution réelle, je peux choisir un taux de variation :

$$\frac{(3{,}82 - 2{,}25)}{2{,}25} \times 100 = \mathbf{69{,}7\%.}$$

Le pouvoir d'achat du Smic horaire a donc progressé de 69,7 % entre 1980 et 2015.

4. Pour connaître l'évolution réelle du PIB, je calcule le taux de variation entre le PIB 2015 en monnaie de 1980 et le PIB de 1980 : $\frac{(960 - 439)}{439} \times 100 = \mathbf{118\ \%}$

Je compare cette progression de 118 % du PIB à l'augmentation de 69,7 % du pouvoir d'achat du Smic et j'en déduis que le pouvoir d'achat du Smic n'a pas progressé autant que la richesse nationale (écart de plus de 48 points).

FICHE 4

MESURER ET INTERPRÉTER DES ÉCARTS ET DES DISPERSIONS

1 Comprendre

Mode, moyenne et médiane

■ **Le mode d'une série** (ou la **valeur modale**) est la valeur de la variable que l'on rencontre le plus souvent, celle dont la fréquence est la plus élevée. Il se détermine par simple lecture en regardant l'observation la plus fréquente.

■ **La moyenne arithmétique** correspond à la valeur que prendrait la variable si chaque individu avait des caractéristiques identiques. Il faut faire la somme des valeurs et diviser par le nombre d'individus.

■ **La médiane** est la valeur qui partage la population en deux ensembles égaux. En classant la série de la plus petite valeur à la plus grande, 50 % des individus se rangent au-dessus de la médiane et 50 % en dessous.

Attention : la moyenne peut s'élever sans élever l'ensemble car elle est modifiée par de très hauts (ou très bas) revenus. Si Einstein arrive dans la classe, la moyenne s'élève, mais l'élève ordinaire n'aura pas de meilleures notes. Elle ne révèle pas les écarts ou inégalités.

Remarque : si le salaire moyen est une notion habituelle, le salaire médian est plus parlant et doit être privilégié ; en effet, il ne dépend pas des très hauts revenus. S'il est inférieur au salaire moyen, cela signifie que ceux qui gagnent plus que le salaire médian, gagnent nettement plus. La médiane signale donc la présence d'écarts.

Déciles et centiles

■ **Les déciles et les centiles** sont les bornes (les limites supérieures ou inférieures) d'une division de la population en 10 ou 100 parties égales. On note D_1 pour les 10 % les plus bas (les plus faibles revenus par exemple), puis D_2 pour les 10 % au-delà, et ainsi de suite jusque D_9. Le décile D_5 correspond à la médiane.

■ Sur le même modèle, on peut établir des centiles. Ainsi, les grandes fortunes sont données par C_{99}, le dernier centile plutôt que par D_9.

Rapport interdécile

■ **Le rapport interdécile** établit le rapport entre D_9 et D_1.

Il se calcule toujours dans le sens $\frac{D_9}{D_1}$ et jamais l'inverse.

Il n'a donc pas d'unité. S'il est égal à 3 cela signifie que le revenu le plus bas des 10 % les plus riches est 3 fois supérieur au revenu le plus haut des 10 % les moins riches.

Ne dites pas : le revenu des 10 % les plus riches (ou les moins riches) mais bien le revenu le plus bas (pour les plus riches) et le plus haut (pour les moins riches) car les déciles sont des bornes.

Courbe de Lorenz et indice de Gini

■ **La courbe de Lorenz représente la distribution des revenus ou patrimoine.** Elle trace dans un même cadre la répartition de la population (de 0 à 100 %, en abscisse) et la répartition de la masse à distribuer, comme des revenus ou patrimoine (de 0 à 100 % également, en ordonnée).

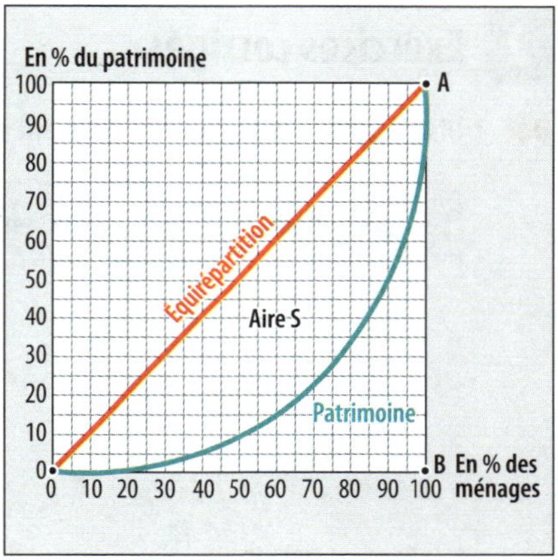

■ **La diagonale** correspond aux points de coordonnées égales (*droite d'équirépartition*) : le point (10, 10) signifie que 10 % de la population a eu droit à 10 % du revenu, le point (20, 20) signifie que 20 % de la population s'est partagé 20 % du revenu. La courbe présente la distribution réelle des richesses.

■ *Exemple de lecture :* 50 % de la population possède 10 % de l'ensemble du patrimoine. Les 50 % les plus fortunés disposent donc de 90 % du patrimoine.

■ **L'indice de Gini** correspond au rapport entre l'aire délimitée par la droite d'équirépartition et la courbe de Lorenz ; sur la figure « Aire S » et l'aire du triangle OAB.

Plus la courbe de Lorenz est proche de la diagonale plus la situation est égalitaire et plus l'indice de Gini est faible.

■ **L'indice de Gini est un coefficient.** Il est toujours compris entre 0 et 1 (il peut cependant être mesuré en %). Plus il est proche de 0, plus la situation est égalitaire, plus il est proche de l'unité, plus la situation est inégalitaire. L'indice de Gini permet de comparer un même pays à des époques données, ou deux pays différents.

On ne demande pas au niveau du bac d'établir l'indice de Gini, mais de dire qu'une distribution est plus inégalitaire qu'une autre, ou que les inégalités sont plus marquées dans tel groupe que dans tel autre.

2 Exercices corrigés

Doc. 1 Distribution des niveaux de vie avant et après redistribution en 2014

Déciles	Avant redistribution	Après redistribution
D_1	**7 612**	**10 920**
D_5	18 525	19 042
D_9	40 221	38 527
Rapport interdécile $\frac{D_9}{D_1}$	5,28	**3,52**

Insee

Champ : France métropolitaine.

Questions

1. Faire la lecture des données en gras.
2. Que montre ce tableau ?

Corrigé

1. Selon l'Insee, en France, en 2014, 10 % des Français avaient un niveau de vie avant redistribution inférieur à 7 612 €. Après redistribution, le niveau de vie des 10 % les plus pauvres était inférieur à 10 920 €. Le niveau de vie le plus bas des 10 % les plus riches était 3,52 fois plus élevé que le niveau de vie le plus élevé des 10 % les plus pauvres après redistribution.

2. Ce tableau montre que la redistribution réduit sensiblement les inégalités de départ en matière de niveau de vie. En effet, l'augmentation de 43 % du niveau de vie du premier décile permet de passer d'un rapport interdécile D9/D1 de 5,28 avant redistribution à 3,52 après redistribution soit une baisse de 33 % de ce rapport.

Doc. 2 **Évolution de l'indice de Gini des revenus des ménages avant impôt**

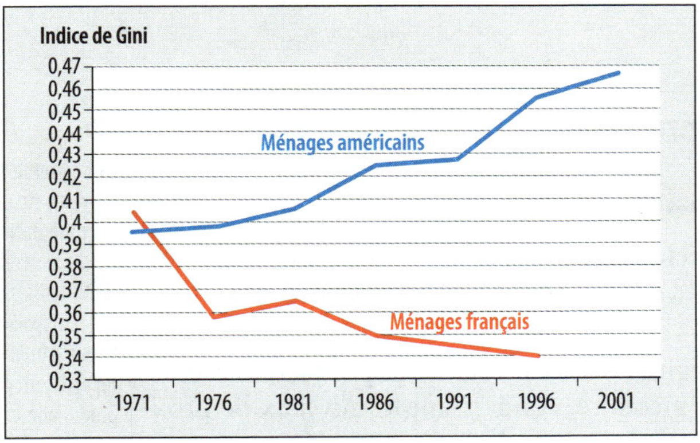

Question

Que montre l'évolution de l'indice de Gini des revenus avant impôts aux États-Unis et en France ?

Corrigé

En 30 ans, de 1971 à 2001, les États-Unis et la France ont connu une évolution opposée des inégalités de revenus. Partant d'une situation similaire avec un indice proche de 0,4, les États-Unis ont vu les inégalités progresser de façon constante pour atteindre un indice de 0,47, tandis que la France, après une forte baisse dans les années 70, connaît ensuite une baisse plus modérée pour arriver à un indice proche de 0,34, soit des inégalités 30 % inférieures à celles des États-Unis en matière de revenus.

FICHE 5

CALCUL À LA MARGE ET ÉLASTICITÉ

1 Comprendre

Calcul à la marge

■ **Le calcul à la marge** repose sur un raisonnement sur des quantités additionnelles et non sur des quantités globales.

■ **Coût marginal :** c'est le coût de la production d'une unité supplémentaire, connaissant les niveaux de production déjà atteints. Pour la majorité des économistes, la décision de produire davantage repose sur le fait que le prix de vente doit être au moins égal à ce coût, et la recette supplémentaire générée par la dernière unité vendue devrait couvrir les frais générés par la production de celle-ci.

Ordinairement, le coût moyen baisse avec l'augmentation de la production car les coûts fixes (bâtiments, équipements collectifs indispensables, frais d'administration) se répartissent mieux sur une production à grande échelle, ce que les économistes appellent des économies d'échelle. Ce phénomène explique que dans un premier temps le coût marginal est décroissant.

■ **Productivité marginale :** c'est la base du calcul théorique des économistes, bien que la méthode ne soit pas réellement utilisée par les industriels. Quel est le supplément de production apporté par le dernier salarié embauché, connaissant la production déjà réalisée par les précédents ? L'entreprise embauchera tant que la productivité marginale du salarié sera supérieure au salaire versé.

La théorie économique postule que ce supplément est d'abord croissant, pour décroître ensuite, et le concept sert de base aux théories libérales du marché du travail. La productivité du travail subit la loi des rendements décroissants.

■ **Propension marginale** à consommer ou à épargner : elle mesure la part de la variation du revenu consacrée à la consommation ou à l'épargne.
Propension marginale à consommer :

$$c' = \frac{\text{variation de la consommation}}{\text{variation de revenu}}$$

Propension marginale à épargner $s' = 1 - c'$ puisque, par définition, le revenu est soit consommé, soit épargné.

L'élasticité

■ **Calculer l'élasticité,** c'est mettre en rapport l'augmentation relative de deux phénomènes liés l'un à l'autre.

■ **L'élasticité de la demande par rapport au prix** mesure la variation relative de consommation d'un bien lorsque le prix de ce bien augmente. En général, la variation est négative, la consommation baisse lorsque le prix monte :

$$e\frac{d}{p} = \frac{\text{taux de variation de la demande}}{\text{taux de variation du prix}}$$

■ **L'élasticité de la consommation par rapport au revenu** mesure la variation relative de consommation d'un bien lorsque le revenu augmente. En général, la variation est positive, la consommation augmente lorsque le revenu monte.

Demande très élastique (e > 1)	Demande rigide (e proche ou égale à 0)
Une toute petite variation du prix d'un bien entraîne une grande variation de sa consommation, ce qui est fréquent pour des biens jugés superflus, ou des biens de luxe qui peuvent être remplacés par des substituts.	Si à l'inverse la consommation est peu sensible aux variations de prix, elle est inélastique ou rigide, ce qui est le cas pour des biens tellement bon marché qu'on ne prête guère attention à leur prix, ou des biens ressentis comme indispensables : le pain ou, pour d'autres raisons, le tabac.

■ Il est possible de calculer une **élasticité croisée,** variation relative de consommation d'un bien lorsque le prix d'un autre bien (complémentaire ou substituable) augmente. Ainsi, les recettes de péages d'autoroutes baissent lorsque le prix de l'essence augmente. Les recettes de la SNCF peuvent augmenter lorsque l'avion est plus cher, les voyageurs passant d'un mode de transport à l'autre.

Ayez le bon réflexe : il existe de nombreux documents qui, sans calculer directement l'élasticité, mettent en parallèle des augmentations de prix et des variations de consommation. Le recours à la notion d'élasticité dans vos réponses sera valorisé.

2 Exercices corrigés

Doc. 1 **Évolution de la consommation et du revenu sur deux périodes**

	Période 1	Période 2
Revenu	1 500 €	2 000 €
Consommation	1 200 €	1 600 €

Questions

1. Calculer la propension marginale à consommer. En déduire la propension marginale à épargner.

2. Commenter le résultat.

Fiches méthode

Corrigé

1. $c' = \dfrac{1\,600 - 1\,200}{2\,000 - 1\,500} = 0{,}8$ donc $s' = 1 - 0{,}8 = \mathbf{0{,}2}$.

2. Une propension marginale à consommer de 0,8 signifie que 80 % du surcroît de revenu est consommé, et donc 20 % épargné.

On observe généralement que plus le revenu augmente, plus la propension à consommer diminue au profit de l'épargne. Les politiques de relance par la consommation ont donc intérêt à cibler les ménages aux revenus modestes.

Doc. 2 Quantités consommées par mois en fonction du prix

Prix au litre	Consommation de gasoil
1,10 € le litre	120 litres
1,40 € le litre	115 litres

Prix au litre	Consommation de chocolat
30 € le kg	0,7 kg
20 € le kg	1,2 kg

Questions

1. Calculer l'élasticité de la demande par rapport au prix du gasoil et du chocolat.
2. Interpréter ces deux résultats.

Corrigé

1. $e\dfrac{d}{p}$ du gasoil $= \dfrac{\dfrac{115 - 120}{120}}{\dfrac{1{,}4 - 1{,}1}{1{,}1}} = -0{,}15.$

$e\dfrac{d}{p}$ du chocolat $= \dfrac{\dfrac{1{,}2 - 0{,}7}{0{,}7}}{\dfrac{20 - 30}{30}} = -2{,}16.$

2. L'élasticité de la consommation de gasoil est proche de 0. La consommation de gasoil ne baisse que de 4 % quand le prix augmente de 27 %. C'est un bien indispensable et difficilement substituable, la consommation ne réagit que très peu à la hausse du prix à court terme.

L'élasticité de la consommation de chocolat est supérieure à 2. La variation de la consommation est donc plus de deux fois supérieure à celle du prix. Le chocolat est un bien élastique, car il peut être considéré comme une consommation superflue liée au plaisir et non à la nécessité. Par ailleurs, son coût est relativement élevé.

Cahier Spécial BAC

Description de l'épreuve de l'enseignement de spécialité Sciences économiques et sociales

1 L'épreuve écrite

→ **DURÉE :** 4 heures.
→ **COEFFICIENT :** 16
→ **NOTATION :** sur 20

Deux sujets de nature différente, une **dissertation** s'appuyant sur un dossier et une **épreuve composée** de trois parties distinctes, sont proposés au choix du candidat. Ils sont déterminés de façon à couvrir plusieurs dimensions du programme :

- Le sujet de dissertation et celui de la troisième partie de l'épreuve composée portent sur des champs différents du programme (science économique ; sociologie et science politique ; regards croisés) ;
- Les sujets de la dissertation et ceux de chaque partie de l'épreuve composée portent sur différentes questions issues du programme.

Dissertation s'appuyant sur un dossier documentaire

- Il est demandé au candidat : de répondre à la question posée par le sujet ; de construire une argumentation à partir d'une problématique qu'il devra élaborer ; de mobiliser des connaissances et des informations pertinentes pour traiter le sujet, notamment celles figurant dans le dossier ; de rédiger en utilisant le vocabulaire économique et social spécifique approprié à la question et en organisant le développement sous la forme d'un plan cohérent qui ménage l'équilibre des parties.

Épreuve composée

- Cette épreuve comprend trois parties. Les trois parties de l'épreuve composée portent sur trois questions différentes et au moins deux champs du programme (science économique ; sociologie et science politique ; regards croisés).
- **Partie 1 : Mobilisation des connaissances (notée sur 4 points).** Cette première partie de l'épreuve, sans document d'appui, est composée d'une question. Il est demandé au candidat de répondre à la question en faisant appel à ses connaissances acquises dans le cadre du programme.
- **Partie 2 : Étude d'un document (notée sur 6 points).** Il est demandé aux candidats de répondre aux questions en mobilisant ses connaissances acquises dans le cadre du programme et en adoptant une démarche méthodologique rigoureuse, de collecte et de traitement de l'information.
- **Partie 3 : Raisonnement s'appuyant sur un dossier documentaire (noté sur 10 points).** Il est demandé au candidat de traiter le sujet :
  - en développant un raisonnement ;
  - en exploitant les documents du dossier ;
  - en faisant appel à ses connaissances personnelles ;
  - en composant une introduction, un développement, une conclusion.

2 L'épreuve orale de contrôle

→ **DURÉE :** 20 minutes

→ **TEMPS DE PRÉPARATION :** 30 minutes

Structure de l'épreuve

- Cette épreuve orale porte sur la même partie du programme que l'épreuve écrite.
- Le candidat a le choix entre deux sujets dont les questions principales portent sur des champs différents du programme (science économique ; sociologie et science politique ; regards croisés).
- La question principale, **notée sur 10 points**, prend appui sur deux documents courts, de nature différente.
- Le sujet comporte également trois questions simples, **notées sur 10 points**. Les deux premières questions sont notées sur 6 points et permettent de vérifier la connaissance par le candidat des notions de base figurant dans deux champs différents du programme (science économique ; sociologie et science politique ; regards croisés). La troisième question, en lien avec un des deux documents, porte sur la maîtrise des outils et savoir-faire, elle est notée sur 4 points.

3 Le Grand Oral

Au cours de l'année

Préparer ses questions

Vous devez choisir deux questions portant sur les enseignements de spécialité soit pris isolément, soit abordés de manière transversale. Toute l'année, vous préparez ces questions avec les professeurs de spécialité et éventuellement d'autres élèves.

S'entraîner aux techniques de l'oral

Vous devez travailler la prise de parole en public grâce à des exercices d'élocution, de débit de la parole, de rythme à l'oral, etc. Vous pouvez également travailler votre posture : gestes expressifs, regards, sourires, etc.

Le jour J

1er temps Présentation d'une question

Vous proposez vos deux questions au jury.

Le jury en choisit une seule, que vous devrez présenter.

Jury de 2 professeurs

- Un professeur d'une spécialité
- Un professeur de l'autre spécialité ou d'un enseignement commun ou un professeur documentaliste

Temps de préparation (20 min)

Vous préparez votre présentation en fonction de la question choisie par le jury. Il est possible de préparer un support sur une feuille que vous remettrez au jury : ce support ne fait pas l'objet d'une évaluation, il est facultatif !

Présentation (5 min)

Présentation orale de votre travail, en réponse à la question choisie.

Notation
20 pts / coef. 10

Les 5 critères d'évaluation :
- Qualité de l'épreuve orale
- Qualité de la prise de parole en continu
- Qualité des connaissances
- Qualité de l'interaction
- Qualité de l'argumentation

2e temps Échange avec le candidat

10 min

Il s'agit d'approfondir votre travail.
Le jury peut vous poser des questions sur toutes les parties du programme du cycle terminal.

3e temps Échange sur le projet d'orientation

5 min

Réflexion autour de vos choix de spécialités et de votre projet d'orientation.
Il s'agit de partager l'évolution de votre cheminement, à la fois dans le cadre scolaire et dans le cadre personnel (vos activités, vos centres d'intérêt).

Grand Oral - Sujet type

QUESTION

Toutes les études le montrent : ces dernières décennies, les inégalités progressent et la richesse créée profite pour l'essentiel à une minorité d'ultra-riches. La cohésion sociale a longtemps reposée sur le rôle redistributif des politiques publiques mais la montée des idées néolibérales dans un contexte de libéralisation des flux de capitaux a remis au centre du débat public la question de la justice sociale et de son outil principal : la fiscalité.

Doit-on réformer le système fiscal français pour plus de justice sociale ?

EXPOSÉ

Introduction

Les succès de librairie des ouvrages *Le capital au XXIe siècle* de Thomas Piketty ou *Le triomphe de l'injustice* d'Emmanuel Saez et Gabriel Zucman montrent que les économistes, mais aussi l'opinion publique et les hommes politiques, se réemparent de la question de la justice sociale et en particulier de la justice fiscale. Par justice sociale, nous comprenons l'ensemble des principes qui participent de la répartition des différentes ressources dans un idéal d'équité. Nous montrerons que la fiscalité est un outil majeur dans la correction des inégalités mais qu'en fonction des options choisies, elle fait l'objet de vifs débats quant à son efficacité et sa légitimité.

> **REMARQUE**
> Reprendre les termes de la question pour poser le problème.

> **REMARQUE**
> N'oubliez pas les mots clés !

1 LA FISCALITÉ PERMET DE RÉDUIRE LES INÉGALITÉS

La fiscalité correspond à l'ensemble des prélèvements obligatoires dont les agents économiques, comme les ménages ou les entreprises, doivent s'acquitter. Ces prélèvements ne servent pas seulement à financer les dépenses publiques, ils contribuent également à réduire les inégalités. La progressivité de l'impôt sur le revenu des personnes physiques répond à cette volonté de demander un effort plus important aux ménages les plus riches.

L'impôt de solidarité sur la fortune (ISF), réduit aujourd'hui à l'impôt sur la fortune immobilière (IFI), a pour but de réduire les inégalités de patrimoine qui, sous l'effet de l'héritage, de l'épargne et du mariage, sont nettement plus importantes que les inégalités de revenus.

Pour certains économistes, comme Thomas Piketty, la transmission à travers les donations et l'héritage permet aux plus riches de concentrer une grande partie des richesses (les 10 % les plus riches détiennent 60 % du patrimoine selon l'Insee). Il prône une taxation plus forte des patrimoines et une progressivité plus importante de l'impôt, afin de réduire de façon sensible les inégalités.

REMARQUE

Montrez que vous connaissez le système fiscal français actuel et son histoire récente (depuis l'après-guerre) ainsi que l'évolution des inégalités (voir chap. 11)

2 LA FISCALITÉ EST SOURCE DE CLIVAGES IMPORTANTS AUX NIVEAUX ÉCONOMIQUE, SOCIAL ET POLITIQUE

Les libéraux rejettent une fiscalité trop contraignante, la jugeant dissuasive pour l'investissement et la libre entreprise. Les plus riches risquent de s'exiler ou de pratiquer l'optimisation voire l'évasion fiscale, limitant de fait les effets escomptés d'une hausse des impôts. Philosophiquement attachés au mérite individuel, ils considèrent que les hauts revenus et les gros patrimoines jouent un rôle stimulant pour l'économie (effet de ruissellement) et permettent une certaine émulation sociale (désir de s'enrichir). Tocqueville avait d'ailleurs souligné dans *De la démocratie en Amérique*, le risque de glissement vers le despotisme d'un peuple trop préoccupé par le désir d'égalité. Les plus radicaux, comme les libertariens, voient dans la redistribution une atteinte aux libertés individuelles qui prive l'homme du droit fondamental de profiter de ce qu'il possède.

En revanche, pour les keynésiens ou les socio-démocrates, en plus d'être injustes, les inégalités sont inefficaces économiquement. En effet, la propension marginale à consommer des plus riches est plus faible que celle des foyers les plus modestes. Si la richesse n'est pas redistribuée, elle s'oriente vers l'épargne et la spéculation, quittant de ce fait les circuits les plus dynamiques de l'économie comme la consommation et l'investissement. Par ailleurs, une société qui n'offre pas d'équité entre les citoyens, réduit la capabilité des plus faibles, gâchant ainsi du capital humain et limitant la croissance potentielle. Politiquement, il devient difficile de faire société avec des individus trop inégaux.

REMARQUE

Montrez au jury que ce n'est pas simplement une question économique ou sociale mais un enjeu de société, une vision de la démocratie. Le conflit des « gilets jaunes » en est l'illustration. Voir les travaux d'Amartya Sen (cf. chap. 11) et la théorie de la croissance endogène (cf. chap. 3)

Conclusion

La fiscalité reste l'instrument principal des politiques publiques en matière de justice sociale. Ses effets sont mesurables et rapidement perceptibles par la population mais dans un monde de plus en plus ouvert où les capitaux circulent librement, il est de plus en plus difficile pour les États de mener des politiques indépendantes des autres nations. C'est pourquoi de nombreux économistes et hommes politiques plaident pour une coordination et même une harmonisation à l'échelle internationale (au moins au niveau de l'Union européenne) des politiques fiscales.

Les questions possibles pour prolonger l'exposé

Comment mesurer les inégalités ? Voir p. 274
Les inégalités sont-elles forcément injustes ? Voir p. 278
Comment réguler la finance internationale ? Voir p.
Quels liens entre réduction des inégalités et déficits publics ? Voir p. 109

> **REMARQUE**
> Le jury va tester votre motivation et vérifier la cohérence de votre projet

Un projet d'orientation en rapport avec la question

Devenir conseiller(ère) fiscal(e), avocat(e) fiscaliste, expert(e)-comptable ou économiste.

Les motivations personnelles

- Se mettre au service des entreprises ou des particuliers pour améliorer leur gestion de patrimoine, accompagner les agents économiques dans leurs choix et leur déclaration fiscale.

- Éclairer les choix des citoyens et des responsables politiques en matière de réduction des inégalités. Offrir son expertise au débat public pour améliorer le rendement économique mais aussi social de l'impôt, et œuvrer de ce fait pour la solidarité et la cohésion sociale.

Les qualités requises

En plus d'un niveau solide en économie, il est souhaitable d'être armé en mathématiques. La dimension politique de cette question nécessite également une réflexion philosophique et des connaissances en droit.

Les éventuelles questions du jury

- Quelles études envisagez-vous pour atteindre ces objectifs ?

- Carrières dans le secteur privé au service d'intérêts particuliers ou dans la recherche et le service public pour travailler à l'intérêt général ? Quelle différence ?

- Donnez des exemples d'économistes et de leurs travaux. Si vous deviez vous identifier à l'un d'entre eux, lequel choisiriez-vous ?

- Que pensez-vous de telle ou telle politique fiscale menée par tel ou tel gouvernement ?

- Y-a-t-il des expériences menées dans d'autres pays qui pourraient nous inspirer ?

> **REMARQUE**
> Lors de l'échange, il y a des stratégies à adopter : n'emmenez pas le jury vers des questions que vous ne maîtrisez pas bien, tendez les bonnes perches, celles où vous vous sentez solide et armé.

> **REMARQUE**
> Ne vous laissez pas déstabiliser par les questions ! Le jury teste votre culture scientifique. Vous pouvez évidemment placer ce sujet dans votre engagement citoyen en tant que militant associatif sur les questions de pauvreté ou d'exclusion, voire dans un engagement politique plus large.

IMPRIM'VERT
Votre imprimeur agit pour l'environnement

N° éditeur : 10282462 - Dépôt légal : juillet 2020
Achevé d'imprimer en France en février 2022 par Clerc à Saint-Amand-Montrond

FSC www.fsc.org MIXTE Papier issu de sources responsables FSC® C022030

Nathan est un éditeur qui s'engage pour la préservation de son environnement et qui utilise du papier composé de fibres naturelles, renouvelables, fabriquées à partir de bois provenant de forêts gérées de manière responsable et contrôlée.